いま、教育と教育学を問い直す

教育哲学は何を究明し、何を展望するか

東信堂

はじめに

教育哲学は、いま、どこへ向かおうとしているのか。これからの教育学や教育研究の進展のなかで、教育哲学はどのような課題と使命を引き受けてゆくのか。

本書は、こうした問いのもとに、それぞれ独自の視点とアプローチから教育の哲学的研究を展開している執筆者が集い、みずからの研究課題に即して、あらためて教育と教育学のあり方を問い直そうとする試みである。

教育に関する思弁的・規範的考察は、かつては教育学において中核的な位置を占めていた。しかしながら二〇世紀に入る前後から、教育研究の方法的多様化が進み、特に実証的・実験的手法を採る教育科学が発展した。それにともなって教育哲学は、教育研究の一領域あるいは教育関係諸学の一分科となり、しかも見方によっては、周辺的な地位にとどまるようになった。

さらに現在では、いわゆるグローバル化の動向や科学・情報技術の飛躍的な革新が進み、教育には、そうした動向に適合的な人材を育成する機能を果たすことが強く期待されている。そして教育学・教育研究に対しても、そのような期待に即応的で効果的な成果をあげることが、国家・社会からの厳しい要請として突きつけられている。さらにその成果は、アカウンタビリティの観点から可視的なものであることが求められ、その可視性は多くの場合、数値・データにもとづく（ここではあえて「エビデンスにもとづく」とは言わない）政策の策定や実践の遂行として一元化される傾向が強い。このように教育も教育学も、単純明快な実証・実験の結果によって導かれることが歓迎される趨勢にある。

では教育哲学は、現代の教育と教育学にとってまったくの無用の長物になってしまったのか。そうでない（ともちろん断言したい)。教育は、価値志向性の強い行為である。効率的に学習を促進できる教育の方法や理論を精密に開発できたとしても、その学習や教育がなんのために行われるのか、という議論や検討を抜きにして、それを政策や実践に適用することは不適切である。そしてそのように学習や教育の意味を問うためには、単に抽象度の高い理念を設定するだけでは済まされない。教育の目的や目標は、社会的・歴史的な文脈のなかでその妥当性が問われるからである。政治や経済のあり様から切り離された教育はあり得ないし、他方で、社会や国家の将来像と連接されない教育は空虚である。これからの社会をどのように展望し、どのような人を育てることが望ましいのか。個々人の現在と将来にとって、どのような学習や教育が意味をもつのか。そうしたことをさまざまな観点から探究することが必要である。

どんなに精緻な研究方法によって算出されたとしても、数値・データは、それ自身で教育や学習の意味やあり方を規定しない。たとえばある国際的な学力調査で、日本の順位や得点が明らかになり、それが国際的な水準に満たなかったとしても、ただちにその順位や得点を向上させることが、教育の政策や実践の至上命題になるわけではない。まずは、その調査が導き出す数値・データが理論的にどのような意味をもつのか、が明らかにされなければならない。その上で、私たち(の学習や教育)がおかれている現在の、そして将来の文脈において、それらの数値(順位や得点)を向上させることがどのような価値と意味をもつのか、についての議論が必要である。そうした手続きを経て、はじめて数値・データは、教育の政策や実践の「エビデンス」になり得る。教育の実証的・実験的研究と、教育の哲学的考察とが協働することによって、教育の現実的問題に対して適切で妥当な(レラバント)方策を講ずることが可能になるのである。

逆に言えば、現代において教育哲学が、教育の実証的・実験的研究を無視したり、それらから隔絶されたところで理念的議論を弄したりしても、いまの教育や教育学に対して貢献できることは限られている。かつての教育に関する思弁的・規範的考察が、教育学のなかで周辺化したとすれば、それは現実的なレラバンスを視野に入れずに、あるいは歴史的な文脈から孤立して、教育に関する哲学や思想を議論してきたことに一因を求めることができるのではないか。

本書では、こうした学的反省にもとづいて、教育哲学が、いま、教育と教育学を問い直すために模索しているさまざまな新しい試みを、「教育と教育学の編み直しに向かう教育哲学」（第1部）、「歴史を捉え未来を展望する教育哲学」（第2部）、「教育の実践・技術と格闘する教育哲学」（第3部）という三つのテーマのもとに集成した。

もともと本書の企画の原型は、二〇一一～一三年の教育哲学会の各大会――第54回（上越教育大学）、第55回（早稲田大学）、第56回（神戸親和女子大学）――の課題研究にある。教育哲学会の大会（二日間開催）では、例年、各日の午後に全体討議の場を設けている。それぞれ開催校企画の「研究討議」と学会理事会企画の「課題研究」である。二〇一〇年一〇月、教育哲学会代表理事に森田尚人が選出され、事務局長として松浦良充が就任した。森田の提案にもとづき理事会が協議し、任期中の三回（三年間）を通した課題研究の共通テーマを「これまでの教育哲学、これからの教育学」と設定することになった。教育に対する社会的関心の高まりによって教育研究が活性化したが、他方でそれは教育学の拡散をもたらすことになった。そうした状況において、教育哲学は、今後の教育学研究のあり方にどのような提言ができるのか。その可能性を考察することにしたのである。

各大会の課題研究は、次のような構成をとった。なお課題研究の報告（含・質疑）の概要は大会の翌年五月に発行される教育哲学会の機関誌『教育哲学研究』に掲載されている。各提案等の題目・提案者等の所属は、同誌に拠っている。

【第54回大会（上越教育大学）二〇一一年／『教育哲学研究』第105号、二〇一二年】
教育はどのように問われるべきか――これまでの教育哲学、これからの教育学(1)――
提案：今井康雄（日本女子大学）「教育はどのように問われるべきか――教育と福祉の関係を手がかりとして――」
提案：松浦良充（慶應義塾大学）「教育はどのように問われるべきか――大学「教育」概念の歴史的再構成に向けて――」
提案：矢野智司（京都大学）「教育はどのように問われるべきか――生成と発達の教育人間学再考――」
指定討論：綾井桜子（十文字学園女子大学）「問いの地平をひらく教育哲学――今、あらためて歴史・理論と向き合う――」
指定討論：生澤繁樹（上越教育大学）「教育はどのように問われるべきか――コメントと考察――」
司会：藤川信夫（大阪大学）・森田尚人（中央大学）

【第55回大会（早稲田大学）二〇一二年／『教育哲学研究』第107号、二〇一三年】
国家と教育――これまでの教育哲学、これからの教育学(2)――
提案：松下良平（金沢大学）「国民国家という磁場の中の日本の教育学――教育学の四つのファイズ――」
提案：小玉重夫（東京大学）「「国家と教育」における「政治的なるもの」の位置価――教育に政治を再導入するために――」
提案：山名淳（京都大学）「教育学ディシプリンにおいて「国家」の意味論が浮上するとき――システム理論的教育史における「国家」の論じ方とその可能性――」

司会：森川直（神戸親和女子大学）・松浦良充（慶應義塾大学）

【第56回大会（神戸親和女子大学）二〇一三年／『教育哲学研究』第109号、二〇一四年】
教育実践と教育哲学――これまでの教育哲学、これからの教育学(3)――
提案：奥野佐矢子（神戸女学院大学）「新自由主義時代における教育哲学の理論＝実践問題」
提案：小野文生（同志社大学）「もろい部分にたつ教育哲学――パトスの知からシステム化／脱システム化の二重運動を考える――」
提案：下司晶（日本大学）「見失われた啓蒙のゆくえ――教育哲学と教育実践、その関係性の転換――」
司会：田中智志（東京大学）・早川操（名古屋大学）

これらの課題研究では、毎回非常に活発な討論が交わされた。また各回の課題を「概念」「国家」「実践」という教育哲学の基本的問題に焦点化したこともあり、共通テーマのねらい通り、教育哲学（会）のこれまでの議論の軌跡や蓄積を確認するとともに、これからの教育や教育学の新しいあり方への展望や提言も盛り込まれることになった。

その成果に励まされて、森田と松浦の間で、この三回の課題研究の内容を一書にまとめて、教育哲学研究者にとどまらず、広く教育や教育学に関心をもつ読者にも問題を共有することの意義が大きいのではないか、との意を強くするようになった。幸い、各提案者からも同意を得て、東信堂の下田勝司社長も出版を快諾してくださった。もっとも提案の概要は、前述したようにすでに『教育哲学研究』に掲載されているため、あらためて出版にふさわしい形に改稿をお願いすることになった。この間、さまざまな事情から出版に至るまでには、予定を大幅に超える年月を要することになった。執筆者によっては、課題研究での提案内容から大きな変更を加えていただくことにもなった。本書全体の趣旨を明確にするため、森田の論考を加え、最終的に集まった原稿の内容をもとに、章構成もあらためて、三部構成とした。したがって本書の内容は、必ずしも、教育哲学会大会における三つの課題研究の再現とはなっていない。しかしその分、この間の教育哲学・教育学の研究動向をもふまえて、あらためてこれからの教育と教育学を問い直す、という原初の課題研究の趣旨をより徹底して深めることが可能になったのではないか、と自負している。もちろんこの自負は、読者による批判と議論の対象とされなければならない。

激しい変動の時代を迎えて、教育と教育学はこれからどうなってゆくのか。あるいは教育と教育学をどのようにつくってゆけばよいのか。教育哲学研究者による知的格闘が、これからの社会における教育と教育学のあり方に関心をもつ多くの読者とのさらなる議論の材料になることを願っている。

二〇一八年九月

編者を代表して
松浦良充

第2部　歴史を捉え未来を展望する教育哲学

いま、教育と教育学を問い直す——教育哲学は何を究明し、何を展望するか

第1部　教育と教育学の編み直しに向かう教育哲学

第1章　教育学とはいかなるディシプリンなのか

――「人間の主体化」という言説をめぐって

森田尚人

一　はじめに

日本学術会議に登録された教育学関連学会は一〇〇を優に超えると言われる。同一の専門分野のなかで複数の学会が並立するという事象もみられるから、そうした趨勢は必ずしも学問上の理由ばかりでなく、学閥やイデオロギーなどの事情なども絡んでいるのだろう。ただ、教育学という学問領域(discipline)において急速に多様化が進んで、細分化された分野ごとに専門学会がつくられ、それら学会を隔てる壁が大きくなる傾向にあることは否定できない。さらに学際的な研究活動が盛んに行われるようになったことも、個別分野ごとの専門学会の新たな立ち上げを後押ししているように思われる。こうした状況のなかにあっても、それら個別学会がいまなお教育ないし教育学の名を冠しているのをみるかぎり、教育学はひとまとまりの学問として、多様な研究領域あるいはテーマを統合し、相互に関連づける何らかの学問的基盤を共有することが期待されていると言えよう。本稿は、さまざまな領域にまたがって展開されてきた教育研究を、「教育学」というひとつのディシプリンにまとめあげるような理論的基盤が果たしてあるのか、それを思想史的に検討しようという試みである。

これまで教育学がひとつのディシプリンとして存続してきたのは、歴史的にみれば教育についてのある見方（ないし、言説）が共有されてきたからではないか、という議論をしてみたい。具体的にいえば、今日改めて関心が向けられるようになったビルドゥング概念の意味するもの、つまり、「教育を人間の主体化として定義する」ことが教育学研究の核心にあったのではないかという仮説である。言い換えれば、「主体としての人間形成への関心」が、さまざまな領域にまたがる多様な教育現象の研究に対してひとつの学問としてのまとまりを与えてきたのではないかということである。もちろん教育をめぐる言説は歴史的文脈に応じて多義的であったし、したがって、その社会的機能もまた複雑な様相を呈してきた。だが、今日にあってさえ、主体への関心は教育学者であれば誰しもが抱く問題意識のひとつであることは間違いない。とりわけ一九八〇年代以降の日本の教育界では、個人・個性・人格といったコトバが氾濫するようになった。そうした用語が教育を人間の主体化とみなす定義のなかに包摂されるならば、現代社会では、教育を論じるあらゆるシーンにわたって、「主体」という語の響きを聴きとることができよう。

実際わが国の教育界において、「主体性」に関わる言説は、幼児教育にはじまり、学校教育の諸階梯の全域を通じて、さらには学校と職業世界とをつなぐキャリア教育にまで及んでいる。すでに一九八九年の「幼稚園教育要領」では、「幼児の主体的な活動を促し幼児期にふさわしい生活」の展開が求められていた。直近では、二〇一七年に公示された「新学習指導要領」は、幼稚園から小中学校の教育において、「主体性のある日本人の育成」のために、「主体的・対話的な深い学び」を求めている。他方で、学校制度の終端をみれば、一九九九年の中央教育審議会の答申には、キャリア教育を通して望ましい職業観を身につけさせるに、「自己の個性を理解し、主体的に進路を選択する能力・態度」の育成が必要とされる、とある。さらに主体形成のイメージを前面に掲げるのは、発展途上国の教育に向きあう人びとにも、資本主義的経営を担う人びとにも同じように見出される。一九七五年のユネスコ「ペルセポリス宣言」では、「リテラシーを通して、……あらゆる個人を、彼の運命に影響する決定のすべてに、一個の責任主体として参加せしめる」と述べられており、フレイレの理論と実践の影響が読みとれるものだった。他方で、二〇一一年の日本経済団体連合会の「グローバル人材の育成に向けた提言」では、グローバルな経済競争を勝ち抜く社会人に求められる基礎的な能力として、まず第一に主体性があげられている、等々。

しかしながら、主体というコトバがこのように頻繁に流通しているにもかかわらず、教育界ではイメージが先行して、「主体」あるいは「主体性」の概念内容それ自体について真正面から議論されてきたようには思われない。そのために人間の主体化という教育言説は、一方で、戦後間もない頃に論壇を賑わせた、マルクス主義者と近代主義者のあいだで交わされた「主体性論争」（コシュマン）や、一九六〇年代にソヴィエト・マルクス主義に対抗するかたちで復権した西欧マルクス主義の主体性論からは隔絶して、かつての論争が顧みられることはほとんどない。他方で、「主体の死」や「主体論の終焉」といったフレーズで近代的な主体概念を問題化したポストモダニズムをめぐる議論も（森田 二〇〇一、下司）、十分に咀嚼されないまま忘れ去られようとしている。ともあれ以下の議論では、教育学において「主体」の概念がこれまでどのような理論的・概念的枠組のもとで捉えられていたか、またそれに応じて、社会的・歴史的な意味がいかなる変遷をたどったのかを、思想史の文脈のなかで考察することで、新たな議論への提言としたい。それは、一九世紀以降の自然科学がもたらしためざましい理論的達成の影響と、世界が緊密につながることによってかえって政治的・イデオロギー的対立の激化した歴史的変動のなかにおいても、教育学が個々の人間を主体として形成するという課題意識を共有することによって、あくまでひとつのディシプリンであり続けてきた歴史的経過をたどることにほかならない。

二　近代教育学とビルドゥング概念

(一)　教育学の「専門母型」

欧米諸国において(そして、その影響を受けた日本でも)、アカデミックな学問領域として教育学が成立するのは、二〇世紀への転換期のころだった。それは、近代的な大学制度が専門職の養成機関として整備され、経済学、政治学、歴史学、社会学などの社会諸科学が相次いで独立した学問分野として成立した時期にあたっていたから、教育学もまたその存在証明のために科学的性格を前面に押し出すことになった。だが、教育学がペダゴジー(pedagogy)の訳語として、すでにわが国に移入されていたことから知られるように、ペダゴジーは、教育の科学(science of education)が成立するのにずっと先立って、教職に就く者のための学問として一定の制度的役割を担ってきた。ペダゴジーは教育という事象についての理論的分析に関わるというより、子どもを教えるという教師のしごと、つまり、教育技術や方法、しつけや道徳のあり方を、所与の教育目的にもとづいて教えることを主たるしごとにしていた。一九世紀半ばまでに公立学校制度が広く国民の間に普及するようになると、欧米諸国ではプロイセンをモデルにした教員養成に特化した師範学校が相次いで設立されるようになり、ペダゴジーはそれと連動して制度化への道をたどりはじめた。しかしながら、各種の辞書的定義において、ペダゴジーとペダントリー(pedantry)との語義的な類縁性がしばしば指摘されるように、教育学にはネガティヴなイメージがつきまとっていた。そこには、一方で、生半可な知識をひけらかし、傲慢な態度で子どもに接する衒学者という通俗的な学校教師像が投影されるとともに、他方で、学問の自律性を標榜したアカデミズムの側からは、教育政策や教育技術などの実践的制約から免れることが難しかった教育学固有の事情に対して、懐疑のまなざしが向けられることが多かったからである（Salvatori Part 1）。

ところで社会科学の制度化ないし専門職業化は、自然科学の場合とは異なって、各国が向きあわざるをえなかった歴史状況に応じて、国民性や国家イデオロギーと深く絡みあって展開された。教育学の場合には、そうした傾向がひときわ顕著だったと言えるだろう。科学としての教育学は、心理学や社会学などの学問分野で蓄積された研究成果や新しい研究方法論を積極的に取り入れることによって、たしかに学問・思想界一般の知的革新に対して開かれた姿勢をとることができた。十九世紀末のモダニズムの影響は、啓蒙主義の伝統をうけた理性偏重主義に抗して、美学的原理にもとづいて人間教育を改革しようとする新教育運動に道を拓いたし、各国民の独自性への関心を喚起した歴史意識は知識や価値の歴史的な意味づけを強調して、国家と教育の関係を歴史的に相対化する学問的努力にもつながった（Ross）。さらに、科学としての教育学の成立は教育学者の守備範囲を著しく拡大するとともに、いっそうの多極化を促した。それは、学校現場が要請する教育内容の編成や子どもの心理発達に対応した教育方法の開発という実践的な課題から、国民国家のもとでの社会統制の様態や資本主義体制の再生産における教育の役割に関する社会科学的分析にまで及ぶものとなった。

ところで、このように教育という対象が多様化し、分極化する現実に向きあわざるを得ない教育研究のなかにあって、教育学がなお単一のディシプリンとして存立しうるとすれば、その学問的根拠はどこに求めることができるだろうか。われわれは、教育学が科学としての性格を強調するようになっても、なおペダゴジーとしての教育学の伝統が見失われることがなかったこと、つまり、人間の本質とはア・プリオリには知ることができないものだとしても、主体としての人間形成へのかぎりない探求がこの学問の中核に据えられてきた事情に着目したい。めざましく移り変わる社会変動に対応して、教育概念の外延がひたすら拡大していったにもかかわらず、教育学は学問分野としての一体性を保持してきた。それが可能になったのは、教育学が、拡散する教育概念とは別に、ビルドゥング概念をもって教育学的思考を収斂させる統合的な要素として取り込んできたという逆説的事情にあったのではないか、というのが本稿の仮説である。こうした事情の意味するところは、クーンのいう「専門母型」(disciplinary matrix)という概念を援用することで、もっともよく説明できると思われる。

周知のように、クーンが『科学革命の構造』において提起したパラダイム概念はその多義性・曖昧さゆえに激しい批判にさらされることになった(ラカトシュ&マスグレーブ)。そのためクーンは新版に補章を書き加え、科学の諸理論といった狭い性格と範囲に限定されて解釈されるおそれのあるパラダイムに代えて、「専門母型」というタームを提案した。それは、「専門家間の意思疎通がわりあい簡単にゆき、専門家的判断を一致させるように、その集団のメンバーが共通して持っているものは何か」という問いに応えるものであった(クーン:二〇六)。もともとクーンのいうパラダイム概念は「通常科学」に付随してつくられたものであって、将来の研究者が専門家集団の一員として認められるためには、過去の科学的な業績を受け入れ、それにもとづく先人の研究スタイルを真似ることを通して専門的能力を形成するという、実際的な教育の過程とセットとなっていた。それには特定の知識の体系と構造から構成された学問分野(ディシプリン)が社会的に成立していることが前提されている[1]。ディシプリンは、弟子(disciple)と同じ語源から派生して、規律・訓練という訳語があてられることがあるように、それを維持・発展させるための教育訓練システムも含意しているのである(手塚:二四一)。こうして研究課題の設定から研究方法、さらには行動規範にまで影響を及ぼすディシプリンの世界は、同時に物質的・制度的な基礎によって支えられてもいるのであって、高等教育機関の学科編成に端的に反映されている。

ディシプリンは、分離・独立した学問分野として存在し、独自な文化を通して集団のメンバーに影響を及ぼす。

専門母型とは、こうした特定の専門領域ごとに、研究者の間で共通な議論をつくり出し、方法的な検証を可能にする「いろいろな種類の秩序ある諸要素」を指している。クーンはその構成要素として、「記号的一般化」、「形而上的パラダイム」、「価値」、および「見本例」の四点を数えている（クーン：二〇七―一三）が、ここではこの議論に立ち入ることはできない。ただ、それを手がかりに、教育学というディシプリンには研究者相互のコミュニケーションを成り立たしめる学問的基盤が存在すること、すなわち、集団のメンバーによって共有される、ある種の人間観によって媒介された認識論的装置が働いていることを確認してもよいだろう。教育学はこの分野に特有な知識の体系を構築しており、研究者集団のメンバーが教育に関連した問題に取りかかろうとするときには、他の学問分野からは相対的に区別された学問的蓄積を踏まえた、自律的な研究活動が期待されているのである。

（二）「人間の主体化」としての教育

先に教育学において「専門母型」としての役割を果たしてきたのが「ビルドゥング」概念ではなかったか、という逆説的な事情にふれた。逆説的というのは、これまで「教育」と「ビルドゥング」の概念は、相互に対立する対概念として論じられてきたからである。たとえば、一方に読書算の詰め込みという大衆教育と、他方にエリートのための古典的「教養」教育が対置され、また、一方の近代国家による国民統制と資本主義的生産のための効率的な人材養成という公教育の実態と、他方の人類にとっての普遍的な理想のもとで自由人の自己形成をめざす教育理念とが対比されてきた。さらに、一方では実証科学の成果を踏まえて生徒の学習成果をコントロールしようとする行動主義的な教育研究の動向が際立つなかで、他方でそれに抗うかのように、人格の完成を教育目的において、自己と世界の相互交渉のなかでいかに自分自身を表現するかを問う哲学的・人間学的考察の必要性が強調される、等々。

一八世紀後半のドイツに生まれたビルドゥング概念は、論者によってさまざまな意味あいを込めて論じられてきたものの、人間性についての普遍的理念に関連づけられた、主体としての人間形成を意味するものとされてきた。それは時代の変動にともなう外部社会の要求に従属させられてきた教育概念の実用的・実践的な性格からははっきりと区別されるものだった（Horlacher）。だが、教育によって形成される人間主体というイメージは、西欧近代の歴史的所産である国民国家の成立にともなうものであって、この二つの側面は市民社会の多様な現実に対応した教育の実態を表出するものとして、むしろ相互補完的な位置づけにあったのではなかろうか（Palti 2004）。時代とともにひたすら外延を拡大していく教育概念を眼前にして、教育学者は「ビルドゥング」概念の含意するところの主体としての人間というイメージを結節点において、多岐にわたる教育についての考察を統合しようとしてきたのではないか。そして、そこに自律した学問領域としての教育学のアイデンティティの源を見出してきたのである。

だが、このことはビルドゥング概念を包み込むことによって教育の本質が明らかになり、その実体的な定義が可能になるということを意味しているわけではない。筆者は一九九〇年代のはじめに、マルクス主義文芸批評家イーグルトンによる文学の定義をもじって、教育の概念の関係論的な定義を試みたことがあった。イーグルトンによれば、文学という用語は雑草と同じようなもので、庭師が庭に生えてほしくないと思う種類の植物全体を指して雑草というように、文学というのは「何らかの理由で誰かが非常に高く評価する種類の文字表現全体を指す」。つまり、「文学」というのは、何らかのかたちで特定できる実体があるわけでなく、「ただ私たちとそれとの関わり方をそう呼んでいるにすぎない」（イーグルトン：一五頁）。それに倣えば、教育なるものの本質が存在するわけでないから、あらゆる教育的行為に共通した特質が抽出できるということにはならなくなる。そこで筆者は、「教育とはある目的のもとでの人間形成への働きかけであり、その働きかけの総体である」というきわめて漠然とした定義を与えてみた（森田、一九九二）。それは「純粋に形式的かつ内容空疎な定義」であって、「子供の発達を促す営み」でも、「階級関係の再生産」でも、「経済発展のための人材選抜」でも、「国民国家の市民形成」でも、歴史的・社会的文脈に応じていかなる意味でも込められるような定義のつもりだった。しかし、今日の時点から振り返ってみれば、この関係論的定義が新たな問題提起につながらなかったことは、それが教育学の伝統に沿ったものであったことに思い至れば納得がいく。クーンが専門母型の要素としてあげている「形而上学的パラダイム」ないし「価値」という面からみると、この定義に入り込んでいる「人間形成への働きかけ」という用語には主体としての人間像が含意されており、それならば誰でも同意できる表現であり、教育学者の「集団感覚」からさほど逸脱するものではなかったからである。

ところで教育学がひとつの学問領域として存立しうる根拠は、デュルケムにならって、教育という社会事象の対象範囲が経験的に特定できることに求めてもいいだろう（デュルケム）。たしかに社会科学のさまざまな学問分野を分類しようとするとき、そこに一貫した分類基準を見出すのは難しい。政治学や経済学、あるいは法学などは、特定の社会事象を研究対象とすることによって学問の一体性を保持しているのに対して、歴史学や社会学の学問的アイデンティティは方法論的特徴によって担保されているからである。この分類基準によれば、教育学は明らかに前者に属する。教育という社会事象は、経済・政治など他の領域と重なるところがあって明確に境界を劃定することは困難だとしても、ひとまとまりの社会事象から構成されており、教育学はそうした対象を研究する学問分野であるとみなすことができる。だが、教育は経済や政治とならぶ社会事象のひとつであるとしても、教育にはそれらと異なる独自な社会的特徴がある。それは、教育事象には他領域と重なりあう多くの面がみられるというにとどまらずに、他領域に浸透して、その再生産過程において特異なかたちで機能しているということである。

近年論及される機会が多くなった宮原誠一の再分肢論は、ちょうど教育のもつこうした機能を理論化しようとしたと言えるだろう。宮原は自然成長的な過程である「形成」と、目的意識的な過程である「教育」を概念的に区別した上で、教育の機能が他の基本的な社会機能のそれぞれの末端において営まれているところにみて、それを「再分肢機能」と呼んだ。つまり、教育という機能は、政治、経済、文化といった他の社会的機能と並ぶのでなく、それぞれの社会的機能の末端において営まれる再生産的な機能だというのである（宮原：一二三）。こうした議論はすでに本稿で指摘したこと、つまり教育が資本主義的生産過程における労働力の再生産機能として、あるいは国家という統治システムにおいて国民形成の機能を果たしていることなど、社会におけるさまざまな領域においてみられる再生産機能であることを指摘したものであるから、ずっとのちに現われるブルデューの「ハビトゥス」論と対比して論じられることもある（山田：三〇一―三〇五）。だが筆者は、宮原のアイディアの源は東京帝国大学時代の師にあたる吉田熊次の「陶冶の科学」としての教育学の構想にまで遡ることができると考える。それは、教育の機能をもって人格を陶冶する活動、つまり主体としての人間形成にあると規定するものだった。「陶冶（＝ビルドゥング）の概念は教育学上の中心概念である」。ところが、「陶冶の科学」は教育学よりもずっと広義な概念であって、農学・工学・医学などさまざまな学問分野にわたって、事実と価値、あるいは「目的と手段との結合を研究する」ものとして存在している。教育学とはこうした各分野の課題を人格の陶冶、すなわち「人格の価値増殖という現象を研究の対象とする」ことで成り立つものなのだ、と吉田は言う（吉田：三一四―六）。興味深いのは、宮原がこうした「陶冶」の観念を踏まえて再分肢論を展開したうえで、教育の定義を人間の主体化という観点から試みていることである。再分肢的な機能としての教育は、「政治の必要を、経済の必要を、あるいは文化の必要を、人間化し、主体化するための目的意識的な手続き、これが教育というものにほかならない」（宮原：一二三）。

　われわれがビルドゥング概念を「人間の主体化」という意味にゆるやかに括ることができるとすれば、それは、二〇世紀の教育科学の全盛期に顕在化しなかったものの、その基調音として生き延びてきたとみなすことができないだろうか。ただ、繰り返し述べておけば、ビルドゥング概念は教育学の対象範囲と理論構造とをアンビヴァレントな関係におくことになった。一方で、ビルドゥング概念は社会のさまざまな領域に人間形成的な機能があるという事実を見出すことによって、学校などの制度的な教育的機能の範域を大きく越えて、社会のあらゆる領域へと教育の観念を拡張することになった。だが、他方で、ビルドゥング概念は教育学の認識枠組の中核に位置づけられることによって、この研究者集団の学問的一体性を支える根拠を、たとえ時代状況による制約を受けるとはいえ、諸個人の主体形成という視座に収斂させたからである。

(三) 「自己と世界の相互作用」としてのビルドゥング概念

Bildungというドイツ語に一語で対応するコトバを、他の言語に見出すのは難しいといわれる。日本語では「陶冶」「教養」「形成」などと訳され、山名淳らによって「人間形成」というコトバが提案されたこともあった。それらはいずれも、「教育」「社会化」「教授」「学校教育」といった制度的意味あいをもつ教育(Erziehung)関連語から区別することで、この語のニュアンスを伝えようとしてきた(山名二〇一四)。英語圏においては、もちろんeducationと訳されることもあったが、形式陶冶(formale Bildung)にformal disciplineという訳語があてられたことがこのコトバをめぐる混乱を拡大する一因となった。文学や思想史研究ではself-cultivation、self-formationなど、ことさら自己を強調する訳語が好まれた。ローティが、ガダマーの『真理と方法』のモティーフになっているビルドゥング理論に言及したとき、なじみのないBildungを使うのを避けて、「啓発(edification)」というコトバをあてたことはよく知られている。しかし、教養ある(gebildet)者となるためには、文化への同化としての教育、つまり社会化(socialization)の過程を経なければならない、とローティが言うとき、ビルドゥングと教育は相互に対立するものでなく、一方を議論するときには他方を要請せざるを得ないような、相互補完的な関係にあると捉えていることは、以下の行論と関わってくるのでとくに留意したい（ローティ：四二五）。近年の英語圏の教育学研究においては、Bildungは原語そのままにイタリック表記するのが通例となって、ようやく専門用語として受け容れられるようになったと言えよう。

ガダマーは、ビルドゥングの概念はヘルダーによってはじめられ、やがてカントからヘーゲルにいたる過程で完成された、と述べている（ガダマー：一三頁）。だが、ビルドゥングの起源はドイツにではなく、イギリスのシャフツベリーの道徳哲学にまで遡ることができる。道徳の根拠を人間の自然と事物の本性に置いたシャフツベリーは、主体としての調和のとれた人格性を人間の内面構造のなかに求めた（ウィリー、カッシーラー）。この「内面性」の観念がドイツ語のBildungとして訳されたのである。当初文学、哲学、神学などの領域で受容されていたこの概念を、教育理論の領域に転用したのがヘルダーだった（Horlacher）。トレルチが、ルネサンスの哲学の「楽天的・審美的な全宇宙観がのちにシャフツベリーやヘルダーにあっては宇宙の定式にまでなった」と述べているのは、こうした事情を指してのことに違いない。「進歩・発展の思想―小宇宙のなかに神性が集約的に反映しているという思想は、これによって更に拡大されて、精神の生成、生長のなかにも神性の集約的反映がみとめられるようになった」（トレルチ：三三頁）。したがって、ガダマーが言うように、神の似姿(Bild)を含意するがゆえに、Bildungという語がシャフツベリーの用いたform, formationの直訳にあたるFormierung, Formationに競り勝ったのはけだし当然のことだった。

ここではまずビルドゥング概念が、教育を通して近代的な主体形成をめざす政治的な含意をもっていたということから論じたい。バウマンが指摘するところによると、教養（cultureつまり、ビルドゥング）の観念は一八世紀の近代的知識人の誕生にともなって、さもなければ不完全な存在にとどまってしまう主体を、教育によって完成させる過程を意味するものとして登場した。国民国家を支えた理性にもとづく統治というイデオロギーは、閉鎖的なコミュニティを解体させ、それに代えて人びとの生活を集権的に管理・監視する政治機構で置き換えるものだった。教養という概念はこうした新たな政治的主体の必要に応じて出現したのであり、彼らの行動は知識によって方向づけられるのであり、知識は教育者によって与えられるはずだった(Bauman)。

このように主体を知と権力の間の教育学的関係のなかに位置づける見方は、ビルドゥングを内的自己に収斂させる従来型の〈教養〉イメージ、たとえば「各個人がそれぞれのかけがえのない個性を真善美の各面にわたって多面的かつ調和的に発展させ、自己完成の域に到達することをめざすところに人生の意義がある」(野田 一九九七：一七)というビルドゥングの定義に対して、根本的な転換を迫るものである。しかしながら、ビルドゥング概念が政治思想のレヴェルに還元できないだけでなく、知と権力をめぐる教育学の用語にも回収しえない残余分が無視できないのは、人間的主体とはこうした社会的な規定には解消されない独自性をもつ存在だからである。山名淳はドイツの学問状況を念頭において、「今日の教育哲学的議論におけるビルドゥング概念の根幹にあるのは、総じて、自己と世界との相互作用によって生み出される両者の同時的な生成として捉えられる」と述べ、さらに、テノルトのコトバを引用している。「主体が自らの世界を獲得すると同時に、そのような世界の獲得によって自らを個人として構成するとともに世界を再生する」、と(山名 二〇一七)。したがって、ビルドゥングは、「自己と世界」、「個人と社会」、あるいは「主体と客体」のあいだの相互作用として、関係概念として解釈されるべきということになる(Biesta 2002b)。

実際、近年のビルドゥング思想研究は、近代的市民が外部世界との交渉を通していかなる政治的な役割を果たすべく形成されたかという問いへとシフトしているようにみえる。たとえば濱田真は、ヘルダーが個人の主体性の形成を、「歴史的・文化社会的・風土的要素が多様に結びつく場として」の世界との接点において捉えようとしたことを強調している（濱田：二四）。スペックは、ヘルダー哲学の非政治的本質や反啓蒙主義を重視してきた通説を批判して、そのビルドゥング思想がロシアの政治改革をめぐる啓蒙主義知識人との論争のなかから生まれたことを指摘する。ヴォルテールの外部からの働きかけによるトップダウン型の政治改革の構想と、ディドロの内発的な進歩に期待するボトムアップ型の改革案のいずれをも批判して、ヘルダーは人間の本質と社交性の再定義によって、中庸をゆく政治改革を構想したというのである（Speck）。

こうした自己と世界を関連づける視点は、フンボルトのビルドゥング概念にも引き継がれた。「人間は出来るだけ多く世界をとらえ、出来るかぎり密接に世界と自己とを結びつけようとする」のだから、人間性の概念は「われわれの自我を世界と結びつけて、最も普遍的で、最も活発な、最も自由な相互作用を保つほかになす術はない」（フンボルト：四八—四九）。フンボルトは国家形成に貢献するという啓蒙主義の使命を、新人文主義のビルドゥングの思想によって成し遂げようとしたとされるが、フンボルトが自己形成にとって社会的なつながりが欠かせないことを重視したことは従来見過ごされてきた、とソルキンは指摘する。たとえ国家権力の制限によって、自己形成にとってもっとも重要な個人的自由という条件が満たされるとしても、人びとのあいだに自由な交流をもたらす社会的絆の再生なしに十全な実現は望めないはずだからである（Sorkin）。人間形成の包括的理論としてのフンボルトのビルドゥング思想には文化発展を通しての国家の改革という政治的意味が込められていた（Cocalis 1978）。ビルドゥング概念は、政治を文化の領域に包摂することによって、国家の改革が人間性の実現という目的のために、ダイナミックで変化の絶えることのない文化的発展によって媒介されねばならないことを強調するものだった。エルカースはこうした逆説的事情にふれて、「教育はたんに個人の形成にとどまるものでない。政治的であることを求めないがゆえに、政治的なのだ」（Oelkers 34）と表現している。

さらに、われわれはヘーゲル哲学のなかに、近代的な主体像がビルドゥング（教養）概念といかに緊密に結びついていたかを確認することができる。ギムナジウム校長時代のヘーゲルは、ビルドゥングについて「個別的本質を一般的本性に高めること」と規定していた（ヘーゲル 一九八八）。個人は自分の直接的経験を越えた視点からものごとをみることが可能になり、それによって「本質的なものと非本質的なものとを区別することになる」（ヘーゲル 一九五二b、九六、九八）。教養とは、多様な他者との出会いのなかで自己の疎外と喪失を経た個人が、そうした分離体験のなかから再び人格の統合を実現させる過程にほかならない（Smith 161）。つまり、個人は絶え間なく続く自己疎外の過程を通して獲得した普遍的な視点から、自我の社会的本質を自覚して、個性の発達に向けて社会的責任を引き受けることになる。教養ある個人とは自由な主体として生きるのに必要な共同性の形式を身につけることなのである。要するに、ビルドゥングとは市民社会の共同性の形式を担う個人の自己形成の過程にほかならない。のちに、ヘーゲルは『法哲学講義』でこう述べている。

「教養人とは全体のことを考える人です。教養のない人は、自分の頭に浮かぶ特殊な事柄を重要視し、それを離れることができないが、教養人は、特殊な事柄を全体的な視野のもとにとらえ、みんなが納得するようなふるまいをし、目標達成にむけて最短の道を選びます。教養のない人は、いつでも自分のことにかまけ、あちこちで人を傷つけ、人とぶつかります。全体のことを考えて振る舞うには、現下の状況にふさわしい事柄はなにかに目を配っていなければならず、目的、手段、行動様式が事柄の本性にかなっていなければなりません」（ヘーゲル 二〇〇〇：三七五）。

ここでヘーゲルが描いているのは、近代的な主体という観念には、客観世界のなかで実践される自己の行動に対するとらわれない認識をなすべきという、ある意味で過大な役割が求められるようになったということである。そして、バウマンが指摘するように、それは教育によってはじめて可能になると考えられたのである。近代以前の時代のように、神が主体として自然界や人間界のできごとに恣意的に介入できるような事態がもはや考えられないとすれば、主体の役割は諸個人の内面領域に移譲され、われわれはそうした主体性のなかに人間に固有な本質、つまり、自律性や構想力の根源を見出すことになる（Farrell: 24-25）。こうした転換は、個体にかかわる現象も、かぎりなく広大な世界のすみずみまでいきわたる事象も、まったく同質の原理によって支配されているという世界観によってもたらされたものだった。先に言及したトレルチはこのことを「小宇宙のなかに神性が集約的に反映されている」と表現した。だが、こうした神学的イメージにもかかわらず、古典的ビルドゥング思想が理論的な拠りどころとしたのは、むしろ一八世紀自然科学の動向であり、とりわけ前成説と後成説をめぐって激しい論争が展開された生物学や発生学のもたらした発達・発展の観念だった。

ヘルダー初期の著作『人間性形成のための歴史哲学異説』は、マイネッケによって近代歴史主義の成立を画すものと評されたが、そこでは「個別的個性」においても「普遍史」においても、人間に関わる発展の思想が同一の概念のもとで捉えられたことが指摘されている。「樹木が根から生じるように……このような始源がそれ自らのうちにその産物の全本質を内包していることは、穀粒の中にその植物全体がその部分全体とともに包み込まれているのと全く同じである」（マイネッケ：九二）。濱田真は、こうしたヘルダーの歴史主義に固有な「発生的原理」を植物・生物学的な発展思想として説明しているが、より正確には前成説的な発達観と規定すべきであろう。ヘルダーの独自な思想的立場は、元来機械論と結びついていた前成（preformation）の観念を生気論と組み合わせたことにあった（Pali

1999: 333 森田)[3]。どんな個別の形成物も、ライプニッツのモナドのように、「小さな胚種からはじまる」のであり、それは「どんな個物のなかにも、すでに全体が現れている」のである。成長・発展・衰退・死という生物学的サイクルを通して実現される有意味な全体性こそが、「人間性の普遍的な形成」の可能なことを根拠づける(ヘルダー:一七〇―四)。フンボルトもまた人間の成長を自己教養の過程としてみなしたとき、有機体のメタファーを用いていたといわれる。「大地のなかで熟し、まっとうな成熟に向かういかなるものも、そもそもはじまりは小さな胚種のなかに存在しているのである」(Heslop: 84)。

ヘーゲルの発展概念もまた、あきらかに前成説的な含意を有するものであった。「発展はすでに潜在していたものを顕在化させるにすぎない」。このことを、ヘーゲルは植物のメタファーでもって語る。「かくして、たとえば植物は胚から発展する。胚はそのうちにすでに植物全体を含んでいる」(ヘーゲル 一九五二:一二四)。したがって、人間はすべて理性的存在であるのだが、子どもとおとな(あるいは、教養ある者とそうでない者)の違いは、子どもの理性が可能性としてのみ存在するのに対して、おとなは理性を現実化した存在であることにある。しかしながら、植物の成長が直接的で対立のない展開の過程をたどるのとは対照的に、精神のばあいは、意志と意識によって媒介される。「かくて、精神は自分の内部で自分と対立します。精神の実現を妨害する真の敵は、精神自身であって、精神は自己を克服しなければならない」(ヘーゲル 一九九四:九九)。ヘーゲルにとって教養のもつ意味は、このように自己に自己意識を与え、自己内反省を生み出す精神の運動にほかならなかった(Tubbs: 46-48)。そして、それこそが諸個人を近代社会の担い手としての主体を形成する過程であった。

このようにアクチュアルな政治的課題と関わって近代的主体の形成をめざした、ヘルダーからヘーゲルにいたる古典的ビルドゥング概念は、二〇世紀の声を聴くことのないままに、教育学のメインストリームから外れていった。

その理由のひとつが、資本主義の発展にともなって広汎な大衆が教育の対象として登場してくるという時代動向に、そのエリート主義的性格がそぐわなくなったことにあるのは間違いない。だが、以上に論じてきたことは、それとは別に理論内在的な要因があったのではないかということである。一九世紀の初頭にヴォルフの後成説が再発見・再評価されることによって、生物学、とりわけ発生学の領域では、後成説の立場からの実証・実験的研究が優勢になったが、前成説–後成説論争についてのヘーゲルの知見は伝聞によるところが多く、そうした研究動向に通じていたことを示す証拠は見当たらないとされる(Petry: 229)。しかし、ヘーゲルにとっては、ビルドゥング概念のみならず、彼の哲学体系そのものにおいても、前成説にもとづいた発展概念は論理構成上の核心的な契機であった。ダーウィン進化論の登場は後成説の勝利を決定的づけたが、それにはヘーゲル死後四半世紀を経ることが必要であった4。

三　教育科学の成立と主体像の転換

(一) 心理学と統治可能な主体

一九世紀末の教育学の理論的転換は、心理学が自然科学(とりわけダーウィンの進化論)に範をとった新たな学問分野として、アカデミズムのなかで制度化されたことに多くを負っている。膨張至上主義の経済市場やひたすら国益を追求する現実政治が西洋世界を覆いつくすなかで、ロマン主義的な人間観は衰退し、それにともなって古典的ビルドゥング思想もまたドイツ文化の黄金期の記憶のなかに押しとどめられることになった。しかしながら、ビルドゥング概念の衰退は、主体としての人間に対する関心そのものが失われたということを意味するわけではない。急激な産業化・工業化の趨勢にともなって、文学や美術、さらには建築にいたるまで文化の諸領域を襲ったモダニズムの抬頭は、新しい人間形成のありようをめぐって新たな思想的地平を切り拓くことになったからである。ガーゲンは、心理学の抬頭によって生み出された新たな主体像の変化を、ロマン主義的な自己の観念がモダニズムの本質論的、ないし実体論的な個人の観念によって置き換えられる過程として描いている。科学としての心理学のモデルとなったのはダーウィン進化論であって、そこでは論理的推論と観察を通した生命活動の詳細な検証によって、「個人についての真理」が明らかにされると考えられた。実証科学としての心理学の主たる問題は、もはや内面に深く埋め込まれた霊的で不可視な人間の本性を論じることではなく、下等動物の行動の基本的メカニズムの解明にもとづいて、適切に設計された機械がそうであるように、信頼できる自律的な人間をつくり出すことに向けられた。「モダニズムの時代になると、人間活動の根源は、安定的で機械のように正確な本質に求められるようになり、それがサタン（悪魔）に取って代わった」（Gergen: 47）。パーソナリティ・テストや知能テストのめざましい普及は、人間の本質が測定可能で、それゆえ予見可能と考えられたからである。モダニズムは人間性に対して十分にオプティミスティックであり、同時にずっと民主主義に適合的だった。

心理学の専門職化をめざす動きは、なにより学校教育制度との間につくりあげた強固な同盟関係のなかにみてとることができる。一方で、就学人口の急増（初等教育の拡充）と修学年限の延長（中等教育の大衆化）は学校をめぐる状況を一変させ、そこでは学校管理者も教員も、個々の生徒を新しい国家や産業秩序に適合的な主体にまで教育するのに必要な専門的知識を、心理学に求めるようになった。他方で、新設・拡張が続いた高等教育機関において新規の学問が多く生まれたが、なかでも心理学は科学的客観性と工業化社会における実践的有用性を喧伝したから、とりわけ将来を約束された専門分野とみなされるようになった。心理学は産業界、社会福祉、軍隊、とりわけ学校教育と連携することによって、専門職として巨大なマーケットを開拓したのである (Danziger: chap.7)。

こうした心理学の専門的知識がリベラル・デモクラシーを支配する政治的権力を支える「統治可能な主体」をつくりだすうえで決定的な役割を果たしたことは、ローズの一連の研究から知られる。ローズの『われわれの自己の発明』は、フーコーの「権力と主体」をめぐる論点に依拠して、政治権力が個別的主体をつくり出す支配形式にほかならないこと、つまり、日常生活のなかで「個人を分類し、独自な個性を刻印し、自分のアイデンティティに帰属させる」ように作用する権力メカニズムのなかで、心理学が果たした中心的役割を論じたものである。一九世紀後半に成立した「心」に関わる科学、つまり psy が接頭辞についた学問諸分野 (psy disciplines) は、諸個人を「統合された内的一貫性をもつ自己中心の主体」という本質主義的で超歴史的な理念のもとで捉えることで、自己自身を統治する主体にまで形成することになった。そうした主体としての個人は自由と責任を同時に引き受けて、民主主義の原理を支えることになる。ここで重要な論点は、心理学の貢献が、国家の統制領域の拡大にともなって強大化した権力の道具としてではなく、一定の政治的合理性をもつ支配形態のもとで、諸個人を自由な主体として形成することにあったということであり、それが主として教育の領域で果たされたということである。専門分野としての心理学の確立は、一九世紀末に政治権力の正統性とテクノロジーに生じた根本的な変化と構造的に結びついていたのである。

「発達心理学やパーソナリティ心理学に具現される個人化の技術は、抑圧のプロジェクトと関連づけられてきたわけでない。事実は反対であって、心理学のことばや技法は人びとに対して、個人の能力・充足感と諸制度の効率とを同時に最大限まで引き出す家族生活・教育・生産のありようを理解できるようにするのである。……われわれは心理学という権力に対する批判的分析を、社会的抑圧から救済されるべきだという主体性の原理に基礎づけることはできない」（Rose 114）。

こうしたローズの議論は、心理学の歴史的分析を中心テーマにしているにもかかわらず、あくまで社会学の視座からの研究であって、心理学史のモノグラフとは言い難く、そこに学説内容に立ち入った理論的分析を期待すると失望することになる。したがって、われわれにはモダニズムの学問としての心理学にはどのような理論的特徴があったかを論じる課題が残されることになる。だが、そのテーマに移る前に、ローズの依拠したフーコーの教育に関わる議論には、周知の「規律＝訓練」論には還元できない、教育についてのある見方があったこと、つまりビルドゥング概念について肯定的に言及している箇所があることについて、簡単にふれておきたい。『監獄の誕生』から読みとれるフーコー教育論のイメージは、学校が監獄や軍隊や工場と同じように、近代的主体の形成を規律＝訓練のテクノロジーによって支えられた包括的な人間管理のシステムとして構築されたというものである（フーコー一九七七）。だが、晩年の『自己への配慮』のなかで、フーコーは「自己の陶冶（教養 culture）」というテーマに一章を割いている。個人が道徳的主体として自己を構成するための自己自身に対する統治は、たんに政治的な支配形式にとどまるものでないからである。それは、「欲望のない、しかも不安故障のない享受の形式をとる一つの経験へと拡がっている」（フーコー一九八七：九〇）のであって、自己教育には別様の教育のあり方がありうることを示唆している。思春期の教育が市民生活のための準備にあるのに対して、それは人生の全期間にわたる長い継続的な過程であり、とりわけ成人の生活と結びついたものである（フーコー：二五一）。しかも、フーコーが自己主体化の過程をこのように二分したことは、先述したように、ローティが教育の過程を社会化と「啓発」、つまりビルドゥングに二分化したことに通じる問題関心があったように思われる。しかも、ローティがビルドゥングの通例の訳語をそのまま使用せずに、「啓発」という独特な用語法を選んだのとは異なって、フーコーがビルドゥングに相応するフランス語の慣用語であるcultureをそのまま用いているのも、われわれの関心をひく。このことは教育という観念には子どもの社会化からイメージされる知識の習得や道徳的な訓練には回収しえない側面があることを意味しているように思われる。

（二）「有機体―環境」枠組の誕生

科学としての心理学は自己と世界の相互作用を「有機体と環境の相互作用」でもって置き換えるとともに、有機体を単一の実体として捉えることによって、他の社会科学にとっても基礎づけとなる認識論的境位を確立することになった。それは、哲学の基本テーマのひとつである主体―客体問題の心理学的展開とでも言えるものだった。この有機体―環境という概念枠組はダーウィン進化論、つまり生物学からそのまま持ち込まれたとされて、人間の心的事象を科学的に分析するための認識論的枠組として、長いこと疑う余地のない理論的前提とされてきた。個体はそれを取り囲む外界との間で相互に影響を及ぼしあうという視点は、発達を累積的（cumulative）な過程とみなす後成説の立場を実証的に裏づけることになったから、古典的ビルドゥング概念に特徴的だった前成説的発達観は最終的にのり超えられることになった。もうひとつの重要な帰結は、有機体が皮膚を境界にして外部世界からはっきりと区別された形態学的モデルによってイメージされたことである。有機体と環境の相互作用という視点は、両項を明確な区劃で分かたれた実体とみなす二元論を随伴していたのである（Palmer: 320ff）。

心理学において有機体―環境の相互作用という枠組があまりに自明視されてきたことの問題は、その理論的妥当性が検証されないことはもちろん、概念史的な考察すらほとんどなされてこなかったことにある。心理学史は（ある意味での）パラダイムの対立の歴史と言ってもいいほど、理論的に大きな隔たりのある諸学派が並立してきた。たとえば、人間の行動を刺激と反応の束に還元してしまう行動主義と、刺激と反応を媒介する中枢過程の働きを強調する認知心理学。人間の心の働きを実験的手法によって下等動物と共通する生理学的基礎に根拠づけようとする生理学的心理学と、人間行動を社会的・歴史的状況のなかに埋め込まれたものとして、個々の文化的影響を強調する文化心理学。さらに別の角度からみれば、遺伝と環境（氏か育ちか）をめぐって繰り返されてきた論争に象徴的に示されるように、理論上の対立は学問内部の論争にとどまらずに政治やイデオロギーをも巻き込んで、教育・福祉政策や産業界、ないし軍隊における人材管理に反映されることもまれではなかった。しかしながら、それらの理論的、あるいは実践的な帰結にいかなる隔たりが見出されようとも、二〇世紀の心理学的は有機体－環境の相互作用という観点を方法論的な概念装置として共有していたのである5。

この概念枠組そのものが議論の対象にならなかった理由は、それが方法論的概念であるというのに加えて、「環境」というコトバのもつ形而上学的な含意にもあった。一九世紀になると、ナチュラリストたちは動植物の多様な生態に及ぼす、（物理的であれ、生物的であれ）外的要因の影響を探求するようになった。先述したフンボルトの弟アレキサンダー・フンボルトも周囲の事情が生態系に及ぼす影響の重要性を強調した博物学者のひとりだった。だが、そうした外的要因に言及されるときは「諸条件（conditions）」や「諸事情（circumstances）」というコトバを複数形で使うのが通例だった。スペンサーは、当初はダーウィンと同じように「諸事情」と表記していたが、『心理学原理』（一八五五）においてはじめて、それに代えて「環境（environment）」というタームを使うようになった。ピアースは、環境というコトバが単数形で語られ、しかも、つねに有機体－環境の相互作用という文脈において用いられることによって、はじめて心理学の鍵概念となったことを指摘する。スペンサーのこうした環境概念はコントから直接に受け継がれたものだった。コントは『実証哲学』ではじめて個人に影響を与える外的事情について語り、より一般的な意味をもたせるために“milieu”という語を単数形で用いた。スペンサーはコントの著書をマーティノーの抄訳でよみ、そこで“milieu”が“environment”と訳されたのに倣ったのである。単数形で言い表わされる環境という一般的な用語の採用は、有機体に影響を及ぼす外在的な諸要因を、個々の事例に即して、その複雑な事情を検証なしに論じることを可能にした。したがって有機体–環境の相互作用は、いかようにも解釈することのできる検証不能な形而上学的な概念であるがゆえに、広く受け容れられることになった (Pearce 2010: 2014)。

もうひとつの項である有機体に眼を向けると、そこにはモダニズムの主体イメージが深く浸透していたことがわかる。心理学の対象である意識の担い手としての個人は、subject（主体）・self（自己）・ego（自我）・individuality（個性）・personality（人格）・agent（行為者）など、問題設定や状況に応じてさまざまに論じ分けられてきたが、いずれにしろ個別的性格と合理的性格が強調されたところに、西洋近代に特有な人間観が投影されていた。個人は自律的で・独立した・自由な存在であり、他の人びとや周囲の世界からはっきり区別されたモナド的な実体として捉えられた。そして、しかるべき客観的な観察方法に従うことで、その内面的本質は解明されると考えられたのである (Järvilehto 2009)。ポストモダニズムの洗礼——たとえば、フーコーの「主体の終焉」をめぐる議論が与えたインパクト——を受けた後の地点から振り返ってみると、心理学の前提とした主体の観念は本質主義的で、パラドキシカルなものだったことがわかる。一方で、主体のありようは倫理的次元に関わるもので、自由な行為者となるにはそれに固有な理念として自己決定権を前提にしなければならない。そうでなければ、主体はたんに他者と並置されるだけの「もの」に還元されてしまうだろう (Palti 2004: 65)。だが他方で、他者と相互に交渉しあう単一の実体という個人観は、機械論の立場と親和的だった。皮膚によって外界と区劃されたモナド的な実体という個人のイメージそのものが、機械論的な性格を帯びているからであり、それは、行動主義、情報処理説、そして伝統的な精神分析のいずれの心理学理論にも共通するモデルとなった (Gonçalves 134)。

前節の議論との関連させてみれば、こうしたモナド的自己のメタファーが心理学の果たしてきた政治的・イデオロギー的機能を理論内在的に説明することになる。個人意識のメカニズムの解明が進めば、それだけ人びとに対して国家・社会の既成秩序に適合的な行動を期待することができるようになるからである。ダンジガーの調査によれば、一九世紀末に実験室研究が行われるようになって以来の半世紀に、専門誌に発表された心理学実験における被験者 (subject) の大半は同僚の研究者と学部学生によって占められていたという。このことは心理学者の学問的関心が研究者と同じ社会的アイデンティティを持つ集団の心的過程にあったということを示唆しており、被験者が実験状況のなかで期待された役割は、彼らの社会的アイデンティティを拡大して、ないし細部にわたって演じることであった。そうした研究は本質的に記述的なものとなった。心についての現象はいかなる社会的文脈からも切り離されて、そうした現象がおのずと現われるままに先入観なしに報告されたものと受けとめられた。実験心理学者たちの関心は、歴史的条件によって制約されない、普遍的な人間存在に関わる知識の体系を打ちたてることに向けられていたからである。そうした知識こそが人間の本質を明らかにするものであり、したがって、人びとの行動の準拠すべき規範となるべきであった。被験者は倫理的な意味での主体 (subject) にまで形成されなければならなかったのである (Danziger chap.6)。文学理論家エヒギアンはポストモダニズムの視点から、その政治的・イデオロギー的意味をこう総括している。

「科学者たちは自分の身体を実験の対象にするようになった。ヴント、ジェームズ、シャルコーのような著名な人物の実験室やクリニックは、諸個人の心的活動を分析するための新奇な・統制された手法だけでなく、主体性の法則を研究する学生たちを訓練する方法も編み出すことになった。この新しい自己認識を習得する過程は、教養ある階級の日常生活のなかに次第に取り入れられるようになり、新しい自己成型（self-fashioning）の機会と連動して進んだ。実際に、科学者や医者はしばしばリベラルな人格、つまり自立独行の人間（the self-made man）のまさに具象化したものとみなされたのである」（Eghigian: 6-7）。

四　全体主義体制のもとでの人格の変容

（一）戦後教育学における「人格」の問題とソヴィエト心理学

これまでみてきた心理学を中心にした主体性をめぐる議論は、わが国の教育事情からすれば疎遠なことがらのように感じられるかもしれない。だが、文部省によって繰り返しなされてきた教育課程や道徳教育の改革は心理学の研究動向に左右されることが多かったのであり、子どもの主体性を強調する昨今の教育言説もその延長上にあると言えるだろう。さらに、戦後日本の教育界を振り返ってみれば、このことは国家の教育政策に関わるにとどまらずに、ソヴィエトの学問に学んで革新的な教育理論や教育実践を主導してきた左派の学者・知識人の言説を理解するためにも必要なことなのである。先に、心理学と権力との結びつきによる主体化のテクノロジーがリベラルな民主主義を支えたという議論にふれたが、ローズはそうした傾向がナチズムやスターリニズムのような全体主義国家においても極端なかたちで現われていたことにも言及している（Rose: 14-16）。教育をめぐってどれだけ激しいイデオロギー対立があったにせよ、そこで前提とされていた実体論的な人間像と基本的な分析枠組は意外なほど似通っていたのである。ここでは一九八〇年代までのわが国の教育学研究において実体論的思考がいかに根強く存在していたかを、「人格」という概念を手がかりに論じておきたい。それは、スターリン体制下のソヴィエト心理学の理論的革新がわが国のマルクス主義教育学者に及ぼした影響を検証することにほかならない。

ところで「人格」は"personality"の訳語として定着したものであって、もともとの英語には道徳的価値判断が含まれなかった。にもかかわらず、訳語に格差を意味する語が含まれていたがゆえに、大正自由主義とともに人口に膾炙した人格の観念は、人間の徳性は教養を基準にして等級づけられるという観念のもとで、エリート主義的な文化を支えることになった(Inoue)。それは、ビルドゥングの観念がドイツ教養層に対してもった役割に照応していたと言えよう(望月)。敗戦後の教育基本法において教育目的のひとつに掲げられた「人格の完成」は、新教育基本法にも受け継がれている。今日でこそ否定的な論調はみられなくなったが、戦後間もなくの頃にあっては、左派系知識人は人格の観念に対して、大正教養主義の残滓としてきびしく批判的だった。とりわけマルクス主義教育学者や教員組合運動家たちは、教育基本法に述べられた教育目的のうち、前半の「人格の完成」については意図的に無視して、後半の「民主的及び平和的な国家・社会の形成者」の部分だけを強調するのが通例だった。ところが、奇妙なことに今日ではまったく逆に、「教育は個人の人格のため」という教育言説が、左派系教育学者によって熱心に唱えられるようになっている(森田 二〇〇五)。このような人格に関する言説に大きな転換が起こったのは、一九六〇年代から七〇年代にかけてのことだった。ここでは正統派マルクス主義を代表する教育学者であった矢川徳光の人格概念をその典型例として取り上げ、それが同時代のソヴィエト心理学界の動きに敏感に反応したものであったことを論じたい。本章の文脈からすれば、この作業は左派教育学にとっても「人格=主体形成」が教育目的論の中核をなしており、全体主義イデオロギーとも両立可能であることを証拠だてることになるからである。

矢川はいう、教育の目的は子どもの人格の発達をめざすことであり、そのために「子どもから」という言説は教育学にとって絶対に正しい出発点である、と（矢川 一九七一：一二六）。ただ、そうした教育の活動は、人格の解放をめざして共産主義に向かう世界史の発展と切り離せない。矢川による教育学の規定には、ビルドゥング概念にも通じる人間の主体化という契機が含まれている。

「教育学が科学たりうるためには、その客観的な基礎はこの現実的・歴史的な運動過程にすえられねばならない。人格＝個人の教育と発達は、この世界史的運動の総過程に人格＝個人が主体として深かれ浅かれ、直接ないし間接に接触または参加する活動とその成果である」（矢川 一九七一：一九九）。

ただし、ここでの主体というコトバは、敗戦間もない頃にマルクス主義者と近代主義者の間で交わされた主体性論争とは、かなり異なる思想的文脈におかれたものだった。かつて正統派マルクス主義者によって主張されたような、革命的主体の実践を規定する根拠を下部構造に求める経済決定論は影を潜めて（コシュマン：一五七）、民主的人格の観念は「全面発達」と重ね合わせて論じられているからである。しかしながら、矢川はもちろんソヴィエト・マルクス主義を特徴づける決定論と実体論の原理を放棄したわけではなかった。そうした人格＝主体の観念は、矢川自身が認めているように、ソヴィエトの心理学者ルビンシュテインのまったき影響のもとに導入されたものだったからである。

(二)　スターリン体制下のソヴィエト心理学

ルビンシュテインは一九三〇年代の中葉に、突如としてソヴィエト心理学界のリーダーとしてアカデミズムの世界に登場した。彼の心理学理論は「外的原因は内的諸条件に媒介されて作用する」(ルビンシュテイン 一九六〇：二二)という有名なテーゼに収斂するものであった。それは、主体と対象とのダイナミックな統合が現実になしとげられる過程は、能動的な精神が自己自身とそれを取り巻く世界を同時につくりだす弁証法的過程であることを主張するものだった。人格の概念が、外的世界からの影響と相互作用する主体の意識活動の総体とされているところに、有機体—環境という枠組がマルクス主義心理学にとっても本質的な方法論的特徴となっていたことがわかる。

マルクス主義的心理学とは、真理性の根拠をマルクス、レーニン、そしてスターリンの古典からの引用によって証明するという学問スタイルにほかならないから(Walker: 163)、人格という主体的な心理現象の意味を強調するルビンシュテインの心理学説は、人間の本質を歴史的な社会関係の総体とみなし、社会の生産力と生産関係の様式が人間の社会意識を規定すると主張する、マルクスの古典的な経済的決定論との整合性がはかられなければならなかった。ルビンシュテインは、「内的条件」による媒介という心理学原理が、マルクス＝レーニン主義の決定論原理、および反映論という認識論的立場(そしてパヴロフの反射理論)[6]と整合的であることを繰り返し述べることになる。まず、ルビンシュテインの言うところを聞こう。

「外的作用は、人格を媒介として、その心理的効果とじかに結びついているという命題は、心理学一般に対する理論的立場と同様に、人格心理学のあらゆる問題に対する理論的立場がそれによって決定される中心である。心理現象の合法則性もまた、しかも他のものにもまして、決定論の弁証法的・唯物論的解釈に基づいてのみ明らかにすることができる」（ルビンシュテイン 一九八一：一六六）。

だが、外的原因は諸個人の内的条件によってさまざまに屈折されるということが、意識は同一の外的刺激に対しても異なる反応をするということを意味するとすれば、奇妙なことは、それが決定論とどのように両立するのかについて立ち入った説明がないことである。矢川は、「それは経済決定論ではなく、存在と意識との弁証法的相互作用をふまえている決定論である」（矢川 一九六二：七〇）と指摘して、ルビンシュテインのテーゼをレーニン主義に適合的なものとして読みとろうとした。レーニンは「社会的発展過程における人間的意志の意味を強調し、かくして事実上マルクスの古典的経済決定論を放棄」（ボヘンスキー：五〇）してしまったからである。こうみるならば、ルビンシュテインの仕事は、革命的実践における主体的意志の働きを理論化するためのものであったことがわかる。もうひとつの困難な問題は、ルビンシュテインの内的条件による媒介という認識原理が、レーニンの「客観的実在の反映」という反映論的認識論の原理と矛盾なく接合されねばならなかったことである（ルビンシュテイン 一九八一：八四）。レーニン主義の核心が、「われわれの意識から独立した運動する物質の存在」、つまり、客観的実在を認めることにあるとすれば、意識は外界に対峙する実体として捉えられることになる。ルビンシュテインの人格概念は、一方で社会的カテゴリーとして、社会的諸関係のシステムのなかの「単位」として、それらの諸関係の現実的な担い手として現われるとされながら、他方で、人格は個人として現実的な社会過程に主体的に参加する能動的な存在であるとされる。しかしながら、ルビンシュテインの著作からは、人格がひとつの実体とみなされること以上に、こうした二つの視点がどのように関連づけられているかを読みとることはほとんど不可能である。

矢川が『マルクス主義教育学試論』のなかで提示した「人格円錐」モデル（**図1参照**）は、ルビンシュテインにならっ

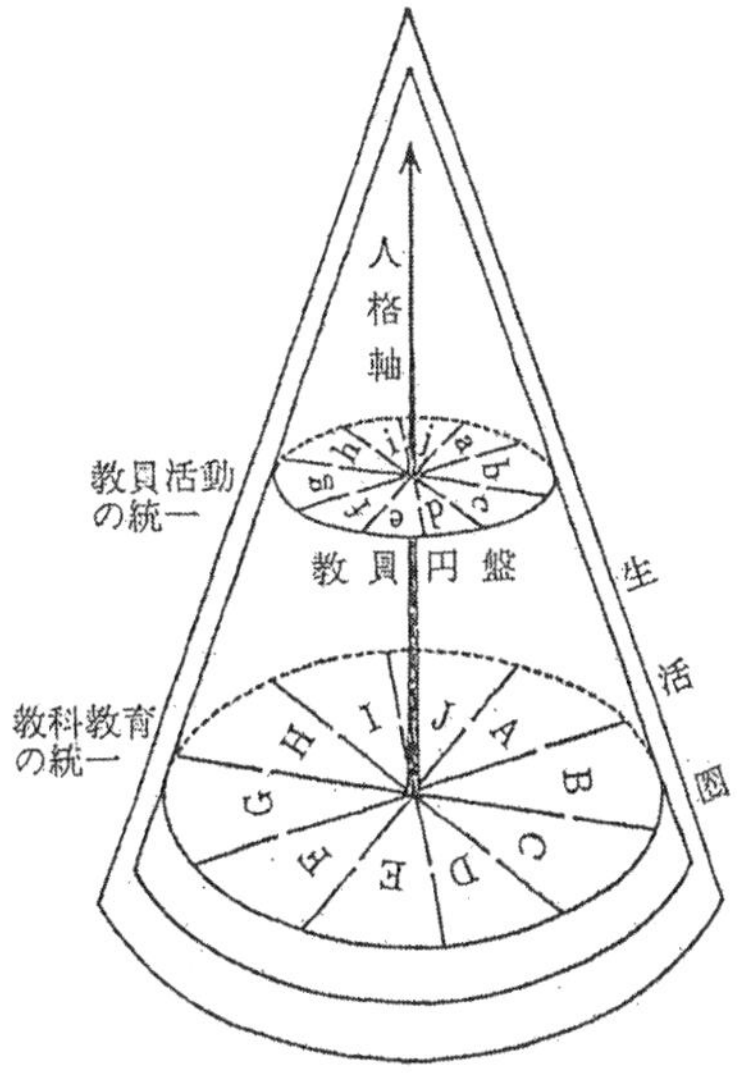

図1　人格円錐

て、実体としての人格の構造化を試みたものにほかならない。生活圏に大きく包まれた「人格円錐」は、底辺に近いところに教科教育の円盤が、その上部には教員活動の円盤があって、縦に伸びる人格軸を支えている。このことは個々人に対する教育が社会的な過程として、客観的に観察される構造として描かれる一方で、人格軸が頂点に向かう矢印として描かれているのは、教育が特定の政治的方向に向かう主体的・意志的活動であることを示している。矢川はレーニンを引用しながら、教育がめざす方向は「共産主義的モラルを育てあげること」、すなわち「マルクス＝レーニン主義の世界観にほかならない」と述べている（矢川一九七一：一〇九―一一〇）。

ところで、ルビンシュテインの心理学の領域における理論活動が注目されるようになったのは、スターリン主義政治体制が確立される過程と軌を一にしていた。一九二〇年代の機械論的な環境決定論から帰結する受動的な人間観では、「社会主義建設に取組んでいたソヴィエト社会に熾烈化しつつあった、人民大衆の能動性を頼りにしようとする願い」（ペトロフスキー：二七六）にもはや応えられなくなっていた。スターリンによる急進的な工業化・集団化政策が大規模な収奪と極度の暴力行為をともなって強行され、イデオロギー動員をめざして上からの文化革命が強力に推し進められた時期に、ルビンシュテインの理論はスターリン主義政治体制とアカデミズムを架橋する役割を担うことになった（Tucker）。すなわちそれは、社会主義社会の建設に向けた生産性向上のために、強固な意志をもって献身的に労働に奉仕する「新しい人間像」にまさに適合的だった。主体の内部的条件について法則的な解明が進めば進むほど、体制側の意図したプロパガンダはより効率的に所期の目的を達成できるようになるに違いない。だからこそ未来のソヴィエト市民には、意志の鍛錬を目的とした厳格な規律訓練が施されねばならないのである。こうした事情は、真理は合法則性にかなった客観的実在の反映であるとする科学観が、革命的実践を志向する主体的な意志と結びついたときに、人間を操作・統制の対象とする全体主義イデオロギーにいかにたやすく転化しえたかを物語っている（Koutaissoff）。

（三）ソヴィエト教育学の遺したもの

スターリニズムを教育学の面で支えた人物として、ここでマカレンコを取り上げて、わが国の教育界に及ぼした影響についてふれておかねばならない。以上の記述から、矢川がマカレンコの「人格設計の見通し路線」を教育思想に対する独創的で偉大な貢献と呼んでいる理由がわかるはずである（矢川 一九七三：二九四）。規律と訓練を通して、新しいソヴィエト型人格を被教育者のなかに育成しようとしたマカレンコの教育論は、スターリン主義官僚体制の下でソヴィエト国家の正統的な教育イデオロギーに仕立て上げられていった（Lilge）。わが国では一九六〇年前後から、資本主義諸国のなかではほとんど例外的に、マカレンコの教育思想に学んだ教育の技法（「班づくり」「核づくり」）が学校現場に広く普及した。集団主義の名で知られるこの教育実践は教師のイニシアティヴによって形成される集団活動を通して、子どもの人格をまるごとコントロールしようとするものだった。教育をめぐるさまざまな問題が「教育の荒廃」として人びとの関心をひくようになり、しかも、それらの事象を生んだ原因が経済の高度成長と国家主義的な教育行政に起因するとされるなかで、そうした動向に対抗すべく、民間教育研究運動は人格形成の問題を中心的課題に据えるようになった。川合章は、民主的な教育のめざすべき姿は「人間をその内面においてとらえようとして」、「人間を社会との関わりで、諸能力が現実に発現される」（川合：三九）ことだと述べ、坂元忠芳は状況変革のための新たな政治主体を形成するためには、それを国民の内面形成の問題として捉えなければならないと論じていた（坂元：一二〇）。ソヴィエト教育学に倣った研究者たちは、人格を実体として捉えたうえで、その内面構造に働きかける教育理論を求めたのである。

ソヴィエト体制の崩壊を迎えるまで、日本の教育学の世界では、マルクス＝レーニン主義の実体論的・本質主義的解釈が支配的だった。そして、実体論に対立するものとして批判されるべきは機能主義だった。矢川は、先述した宮原誠一の再分肢論について、それが階級対立の観点を含めて教育の社会的機能を鋭く衝いているものの、教育が人格の発達という本質論的視点からとらえられていないがゆえに克服されるべきだと論じていた。教育学研究に求められるのは、人間＝子どもが主体となりゆく発達の過程の実体論的な解明なのである。教育本質論こそ、そうして明らかにされた発達過程の内実を基準にして、「政府が支配的な政治・経済・文化・教育をとおして人格の生成・発達・転化をゆがめてきた」ことを批判することを可能にするだろう、と（矢川 一九七一：四六以下）。

しかし、このことをもう少し広い心理学史のコンテクストのなかに位置づけてみるならば、矢川のいう理論的布置とは異なる思想的風景が浮かび上がる。それは、機能主義が必ずしも実体論と相互に排除しあう関係にあるとはかぎらないことである。少し時代を遡ってみれば、ワトソンの行動主義は、内観法を拒否して、心理学の対象から意識、思考、動機といった心の働きを追放し、それによってこの学問を検証可能な行動の観察・実験にもとづく、確固たる実証科学として確立しようとするものだった（O'Donnell）。そのワトソンは、ロシアのベヒテレフとパヴロフの条件反射について、それらが心理学研究に対してもつ方法論的意義を高く評価していた（ワトソン）。一九二〇年代は、ソヴィエトの教育行政当局によって、アメリカ新教育の教育方法が督励されたのと同じように、心理学を実験科学として確立しようという点で、ソヴィエトとアメリカの客観主義者たちの間には相互の信頼関係さえ存在していたのである（Joravsky: 149）。そうしたなかでルビンシュテインの心理学説は主体的意志を強調することによって、ソヴィエトの心理学界からこうした客観主義者を一掃することになった。ルビンシュテインはワトソン流の行動主義に特有な刺激―反応という単純な図式を機械論的偏向である点を批判したのである（ルビンシュテイン一九八一：三八、四四）が、そうした図式そのものを否定しているわけではない。ルビンシュテインの原理で言う「内的条件」とは、人間行動を「刺激―反応」の束に還元するのでなく、この二つを媒介するものとして心的過程を挿入したことを意味している。アメリカのソヴィエト学者バウアーは、戦後のソヴィエト心理学界で流通している理論的傾向は機能主義であって、その嚆矢となったのが、ルビンシュテインの一九三四年の論文「カール・マルクスの労作における心理学の諸問題」であったとさえ述べている（Bauer: 154-55）。第二次大戦後になると、アメリカの心理学者たちは、外部刺激という情報を処理する有機体の中枢過程が担う、主体的・能動的な働きに関心を向けるようになった（Hunt、ヘッブ）。それは、従来のS―R図式に対して、S―O―Rという図式でもっておきかえられるものであり、あまり指摘されないことだが、「O」（=organism）とは、ルビンシュテインのいう「内的条件」に照応するものと言える。弁証法的決定論とか反映論とかいう検証不能なイデオロギー的色彩の強いタームを除けば、アメリカとソヴィエトの心理学は機能主義の枠組のもとで相似た理論的展開を遂げていたことがわかるだろう。両者の議論は、生物進化が有機体の環境に対する適応の過程にほかならないという、ダーウィン進化論の機能主義的視点の延長上に位置づくものとみなすことができるからである。

五　ジョン・デューイと主体概念の転換

（一）　相互作用からトランザクションへ

このようにみてくれば、われわれの課題が実体論に対して機能主義を対置してこと足りるものでないことがわかるだろう。「機能」に代えるに「構造」をもってするという思想界の慣行からすれば、実体論を克服する方途を、広い意味での構造主義と呼ばれる理論的枠組のなかに見出すというやり方もあるだろう。だが、構造と機能の二元論こそが避けられるべきだとすれば、さしあたり機能主義の立場を徹底することのなかに、主体としての生きた人間のありようを捉えうる理論的枠組を、実体論の陥穽に落ちることなく探ることができるのではないだろうか。ここではその可能性のひとつを、デューイが「トランザクション（transaction）」概念を練り上げていった思索の軌跡に見出してみたい。

デューイのプラグマティズムが、経験をたんなる内省とみなすのでなく、意識ある自我と生活世界との関わりを行為のレヴェルで捉えることとあったことは、よく知られている。われわれのとるさまざまな振る舞いは、周囲の世界と相互に与えあう影響を認識・思考することによって経験となるのであるが、それは不可避的に行為対象や外部環境の変革と再構築につながるはずのものであった。そのように経験を有機体―環境の関係の相互作用とみなす機能主義の枠組は、デューイの生涯を通してみられるものであった。だが、「相互作用」というコトバには、有機体と環境のそれぞれを分離・独立した実体とみなした上で、相互の影響関係を問うという機械論のイメージがつきまとう。デューイが「相互作用」に代えてトランザクションという概念を持ち込んだのは、経験世界のなかでみられる行為主体としての人間と外部環境の区別は、継続的になされる行為のプロセスにおける、二つの側面にすぎないことを示すためだった。それは、主体と客体の二元論、つまり自己意識をもつ人間が環境世界に対峙するという近代的な主体像の克服をめざす、デューイのあくなき探求の到達点を示すものであり、ポストモダニズムの議論を先取りするものでもあったといえよう。

そうしたデューイの理論的関心の端緒は、シカゴ大学に着任して間もない一八九六年の論文「心理学における反射弧概念」にすでにみられるものだった。この論文はシカゴ機能主義学派の誕生を告知する論文として知られるが、主体的行為の根拠づけを有機体と環境の関係に求めるデューイの立場は、そもそも当時有力な心理学理論であった構成主義に対する批判を意図したものだった。構成主義者のいう「反射弧」概念が精神と身体の二元論に照応して、刺激と反応の二元論に陥っていることを批判して、デューイはいう。

> 「現在の課題は、感覚刺激・中枢結合・運動反応をそれぞれ分離・孤立させ、それ自体で完結した実体とみなすことでなく、反射弧と呼ばれるひとつの具体的な有機的統一体内部の分業として、つまり機能的要素として考察すべきだということである」(Dewey 1896: 97)。

注目すべきは、デューイがここでルビンシュテインに半世紀近くも先立って、刺激と反応との間に中枢過程を介在させて論じていることである。しかし、後者の原理とは鋭く対照的に、デューイはそれらの心理的要素を実体とみなすことも、また行動目的を主体の外部に見出すことも拒否して、主体と環境の適応過程をひとまとまりの行動として捉え、その心的構造を「調整（co-ordination）」と名づけた。デューイの主体概念の機能主義的特徴は、行動を刺激と反応という分離した実体から構成するのでなく、すでに主体の目的意識によって媒介されたひとつの具体的全体とみなすことだった。行為が生じるとき、刺激は主体の外部に客観的な所与として存在するのでなく、刺激が生起する反応に適合するように構成されるのである。つまり、人間の経験とは、有機体が世界を意味づける過程なのである。以後、経験された世界における意味づけ作用が、デューイのプラグマティズムの核心をなすようになる（Ryan 126）。しかも、そうした経験は連続的なものであって、つねにそれに先行する経験の再構成の過程にほかならないのである。

一九二〇年代になって、デューイは自然主義的形而上学（Bernstein）、あるいは「意識と心の自然主義化」（加賀裕郎）と呼ばれる独自の哲学的立場を確立する。その成果が『経験と自然』（一九二五）であり、そこでは経験を有機体と環境の関係として捉える理論的枠組を依然として維持したまま、議論の焦点を両者の関係そのものの質に向けるようになった。デューイは、有機体と環境のそれぞれを実体とみなすことをあくまで拒否して、経験とは、自立した主体が外部に客観的に存在する環境に対して働きかけることによって成立するのでなく、両者の間の相互作用そのものであり、それが第一次的な事実なのだ、と言う。主体としての自我は、まさにそうした状況のなかに埋め込まれた活動やできごとが、連続的に生起する過程のなかから析出されるものなのである。デューイは次のような例でもって語る。呼吸、食事、歩行といった行動をみればわかるように、そこで生物と環境の関係は境界が不分明なままのひとまとまりの事象なのであって、事後的な反省的分析によってはじめて、環境という外的条件（吸い込まれる大気や摂取される食物や歩行を支える大地）と、有機体の内的過程（吸気する肺や消化する胃や歩行する脚）とに分割される。したがって、「私が経験する」という表現は適切ではなく、「『それ』が経験する、あるいは経験される」というのが正しい表現なのだ、と（Dewey 1925: 19）。行動は有機体と環境の統合された機能であって、それには生物の一連の行動とともに、環境的要因もまた組み込まれている。したがって、「経験、つまり、それ自身に固有な属性と関係する一連のできごとの成り行きは、それが現にあるがままに発生し、生起し、存在するのである。これらのできことの間、およびできごとの内部に、自己と名づけられる結果が存在するのであって、自己はできごとの外部にあるわけでも、根柢にあるわけでもない」（Ibid. 179）。

デューイがこうした有機体と環境の関係を表すのに、相互作用に代えてトランザクションというコトバをはじめて用いるようになったのは論文「行為と経験」（一九三〇）においてであり、次の引用にはそれが認識論的な分析概念であることが要約的に示されている（Pronko & Herman: 235）。

> 「直接的な質をもって現前するものはその構造がいかなるものであっても、われわれが一面では有機体、他面では環境と名づけるものの間で生起する相互作用の反復様式のなかに見出される。この相互作用がまず基本的事実なのであって、それがトランス＝アクション（trans-action）を構成する。分析と選択的な抽象化作用をまってはじめて、われわれは現実に生起しているものを二つの要素に分化させる。つまり、一方は有機体、他方は環境と呼ばれるのである」（Dewey 1930: 220）。

(二)「相補性」の原理とトランザクション

実験主義と呼ばれるデューイの認識論的立場が、西洋哲学に伝統的な「知識の観客理論」(spectator theory of knowledge)への批判というかたちをとったことはよく知られている(cf. Kulp)。上記論文の前年に刊行された『確実性の探求』(一九二九)は、人間が行為の主体としてどのように形成されるかを認識論の面からアプローチする試みだった。そこでデューイは、認識対象を外部世界に客観的に存在する事物とみなす旧来からの立場に対して、認識作用を世界の内部で進行しているある種の相互作用への参加として描き出した。そして、自らの認識論的立場の科学的論拠をちょうどそのころ物理学の世界で起こっていたパラダイムの革新、とりわけハイゼンベルグの不確定原理に求めた(Dewey 1929: 160-163)。つまり、トランザクション概念の登場とともに、有機体−環境の関係を捉える枠組の範型が、従来のような生物学や心理学でなく、物理学に求められるようになったのである。のちに量子力学の確立を告げるものと評されるハイゼンベルグの論文が発表されたのは一九二七年のことだった(クマール)。それから二年足らずして、デューイが同書のもとになったギフォード講演のなかで新しい物理学の知識を引照することができたのは、一九二五年にコペンハーゲンのボーア研究所に留学して、ボーアから親しく指導を受けた長女ジェーンの存在に負うところが大きかった。ボーアの好意によって彼女の留学は一年半に延長されたが、ちょうどその期間はボーアとハイゼンベルグとの間で、量子論に関わるさまざまな実験結果をいかにして統一的に解釈するかをめぐって、徹底した議論のやりとりがなされた時期にあたっていた(Dalton: 168-174, Davies: 117-121)。

最晩年デューイの最大の関心事は、トランザクション概念をいかに厳密に定義するかということにあった。政治学者ベントレーとの共著『知ることと知られるもの』(一九四九)と、それにいたる過程でやりとりされた膨大な手紙類から、その思索の跡をたどることができる。一九世紀後半に、物理学に革命的な思想が導き入れられ、ニュートン力学の堅固な基盤を切り崩すような、新たな哲学的見解への道が拓かれた。ニュートンの力学的自然観にもとづく研究方法とは、運動の単位や要素を測定し、そうした実体間にはたらく力の相互作用を確定しようとするものだったが、マクスウェルの電磁場の理論は「場」という概念を導入することによって、実体の観念に代えて場の性質の現象的記述が実在を表わすものとされるようになった。組織的な探求構造のなかで、観察者と観察対象とは緊密に統合される、言い換えれば、認識活動は有機体−環境の状況全体がたどる過程にほかならず、「この全体状況を捉えるには、存在するものが認識活動そのものの生起する状況のなかにあるのと同じように、われわれの前に現前するものは認識活動の内部にあるとみなさなくてはならない」(Dewey & Bentley: 97) ということである。さらに、マクスウェルは「物体系のエネルギーは、その系の布置や運動によって決定される」と述べていたが、そうした視点は、デューイとベントレーによって、自然の過程は系（システム）とみなされること、そして、物理学用語はその系の内部で果たされる役割によって定義されるべきだという観点として受けとめられた (Shook: 200)。

だが、こうした認識論的視点が物理学のなかで確立するまでに、マクスウェルからさらに二世代が必要だった、とデューイは言う。先にもふれたように、二〇世紀になってからまったく新しい物理学的解釈の地平を切り拓いたのは量子論の発展であり、デューイはそこにトランザクション概念を根拠づける新たな自然科学の理論的展開を見出したのである。ところで、物理学史においてニュートン力学の凋落を決定づけたとされるのが、アインシュタインの相対性理論であったことは言うまでもない。粒子の運動は時間と空間に反応するというアインシュタインの理論は、これまで別々に捉えられてきたものの統合をめざす、トランザクショナルなアプローチへの明確な画期をなすものであった、とデューイは指摘する。だが、同書におけるアインシュタインの科学的業績を支えたはずの理論的立場に対するデューイの評価は、意外なほどそっけないものである。アインシュタインは、たしかに物理現象をトランザクショナルに取り扱ったが、それとは対照的に、科学の営みにおける人間の活動については自己活動的な（つまり、伝統に縛られた）見方を強固に持ち続けていた、とデューイは言う。そうであるとすれば、アインシュタインとボーアの間で交わされた「物理的（客観的）実在」をめぐる論争こそが、もっとも核心的な問題を提起していたことになる（Dewey & Bentley: 107-109）。

一九二〇年代から三〇年代にかけては、ミクロな物理現象を扱う量子論の世界では、ボーアの主導したコペンハーゲン解釈が有力な地歩を築いていた。デューイはボーアの議論のなかに、トランザクション概念が物理学において実際に適用される具体例を見出すことになる。ボーアが一九二七年の国際会議で提起した「相補性（complementarity）」の原理は、粒子であるとともに波動でもあるという不確定な関係をもつ量子的対象を、相互に排他的な性質をそのままに統合的に捉えようとする認識論的原理であった。不確定な関係とはハイゼンベルグが定式化したように、観測装置の設定によって、量子は粒子として存在したり、あるいは波動として存在したりするのであって、この二つを同時に測定することはできないということである。相補性の原理はこのことから、測定装置は調べようとする対象と密接に結びついて、それらから切り離すことはできないという結論を導いたのであった（ボーア一九二七）。ボーアはのちに、「現象」というコトバを研究対象と観測方法の相互作用をも包含するものとして定義するようになる（パイス：二〇四）。つまり、粒子は独立した実在性を持っておらず、観測されないかぎり粒子は物理的性質をもたないというのである。こうした量子力学の動向に対して、アインシュタインは実験や観測とは無関係な客観的実在として現象を説明する理論的枠組を探求すべきだという立場から、繰り返し異議を唱えた。

デューイは『知ることと知られるもの』のなかで、アインシュタインらのいわゆる「EPR論文」[7]をめぐるボーアとの論争に簡単に言及しているが、トランザクションが相補性と親和的な概念であることを確信したのは、同書刊行直後に出版されたシルプ編『アインシュタイン—哲学者＝科学者』に寄稿されたボーアの論文（一九四九）を読んだときだった。デューイは読後感をただちにベントレーあてに書き送ったが、アインシュタインの哲学的前提に対してきわめて懐疑的だったことがわかる。「彼（＝アインシュタイン）が、科学は『実在する世界』と『現実的に』一対一の対応関係にあると思い込んでいるように、私には思えるのです」（Ratner: 631）。他方で、その手紙にボーア論文からの長い引用を書き留めることを厭わなかったのは、相補性の原理がデューイの認識論にとって二つの点で重要な意味をもっていたからである。ひとつは、科学的認識の対象には認識する主体も含まれる、あるいは主体と対象の相互作用そのものを包含すると規定することが明快に述べられていたこと、もうひとつは、認識過程における実験の意義が強調されていたことである。「ボーアは明示的には述べてはいないが、ここでは感覚印象に拠るか、実験手続きを踏むかとでは根本的な対立があると言っているようにみえる。いずれにしろ、彼はこうした実験のトランザクショナルな特性を踏まえて議論を進めている」とつけ加えながら（Ratner: 631）、ボーアの次の一文に注意を促している。

「この決定的な論点は……次のことを意味している。すなわち、原子的な対象の振舞いと、その現象がいかなる条件のもとで起こっているかを定義するのに用いられている測定装置の相互作用という二つのものの間を何らかの仕方ではっきり分離することは不可能だ、ということである」（ボーア：一九九）。

トランザクションの視点こそが量子力学の発展によって切り拓かれた認識論的原理に対応すること、それゆえ、論理的思考にとって「実験」のもつ重要な意義があらためて確証されることになった。このようにみてくるならば、

「反射弧」論文から『知ることと知られるもの』にいたる半世紀のデューイの思想的歩みは、相互作用主義からトランザクショニズムへの転換として描き出すことができるだろう。トランザクションの視点は、経験をある状況における行為のレヴェルで捉えるものであり、そこで経験を構成する有機体と環境はともに実体化されることなく、両者の未分化な関係そのものが第一義的なものとされる。そうした議論を支えているのは、能動的な主体としての人間は環境への反応を通して生み出される意味を媒介にして世界を構造化しながら生きるという視点であった。つまり、われわれの生きる経験の世界はなにより意味の世界なのであり、そうした生のもつ意味の探求にあたって基本的な概念枠組となっているのは、一貫して有機体－環境関係にもとづいてアプローチする機能主義の観点だった。その意味で、トランザクショニズムは機能主義を徹底させたものであった。

経験される世界が意味の世界であるということは、主体性とは状況の外部にア・プリオリな所与として存在するのではなく、自らのおかれた全体的な状況の反省的分析のなかから、行動の媒介によって生み出されるものだということである。デューイの主体概念に特徴的なのは、主体としての人間行動をそれがなされる歴史的な状況のなかでトータルに認識しようとすることであったが、それは人間の行為を外的条件に還元して意味づけることではなかった。むしろ逆に、主体性とは主体それ自身の内部に外部的状況そのものが埋め込まれていることに対する自己意識である、といえるだろう。この意味で、構造主義者として括られることのあるフーコーやデリダなどが主体としての自己の地位そのものに疑問符をつけることになったのとは対照的に、デューイは主体としての自己を解体しようとしたのでなく、あくまで主体を革新や抵抗の淵源として擁護しようとした（Colapietro: 651）。そして、認識過程において実験の重要性が強調されるのは、主体の経験が感覚の及ぶ範囲を超えて、思考や観念によって調整されねばならないからである。科学的実験において念入りに構成された精巧な観念の枠組が仮説として機能することにみられるように、原因と結果は主体としての人間の行動によって媒介された相互的なものである。因果関係は問題解決のための装置とみなすべきであり、結果が達成すべき目標とされるように、原因を構成するのは、さまざまな手段のなかからどれが選択されるにかかっているのである。(Reuter: 246, Sleeper: 142)。そして、行動および経験の連続性に着目するデューイは、人間の行動が歴史的なものであることを指摘する。

「人間の行動は時間軸に沿ったものであって、たんに横断面で切り取ったものではない。それはひとつの歴史、ないし自伝であり、実際には文書に書かれた歴史ではなく、演じられるものなのである」(Dewey 1928: 33)。

六　おわりに

本章では、教育学が教育に関わる事象を多様な視点から、さまざまな方法論にもとづいて研究しながらも、ひとまとまりのディシプリンとして存立しえてきたのは、ビルドゥング概念に象徴的に示される「主体としての人間形成」に対する共通の関心が核としてあったからではないかという仮説にもとづいて議論を重ねてきた。主体としての人間はそれ自体に固有な特質をもつ実体として存在するのでなく、自らをとりまく外的世界との関係のなかにしか存在しえない。にもかかわらず、諸個人の人格形成はそうした社会的・歴史的状況へと還元することのできない独自性をもつのであるのだから、問題は主体−客体(有機体−環境)関係をどのように捉えるかということに帰着せざるをえない。最後に、デューイのトランザクション概念をボーアの相補性の原理と関連づけて論じたのは、両者が究極的な実体としての主体という観念を拒否して、つねに「主体と客体の切れ目をどこに置くかということに適正な注意を払ってきた」（ボーア 一九四五：二六五）ことのなかに、われわれの思索を導く指針があると考えたからである。

量子の世界のパラドキシカルな現象の考察から生み出された「相補性」という認識論的原理は、物理学にとどまるものでなく、ボーア自身によって生物学や心理学上の人間概念にまで適用する可能性が示唆されて、実際にもめざましい科学的革新[8]につながった。ただ、ボーアの相補性概念そのものが多義的であるというにとどまらず、ミクロな世界から導き出されたこの認識理論を教育というマクロな社会的事象に適用するにあたっては、ほとんど越えがたいハードルがあることも自覚しなければならないだろう。しかし、ボーアが、量子論の世界で発見された原理は「因果的な記述様式の破綻を表現する」ものとして、「すべての認識の領域上で心にとどめて」おくべきだと述べているように（ボーア 一九二九：二八）、教育学の議論でも参照枠組のひとつに算入することがあってもいいのではないだろうか。

教育というコトバを広義にとれば、一方で、社会化の過程、すなわち教育者と被教育者の間でなされる知識の伝達や規律・訓練を通して未熟な子どもを既存の社会の一人前の構成員に仕立て上げる側面と、他方で、教養（つまり、ビルドゥング）の過程として、世界との出会いのなかで自らの責任において主体としての自己を形成していく側面とが含まれている。そして、これまでの教育学は教育の本質をどちらの契機に求めるか、あるいは両者をいかに統合するかという理論的関心に支えられてきた。だが、教育学というディシプリンが教育に対する実践的な関わりなしに研究対象を措定できないとすると、社会化に軸足をおいた研究は必然的に主体化による人間形成に関する知識を撹乱させ、また逆に、主体形成を強調する思想は社会化の過程を人間性への抑圧として教育の本質から排除することになる。この二つの過程をひとつの体系のもとに整序するような理論の探求が向きあわねばならなかった困難は、社会化という機能と主体化という人間形成作用とが相互に排他的な関係にあると考えられてきたからである。しかしながら同時に、社会化をめざす教育活動はうちに主体化の契機を含まなければ社会的に意味ある教育を効果的に達成できないし、また他方で、自律的な主体形成には、諸個人が自らのおかれた歴史的・社会的状況を自覚的に内面化することが不可欠である。つまり、二つの過程は相互補完的な関係にあるとも言えるのである。

だが、ここでは粒子の運動を測定する実験が位置と運動量を同時に正確には測定できないという量子力学の原理とアナロジカルに、教育の機能においては社会化と主体化が排他的な関係にあって、両者を同時に包摂する理論化が不可能であると主張しようとしているわけではない。問題は、こうした相互排他的な理論的枠組のもとで教育問題へアプローチした場合に、それらが二つの異なる現象として現われるとき、両者の関係をどのように意味づけるかということなのである。ボーアがアインシュタインとの論争を振り返った論文に、デューイが強い関心を寄せたことについては先述した。勝守真はこの時期をボーアの思想展開の中期と呼んでいるが、そこでボーアは現象の概念そのものの再定義にともなって、相補性の概念の捉えなおしを行ったとされる。現象と（原子的）対象とを部分的に重ね合わせていた前期の用語法を改めて、ボーアは現象というコトバを「与えられた実験条件のもとで観測される効果」として、「実験上の配置全体の指定を含む特定の環境条件のもとで獲得された観測事象を指すのに厳密に限定して適用する」ことを提言した（勝守 三三四、ボーア 一九四九：二四〇）。この定義をデューイ流に読み替えれば、現象とは認識主体と特定の状況のもとにおかれた対象との相互作用のレヴェルに限られるものでなく、現象それ自体のうちに主体と対象との相互作用の生じる状況への反省的意識を包含しているということになるだろう。

社会科学にかぎらず自然科学であってさえ、研究活動がある特定の社会的な状況のもとで一定の制約を受けるだけでなく、研究者の問題設定いかんによっては客観的に存在する世界の意味づけ自体が大きく異なってくることは言うまでもない。だが、このことは研究者のおかれた社会的立場や言説によってそうした教育現象が構築されるという意味ではない。というのは、われわれの経験は、感覚によって認知される事物との出会いから生まれ、われわれの言説とは独立して存在する世界においてなされるからである。教育という現象がパラドキシカルなものとしてしか現われざるをえないのは、世界そのものが相互補完的であるとともに、相互に排除しあう関係として実在しているからであり、そうした事態をどのように意味づけるかはまさにわれわれの経験を導く実践的関心にかかっているのである[9]。

そして、ボーアの科学哲学とデューイのプラグマティズムとが接するのは、まさにこの地点においてなのである。マードックはボーアの哲学的基礎づけをプラグマティズムの系譜に求め、とりわけ相補性の概念に特有な意味の理論は、プラグマティズムの意味論によって基礎づけられたものであることを指摘する。われわれの対象認識が最終的な真理に到達するようなものでないならば、知識を獲得するプロセスはつねに検証可能な開かれたものでなければならない。ボーアは「究極的な主体という考え」を排除して、主体と客体との相互作用そのものをも認識対象に組み込む認識理論を構想したが、それは実践的な帰結によって、その意味づけが絶えず検証されねばならないことを要請する。量子の世界で一つの粒子に正確な位置と運動量を同時に帰属させることが無意味なのは、そうした特性が観測できないからではなく、そうした規定が何ら有意味な実践的帰結をもたらさないからだ。マードックはこうしたボーアの哲学的立場を「道具主義的実在論者（instrumentalistic realist）」と名づけた（Murdoch: 231）。コペンハーゲン解釈は理論を道具とみなしたが、既存の理論は探求の目的と関ってより実践的に有効な理論によって置き換えられるべきだからである。「意味づけの条件は知識のことがらというより、プラグマティックなものである。主体としてのわれわれは何が知りうるのかということよりも、何をなしうるかに関心をもつのである」(Murdoch: 225)[10]。教育学に引きつけていえば、われわれにとっての教育現象とは、研究者と相互作用する対象として存在するにとどまらずに、対象をどのように切り取り、かつ意味づけるかというわれわれの認識作用を包含しているということである。そうした認識のプロセスを経て獲得される教育現象についての知見は、有効性を検証する一連の実験を通して、絶えずその妥当性が問われることになる。それは、問題として意識化された教育現象が新たな意味づけを獲得していく過程であり、それこそがわれわれ相互のコミュニケーションのプロセスにほかならない。逆に言えば、そうした人びとの間のコミュニケーションが可能なのは、われわれによって共有される実在する世界があればこそである。ボーアは量子力学の実験の説明は古典物理学のコトバで表現されなければならないことを力説したが、それは真理へのアプローチが間主体的なコミュニケーションから切り離せないからであった (Maleeh: 360)。

> 「われわれが『実験』という語で考えている状況とは、そこでわれわれが何を行い、何を学ぶことになったかを他の人たちに語りうるような一つの状況を指すのであって、その意味では実験上の道具立ての説明や観測結果の説明は古典物理学の用語法の適正な適用を含む意味のはっきりした言語で表現されねばならないということである」(ボーア 一九四九：一九九)。

われわれは、これまでの教育学研究のコアとして一貫していたのは「人間の主体化」、ないし「主体形成」への関心ではなかったか、ということを論じてきた。そして、そうした関心が社会体制の違いによって真逆な政治的帰結を生じさせたという歴史的経緯についても論及した。ヘーゲルを論じた際にふれたように、それは、近代社会に生きる人びとが神から「解放」されるのと引き換えに、主体であるという過大な役割を引き受けざるをえなかったことの悲痛な記録であったといえるかもしれない。そして、二〇世紀の科学理論の展開は、社会科学のみならず自然科学の領分にあってさえ、世界の運命はわれわれの実践を支える認識作用に対する自己反省、および主体相互のコミュニケーションと切り離しえないことを教えている。リベラルな民主主義のもとでも、全体主義国家のもとでも、学校教育が子どもに対するきわめて巧妙な管理・統制のシステムであったし、いまもそうであることに間違いない。だが他方で、ヘーゲルにならって言えば、絶え間ない自己反省のなかで全体のことを考える教養人を育てるのも教育のしごとなのである。つまり、近代が構築した主体像に対してどのような思想的スタンスで臨むにしろ、そうした主体概念が教育という契機をぬきには成り立たないことは否定しようがない事実である。そうしたアンビヴァレンスから眼を背けることなく、われわれの教育学的認識もまたたえず実験・検証に付されるような自己反省と、開かれたコミュニケーションのなかにあるよう心がけたい。

註

1　クーンのパラダイム論の再検討は、ディシプリン論を避けて通ることができない。ディシプリンの定義について、手塚は「ディシプリンとは、一定の専門的能力の形成に有効に寄与する学問の一分科を意味する」とし、塚原は、「特定の知識の体系を構築し、維持し展開することを目的とする活動が、自律的に遂行される条件をそなえた状態のことである」、としている(手塚：二四〇、塚原：二六四)。

2　英語圏の教育学者がビルドゥングを主題にするようになったのは今世紀に入ってからのことである。論文集として

Løvlie 2003, Siljander 2012 のほか、単著では Horlacher, 2017 も刊行された。そうした動向自体が興味ある研究テーマであるが、その前触れとして、一九七〇年代以降にアメリカの哲学者や思想史家が大陸の哲学・思想に関心を向けるようになったことがあったように思われる。

3　発生学の歴史を顧みると、前成説が機械論と、後成説が目的論（生気論）と密接な関係があったことがわかる。一七、八世紀において前成説が優位を占めたのは、ニュートン力学によって基礎づけられた機械論と親和的だったからである。詳しくは、森田 一九九五を参照。

4　近年の英語圏の研究において、ヘーゲルのビルドゥング思想がプラグマティズム（とりわけデューイ）に及ぼした影響が指摘されている（Good）。筆者はかつてヘーゲルの教育論（教養概念）を発達観と重ねあわせて論じることで、そこに近代教育思想のもっとも本質的な特質をみることができるのではないか、と考えたことがあった。それは、勝田守一や堀尾輝久など、当時の有力な教育学者たちが近代教育の本質を子どもの発見や私教育にみる見解を主張していたことへの批判を意図していた。結局、構想の前半部である発達観を論じるにとどまったが、ヘーゲルの発達観（個体レヴェルでも、歴史的発展についても）が前成説的含意をもつとして概括できることを論じた（森田 一九七四）。

5　二〇世紀を通して、もっとも激しい、そしていまなお繰り返される論争テーマのひとつが、遺伝と環境をめぐる議論であることは誰もが認めるところであろう。ゴールトンの造語といわれる nature-nurture という対語にはじまるこの論争は、有機体－環境という概念枠組なしには生まれなかったはずである。森田 一九九三を参照。

6　ソヴィエト心理学界におけるパヴロフ学説の位置づけは、一九五〇年にそれが聖典とされるまでに複雑な経過をたどった。転機は、一九三〇年代のスターリンの上からの革命のなかでロシアの神経生理学の伝統とマルクス主義の教説との折衷がはかられたことにあった（Joravsky 1977: 1988）。このテーマについては別稿で論じるつもりである。

7　「EPR論文」は著者であるアインシュタイン、ポドルスキー、ローゼンの頭文字をとってそう呼ばれる。アインシュタインが相補性の原理に向けた最後の反対提案であって、一九三五年に『物理学評論』に掲載された。アインシュタインは、実験観測の条件とは無関係に現象を説明できる、より深く内在する理論的枠組を探求すべきだとの立場から一種の思考実験を提示し、量子力学は合理的でないという結論を下した。三か月後にボーアは同誌に反論を寄せたが、両者間の最後の論争となった。

8　たとえば、ボーアの講演「光と生命」（一九三二）に感銘を受けたデルブリュックが遺伝学に量子力学を適用して、分子生物学の誕生につながったことはよく知られている（フィッシャー＆リプソン、Roll-Hansen）。

9　デューイが実在論にどう向き合ったかは議論のわかれるところであるが、一九一五年ごろを境に実在論に転換したという指摘は説得的である。「デューイは、われわれの経験が可能であるためにはそうした経験に先行して世界が実在していなければならないことを認識していた」(Tschaepe: 198)。

10　コペンハーゲン解釈とプラグマティズムの親近性はしばしば指摘されてきたが、マードックによると、両者の関係をはじめて指摘したのは、Stapp であるという。だが、マードックを含め、このテーマを主題にした最近の研究（Maleeh & Amani）でも、プラグマティストとして挙げられているのは、パースとジェームズであって、奇妙なことにデューイに言及されることはない。

参考文献

Bauman, Z. 1992 *Intimations of Postmodernity*, Routledge.

Bauer, R. 1959 *The New Man in Soviet Psychology*, Harvard University Press.

Bernstein, R. 1961 "John Dewey's Metaphysics of Experience," *Journal of Philosophy* 58 pp.5-14.

Biesta, G. 2002a "Bildung and Modernity: The Future of Bildung in a World of Difference," *Studies in Philosophy and Education* 21 pp.343-351.

Biesta, G. 2002b "How General Can Buldung Be? Reflections on the Future of Modern Educational Ideal," *Journal of Philosophy of Education*, 36 pp.377-390.

Colapietro, V. 1990 "The Vanishing Subject of Contemporary Discourse: A Pragmatic Response," *Journal of Philosophy* 87 pp.644-655.

Cocalis, S. 1978 "The Transformation of Bildung from an Image to an Ideal," Monatshefte 70, pp.399-414.

Dalton, T. 2002 *Becoming John Dewey: Dilemmas of a Philosopher and Naturalist*, Indiana University Press.

Danziger, K. 1990 *Constructing the Subject: Historical Origins of Psychological Research*, Cambridge University Press.

Davies, S. 1985 "American Physicists Abroad: Copenhagen 1920-1940," Unpub. PhD Diss., University of Texas.

Dewey, J. 1896 "The Reflex Arc Concept in Psychology," *Early Works* vol.5

Dewey, J. 1925 Experience and Nature, *Later Works* vol.1.

Dewey, J. 1928 "Body and Mind," *Later Works* vol.3.

Dewey, J. 1929 The Quest for Certainty: A Study for the Relation of Knowledge and Action, Later Works vol.4.

Dewey, J. 1930 "Conduct and Experience," Later Works vol.5.

Dewey, J.（with A. Bentley）, Knowing and Its Known, Later Works vol.16.

Eghigian, G. et al. 2007 "Introduction: The Self as Project: Politics and the Human Sciences in Twentieth Century," Osiris, 22 pp.1-25.

Farrell, F. Subjectivity, *Realism and Postmodernism: The Recovery of the World in Recent Philosophy*, Cambridge University Press.

Gergen, K. 1991 *The Saturated Self: Dilemmas of Identity in Contemporary Life*, Basic Books.

Gonçalves, M. & Ó., 1998 "Political Functions of the Concept of Identity: Psychology Self and Power," *Constructivism in Human Sciences*, 3 pp.129-151.

Good, J. 2005 *A Search for Unity in Diversity: The Permanent Hegelian Deposit in the Philosophy of John Dewey*, Lexington Books.

Heslop, J. 1986 "Subjectivity, Bildung, Pedagogy:'Coming of Age' in Modernity," Unpub. PhD Diss., University of Victoria.

Horlacher, R. 2017 The Educated Subject and the German Concept of Bildung: A Comparative Cultural History, Routledge.

Hunt, J. McV., *Intelligence and Experience*, Ronald Press.

Inoue, Kyoko 2001 *Individual Dignity in Modern Japanese Thought: The Evolution of the Concept of Jinkaku in Moral and Educational Discourse*, University of Michigan.

Järvilehto, T. 2009 "The Theory of the Organism-Environment System as a Basis of Experimental Work in Psychology," *Ecological Psychology*, 21 pp.112-120.

Joravsky, D. 1977 "The Mechanical Spirit: The Stalinist Marriage of Pavlov to Marx," Theory and Society, 4 pp.457-477.

Joravsky, D. 1989 *Russian Psychology: A Critical History*, Basil Blackwell

Koutaissoff, 1953 "Soviet Education and the New Man," *Soviet Studies*, 5 pp.103-137.

Kulp. C. 1993 *The End of Epistemology: Dewey and His Current Allies on the Spectator Theory of Knowledge*, Praeger.

Lilge, F. 1958 *Semyonovitch Makarenko: An Analysis of His Educational Ideals in the Context of Soviet Society,* University of California Press.

Løvlie, L. et al.（eds.）2003 *Educating Humanity: Bildung in Postmodernity*, Basil Blackwell

Maleeh, R. & P. Amani 2013 "Pragmatism, Bohr, and the Copenhagen Interpretation of Quantum Mechanics," *International Studies in the Philosophy of Science* 27 pp.355-367.

Murdoch, D. 1987 Niels Bohr's Philosophy of Physics, Cambridge University Press.

O'Donnell, 1985 *The Origins of Behaviorism: American Psychology, 1870-1920*, New York University Press.

Oelkers, J. 1999 "The Origin of the Concept of 'Allgemeinbildung' in 18th Century Germany," *Studies in Philosophy and Education* 18 pp.25-41.
Palmer 2004 "On the Organism-Environment Distinction in Psychology," *Behavior and Philosophy*, 32 pp.317-347.
Palti, E. 1999 "The Metaphor of Life: Herder's Philosophy of History and Uneven Developments in Late Eighteenth-Century Natural Sciences," *History and Theory*, 38 pp.322-347.
Palti, E. 2004 "The 'Return of the Subject' as a Historico-Intellectual Problem," *History and Theory*, 43 pp.57-82.
Pearce, T. 2010 "From Circumstances to Environment Herbert Spencer and the Origins of the Idea of Organism-Environment Interaction," *Studies in History and Philosophy of Biological and Biomedical Sciences*, 41 pp.241-252.
Pearce, T. 2013 "The Origins and Development of the Idea of Organism-Environment Interaction," in G. Baker et al. (eds) , *Entangled Life: Organism and Environment in the Biological and Social Sciences*, Springer.
Petry, M. (Trans. & Intro.) *Hegel's Philosophy of Nature*, vol.3, George Allen & Unwin
Pronko, N. & D. Herman 1982 "From Dewey's Reflex Arc Concept to Transactionalism and Beyond," *Behaviorism*, 10 pp.229-254.
Ratner, S. et al. (eds) 1964 *John Dewey and Arthur F. Bentley: A philosophical Correspondence*, 1932-1951 Rutgers University Press.
Reuter, R. 1993 "The Radical Agent: A Deweyan Theory of Causation," *Transactions of the Charles S. Peirce Society*, 29 pp.239-257.
Roll-Hansen, N. "The Application of Complementarity to Biology: From Niels Bohr to Max Delbruck," *Historical Studies in the Physical and Biological Science*, 30 pp.417-442.
Rose, N. 1996 *Inventing Our Selves: Psychology, Power, and Personhood*, Cambridge University Press.
Ross, D. 1994 "Modernism Reconsidered," D. Ross ed., *Modernist Impulses in the Human Sciences : 1870-1930*, The Johns Hopkins University Press.
Salvatori, M. R. (ed.) 1996 *Pedagogy: Disturbing History*, 1819-1929, University of Pittsburgh Press.
Shook, J. 2000 *Dewey's Empirical Theory of Knowledge and Reality*, Vanderbilt University Press.
Siljander, P. et al. (eds.) 2012 *Theories of Bildung and Growth: Connections and Controversies Between Continental Educational Thinking and American Pragmatism*, Sense Pub.
Sleeper, R. 1986 *The Necessity of Pragmatism: John Dewey's Conception of Philosophy*, Yale University Press
Sorkin, D. 1983 "Wilhelm von Humboldt: The Theory and Practice of Self-Formation (Bildung) 1791-1810," *Journal of the History of Ideas*, 44 pp.55-73.
Speck, R. 2014 "Johann Gottfried Herder and Enlightenment Political Thought From the Reform of Russia to the Anthropology of Bildung," *Modern Intellectual History*, 11, pp.31-58.

Stapp, H. P. 1972 "The Copenhagen Interpretation," *American Journal of Physics*, 40 pp.1098-1116.
Tubbs, N. 2008 *Education in Hegel*, Continuum.
Tschaepe, M. D. 2011 "John Dewey's Conception of Scientific Explanation: Moving Philosophers of Science Past the Realism-Antirealism Debate," *Contemporary Pragmatism*, 8, pp.187-203.
Tucker, R. "Stalin and the Uses of Psychology," *World Politics*, 8 pp.455-483.
イーグルトン、T.　一九八五『文学とは何か――現代批評理論への招待』大橋洋一訳　岩波書店
ウィリー、B.　一九七五『十八世紀の自然思想』三田博雄他訳　みすず書房
加賀裕郎　二〇〇九『デューイ自然主義の生成と構造』晃洋書房
ガダマー、H-G.　一九八六『真理と方法』I　轡田収他訳　法制大学出版局
カッシーラー、E.　一九九三『英国のプラトン・ルネサンス』三井礼子訳　工作舎
川合章　一九七二『民主的人格の形成――教育実践の基礎理論』青木書店
クーン、T　一九七一『科学革命の構造』中山茂訳　みすず書房
クマール、M.　二〇一七『量子革命――アインシュタインとボーア、偉大なる頭脳の衝突』青木薫訳　新潮文庫
下司晶　二〇一六『教育思想のポストモダン：戦後教育学を超えて』勁草書房
コシュマン、V.　二〇一一『戦後日本のマルクス主義――革命と主体性』葛西弘隆訳　平凡社
坂元忠芳　一九七九『学力の発達と人格の形成』青木書店
塚原修一　一九八四「専門分野の形成とパラダイム」、中山茂編『パラダイム再考』ミネルヴァ書房
手塚晃　一九八四「ディシプリンと科学政策」、中山茂編『パラダイム再考』ミネルヴァ書房
デュルケーム、E.　一九八二『教育と社会学』佐々木交賢訳　誠信書房
野田宣雄　一九九七『ドイツ教養市民層の歴史』講談社学術文庫
パイス、A.　二〇一二『ニールス・ボーアの時代――物理学・哲学・国家　2』西尾成子他訳　みすず書房
濱田真　二〇一四『ヘルダーのビルドゥング思想』鳥影社
フーコー、M.　一九七七『監獄の誕生――監視と処罰』田村俶訳　新潮社
フーコー、M.　一九八七『自己への配慮――性の歴史Ⅲ』田村俶訳　新潮社
フィッシャー、E.　&　O.　リプソン　一九九三『分子生物学の誕生――マックス・デルブリュックの生涯』石館美枝子・康

平訳　朝日新聞社
フンボルト、W．v．一九八九『人間形成と言語』K．ルーメル、小笠原道雄、江島正子訳　以文社
ヘーゲル、G．W．F．一九五二a『小論理学』下　松村一人訳　岩波文庫
ヘーゲル、G．W．F．一九五二b『哲学入門』武市健人訳　岩波文庫
ヘーゲル、G．W．F．一九八八『ヘーゲル教育論集』上妻精編訳　国文社
ヘーゲル、G．W．F．一九九四『歴史哲学講義』上　長谷川宏訳　岩波文庫
ヘーゲル、G．W．F．二〇〇〇『法哲学講義』長谷川宏訳　作品社
ヘッブ、D．一九七〇『行動学入門』（原著一九五八）白井常監訳　紀伊国屋書店
ペトロフスキー、A．一九六九『ソヴィエト心理学史——心理科学の基礎の形成』木村正一訳　三一書房
ヘルダー、J．G．一九七九「人間性形成のための歴史哲学異説」登張正實編『ヘルダー・ゲーテ』世界の名著第三八巻中央公論社
ボーア、N．一九二七「量子の要請と原子理論の最近の発展」『原子理論と自然記述』（一九九〇）井上健訳　みすず書房
ボーア、N．一九二九「序論的な外観」『原子理論と自然記述』（一九九〇）井上健訳　みすず書房
ボーア、N．一九四九「原子物理学における認識論的諸問題に関するアインシュタインとの討論」『原子理論と自然記述』（一九九〇）井上健訳　みすず書房
ボヘンスキー、M．一九六二『ディアマート——弁証法的唯物論』國嶋一則訳　みすず書房
マイネッケ、F．一九六八『歴史主義の成立』菊盛英夫他訳　筑摩書房
宮原誠一　一九四九「教育の本質」『宮原誠一教育論集』第一巻（一九七六）国土社
森田尚人　一九七四「ヘーゲルの発達観と教育論（上）」『季刊・教育学』第四号　むぎ書房
森田尚人　一九八八「デューイの哲学的方法論」『日本デューイ学会紀要』第二九号
森田尚人　一九九二「教育の概念と教育学の方法——勝田守一と戦後教育学」森田尚人他編『教育研究の現在——教育学年報1』世織書房
森田尚人　一九九三「発達観の歴史的構成：遺伝—環境論争の政治的機能」森田尚人他編『教育のなかの政治——教育学年報3』世織書房
森田尚人　一九九五「近代教育学における発達概念の系譜——思想史研究へのひとつの方法的視角」『近代教育フォーラム』第

四号　近代教育思想史研究会
森田尚人　二〇〇一「モダニズムからポストモダニズムへ――知識人と政治」増渕幸男・森田尚人編『現代教育学の地平――ポストモダニズムを超えて』　南窓社
森田尚人　二〇〇五「教育学の『個人化』はいかにしてはじまったのか」『教育哲学研究』第九二号　教育哲学会
森田尚人　二〇一四「若き日の吉田熊次――社会的教育論と国民道徳論と」小笠原道雄・田中毎実・森田尚人・矢野智司『日本教育学の系譜』　勁草書房
矢川徳光　一九六二『国民教育学の探求』明治図書
矢川徳光　一九七一『マルクス主義教育学試論』明治図書
矢川徳光　一九七三「マカレンコ」（一九六二）『矢川徳光教育学著作集』第二巻　青木書店
山田正行　二〇〇七『平和教育の思想と実践』　同時代社
山名淳　二〇一四「現代において人間形成（ビルドゥング）に向き合うことは何を意味するか」L．ヴィガー・山名淳・藤井佳世編著『人間形成と承認：教育哲学の新たな展開』　北大路書房
山名淳　二〇一七「ビルドゥングとしての『ＰＩＳＡ後の教育』――現代ドイツにおける教育哲学批判の可能性」『教育哲学研究』

第2章 「教育」を問う
——大学にとって「教育」とは何か

松浦良充

一 問題設定

教育とは何か。それを問うことは、教育について原理的な探究をめざす教育哲学のアルファであり、オメガである。もっとも教育哲学に限らず、この問いに向かうことは、教育研究・教育学のあらゆる領域において避けて通ることはできない。それは教育研究・教育学の存立根拠にかかわる問いである。教育とは何か、を問わなければ、私たちは研究対象を特定できないまま、やみくもに突き進むことになりかねない。

では「教育」を問う、ということ、とりわけ教育について概念的な検討を加える、という行為は何を契機として開始されるのか。その出発点は、教育に関する問題状況の認識である。従来の教育のあり方をめぐって根本的な解決を要する問題が生じているとか、社会的な状況変化によって新たな局面において教育を創出・再設計する必要が自覚されるとき、などである。そうでなければ、私たちは特に意識して教育を問う必要に迫られない。日常的もしくは通俗的な教育理解によっては、新たな課題としての教育に立ち向かうことが困難になったとき、教育概念を問うことが求められるのである。

いま、教育を概念的に問い直すことが強く求められている課題のひとつとして、大学における教育概念がある。大学改革は現在もなおさまざまな局面で展開しているが、その端緒は、一九九〇年代に遡ることができる。すでに三〇年近くにわたって、大学のあり方が問われ、多様な改革が試みられてきている。現代の大学は、教育や人材養成、研究、公益的活動・社会貢献など、多様な役割を担っているが、現在の大学改革は、大学における教育に強く焦点化されたものとなっている（広田ほか 二〇一三）。一連の大学改革の嚆矢となったのは、大綱化とそれにともなう自己点検・評価の導入を柱とする一九九一年の大学設置基準の改訂であるが、それを方向づけた当時の大学審議会答申のタイトルが「大学教育の改善について」であったことは象徴的である。またこの大学設置基準の改訂では、はじめて「教育課程」という章が設けられた。その背景にある目的合理的な教育概念は、その後の一連の大学改革の基盤をなしてきている（松浦 二〇一三a）。

改革においては、大学教育をめぐるさまざまな方策・装置などの革新が繰り広げられてきている。シラバスや授業評価の制度化、ＴＡ（Teaching Assistant）・ＳＡ（Student Assistant）の活用、厳格な成績評価やＧＰＡ（Grade Point Average）さらに多面的な学習成果の測定の導入、単位制度の実質化や授業・学修時間の確保、マルチ・メディアや遠隔教育の革新的技術、ＦＤ（Faculty Development）・ＳＤ（Staff Development）の活性化、補習教育や導入教育・初年次教育の試み、さらには高大連携など、枚挙にいとまがない。特に最近では、高大接続改革の名のもとに、高等学校教育・大学入学者選抜・大学教育の一体的改革が試みられている。ここでは、初等・中等教育から高等教育を一貫して、「学力の三要素」（知識・技能／思考力・判断力・表現力／主体性を持って多様な人々と協働して学ぶ態度）の育成と評価を軸とした教育の統合的・整合的改革がめざされている（中央教育審議会 二〇一四）。こうした状況のもとで、教育よりも研究を重視する大学教員が批判にさらされ（大学審議会二〇〇〇）、初年次教育や就職指導など、学生に手取り足取りはたらきかけ、きめ細やかなサービスを提供する面倒見のよい大学が、「教育力」のある大学として評価されることになっている（友野二〇一〇）。

ただしここで言われる「教育」とはどのようなものなのか。大学教育の改革が重要だ、という大合唱のなかで、はたして大学における教育とはどのようなものであるのかについて議論がなされているだろうか。先にも触れたように、現在進められている高大接続改革においては、初等・中等教育と大学教育が一体的に捉えられ、その一貫性や連続性が重視されている。しかしながら大学の教育とは、初等・中等段階における教育と同じものなのだろうか。さらに大学改革の主たる焦点が教育におかれているとはいえ、大学は教育に特化した機関・制度ではない。現代の大学は、教育とともに、研究や専門職養成、公益的活動（社会的サービス）の役割も担っている。それは、基本的には初等・中等教育とは共有されない特色である。ならば大学の教育には、初等中等段階の教育とは異なる要素や特性が含まれるのでないか。研究や専門職養成、公益的活動などの大学の諸機能と教育との関係をどのように考え、構成してゆけばよいのだろうか。まさに現在の大学改革は、大学における教育概念の探究を必要としている。

本章では、このような観点から、大学における教育とは何か、それをどのように構成すればよいのか、について考える。ただし大学における教育とは何か、という問いに対して直接的な解答を求めようとするのではない。後にも述べるが本書の企画のきっかけになった教育哲学会の課題研究では、「教育とは何か」という教育概念の定義（の内容）よりも、むしろ「教育とは何か」を問うということ自体についての議論をめざした。したがって本章においても、大学において教育とは何かを問うという行為自体、すなわち教育概念の探究そのもののあり方について考える。そして筆者にとって、教育概念の探究の基盤をなすのは、歴史的なアプローチである。それは、教育概念の探究という教育哲学の課題に対して、その根拠づけを教育思想史（研究）に求める立場である。筆者は、学問方法論の精緻化をめざすためにも、教育哲学、教育思想研究、教育思想史研究の間の方法（論）的差異に自覚的であるべきだ、と考える（松浦二〇〇九）。ただしそれは、この三者が、まったく別の課題にとりくむべきだ、ということを意味しない。三者の密接な連携が必要だからこそ、三者の自覚的な差異化が必要なのである。

二　「ラーニング」から再び「教育」へ――本章の背景

本章の背景について、あらかじめ説明を加えておきたい。本章は、二〇一一年の教育哲学会第五四回大会における課題研究（学会理事会企画・一〇月一六日／上越教育大学）「教育はどのように問われるべきか――これまでの教育哲学、これからの教育学(1)――」における筆者の提案「教育はどのように問われるべきか――大学「教育」概念の歴史的再構成――」をもとにしている。本書「はじめに」でも述べたように教育哲学会では、この大会から三年連続で「これまでの教育哲学、これからの教育学」を共通テーマとして課題研究（シンポジウム）が展開された。本書の執筆者は、この三回にわたる課題研究の登壇者によって構成されている。当初本書は、この三回の課題研究の議論をまとめて一書に編んで刊行される予定であった。しかしながら学会大会からすでに相当の年月が経過しており、各執筆者のその後の研究の進展に応じて、テーマが変更になったり再構成されたりしている。

筆者に関しても、この提案で示唆したいくつかの論点について、その後発表した諸論考において考察を深める機会を得た（松浦二〇一三a、二〇一三b、二〇一三c、二〇一四）。つまりこの提案は、筆者がその後に展開させた、そして現在もなおとりくんでいる研究課題の萌芽的な位置を占めている。また筆者はこの提案に先立つ二〇〇九〜一〇年、アメリカ合衆国シカゴ大学で在外研究の機会を得た。この提案の基本的な着想は、シカゴ滞在時にうまれたものである。それまで筆者は、現在の大学の知的営為が、近代的な教育概念に強く規定されつつある傾向を批判的に捉え、それに収斂しない大学の知のあり方を模索してきた。特に、八〇〇余年にわたる大学史のなかに、近代的教育におさまらない多様で広範な知の形態があることに着目し、それらについて「ラーニング」というゆるやかな概念装置を構成して、思想史的な検討を試みてきたのである。なかでも近代的な教育概念が成立する以前のリベラル・アーツの習得や前近代（＝中世）大学の知的活動にそのヒントを探ってきた（松浦二〇〇四）。

しかしながら、教育学には「教え―学び」「教授―学習」（teaching-learning）という構図が、依然として根強く存在している。そのため「ラーニング」は、教えること、さらには教育そのものと対極関係にあるものとして捉えられがちで、筆者の研究戦略について誤解を受けることも少なくなかった。実際、二〇世紀末以降、近代的教育への批判・反省にももとづいて、「教え」から「学び」へ、「教育」から「学習」への転換・移行がさまざまな局面で主張されるようになった。筆者のフィールドであるアメリカの高等教育においても同様の傾向がみられる（Barr and Tagg 1995）。筆者自身は「ラーニング」を「教えること」をも含み込んだゆるやかな概念として構成していた（松浦二〇〇四）ので、こうした一極から多極への転換を提唱する動向には違和感を拭えないでいた。

もともと近代教育概念自体、教える側が知識を伝達し学ぶ側がそれを習得する、という単純な図式をモデルとはしていない。近代教育は近代的な主体概念を基盤としてその社会的形成をめざす。したがって教育主体は、学ぶ側の主体性を重視し、それを実現し促進するように教える、という二重の主体から構成される複雑な人間関係構造をモデルとしている。すなわち主体的に学ぶという要素は、近代的な教育概念にすでに織り込みずみなのである。いわゆる「新教育」（運動）に眼を向ければこのことは明白である。したがって「教え」から「学び」、「教育」から「学習」への転換といっても、それはあくまで近代的な教育概念の枠内での重心移動であり、大きなパラダイムの転換を意味するものとは考えられない。その転換によって、「学び」の概念把握に変化が生じるわけではないからである。

在外研究中には、アメリカ大学・高等教育の現代的な改革動向についても注視していたが、現在の日本の大学改革と同様に（というよりも、日本の改革がアメリカをモデルにしていると考えられる）、何を教えるか、という観点よりも、学生が何を学び、何ができるようになるのか、ということが強調され、学生の学習成果の測定や評価に強い関心が向けられていた（AACU 2007）。その文脈のなかで、いまでは日本でもおなじみの「ジェネリック・スキル」や「コンピテンシー」などの概念に注目が集まるようになった。しかし成果やスキル、能力など、結局それらは、教育によるはたらきかけやカリキュラムの作用によって形成・育成されることが想定されている。それらもやはり従来のteaching-learning 図式や近代的教育概念の枠を越え出るものではないのである。

こうしてアメリカからの帰国後は、「ラーニング」という概念装置をより洗練させるためにも、あらためて大学における（近代的）教育概念の成立や展開に関する歴史的検討を研究課題の中心に据えることにした。大学（史）において「教育」概念はどのように成立し、展開・変容しつつあるのか、についての検討である。

この新たな研究課題の自覚が、本章のもとになった提案に結びついている。筆者はアメリカからの帰国後、現在の大学・高等教育改革の背景にある大学像・教育概念の特徴を「機能主義」として批判的に捉え、「脱・機能主義」の大学像・教育概念の構成を模索するための諸論考を発表してきた。その際、近代的教育概念の大きな特徴として機能主義を位置づけ、それが現代の大学のどのように浸透してきているのか、ということに着目することにした。教育のオルタナティヴとして「ラーニング」を対置するのではなく、現代の大学における教育そのものにあらためてフォーカスをあてることにしたのである。そして特にアメリカの場合、二〇世紀に大学・高等教育において機能主義が主流の思潮となっているとともに、さらにはその主流の思潮に対する対抗的・批判的な思想もまた形成されていることにも注目し、そうした思想的なダイナミズムのもとで、脱・機能主義的な大学の知的活動の再構造化の筋道を探究しているところである。

このように本章のもとになっている提案からは、すでにいくつかの論点を発展させた諸論考が発表されている。それらとの間の重複は免れないし、いまさらさかのぼってみても、目新しさに欠くのではないか、との危惧もある。しかしながら他方で、以上見てきたように、この提案は、現在筆者が取り組んでいる研究課題の端緒となるものであり、その原点をきちんと整理しておくことの意味もあると考えた。特に、現在めまぐるしく繰り広げられる大学改革・政策のなかで、あらためて教育（概念）を問う、問い直すということは、ますます困難な状況にあるとともにいっそう重要な課題になると考えられるからである。さらに先にも述べたが、この提案では、教育を問う、とは言っても、その定義の内容そのものを問題にするのではなく、教育を概念的に問う「問い方」に焦点をあてようとするものであった。機能主義的な近代的教育概念に簡単に収斂しない大学における知のあり方を探究しようとする場合、この問い方を問う、という観点も大きな意味をもつ。問い方を問う、というのは反省的な知のあり方の基盤をなす。大学が、教育を含めた自らの知的活動を、自ら知的に反省することそのものが、機能主義を克服するために不可欠である。機能主義は現代の大学が、社会からの要請に対応することに腐心するあまり、大学自身の知的活動の主導権を確保できないところに蔓延するからである。このように考え、あらためて筆者の研究課題の原初的なアイデアを整理し示しておくことにしたのである。

三　教育の問い方

それでは、教育はどのように問えばよいのか。教育を概念的に探究するというのはどのような試みなのか。私たちが教育を問うのは、教育がどのようなものであるか、あるいはどのようなものであればよいのか、がわからないからである。しかし他方で、教育（ということば）が何を意味するのかがまったくわからなければ、この問い自体が成り立たなくなる。実際には、私たちは、教育がどのようなものであるのかについて、すでにある程度の共通理解が成立していると思っている。教育は、それを受けることを含めて、私たちの生のなかに深く埋め込められている。私たちは、それを意識するか否かはともかくとして、教育を日常的に経験してきている。したがって私たちは、教育について、なんとなくわかったつもりになっていることが多い。あらためてことさら意識的に、教育とは何か、と問わなくとも、事足りてしまうのである。

しかし教育がどのようなものであるか、また、あればよいのか、ということについて、人々の間に齟齬はないのだろうか。教育について、共通理解はどの程度成立しているのだろうか。たとえばある人は、教育とは、既成の定型的な内容を意図的に他者に伝達することであると考える。しかし別の人は、被教育者の自主的な学習や探究を補助することに教育の主たる役割を認めるかもしれない。両者の間にある差は決して小さくはない。

先にも述べたように、教育は私たちの経験に深く埋め込まれている。各自がこれまで経験してきた教育が、現在の自分の少なからぬ部分をつくりあげている。しかも教育は、教育自体が正しいこと、よいことである、との前提で行われる。定型的な知識を教える場合には、これが正しい知識だ、と教える。自主的な学習を促す場合には、主体的に学ぶことがよいことだ、という隠れたメッセージが含意されている。こうした教育のはたらきを、筆者は「教育の自己正当化機能」と呼んでいる。教育の自己正当化機能によって、私たちは自分が経験してきた教育を、いつのまにかあたりまえのものとして捉えることになる。そしてそのあたりまえは、他者とも共有されていると思い込むようになる。特に学校などで行われる教育は、制度的に集団を対象としている。したがって同じ教育を受けた他者も、当然、同じ教育をあたりまえのものとして受けとっていると思いがちである。

しかしながら、同じ状況や環境で経験をしても、その経験がもつ意味は、各自で異なる。同じ教室にいて同じ授業を受けても、同じ学校行事や課外活動に参加しても、個々人によって、その意味は異なる。しかし同じ教育である。しかも同じく、正しい、よいことを教える教育である。いつのまにか、教育とは何か、について、経験や意味を共有しているとの錯覚をもつことになる。

先ほどの例で言うと、教育を定型的知識の伝達と捉えるのか、自主的な学習の促進と捉えるのか、どちらが正しいかが問題なのではない。教育については、さまざまな捉え方がある、ということでよい。しかし教育を実際的な文脈で構想し、実践し、運用していくためには、教育をどのように捉えているのか、議論の当事者間で合意できることとそうでないこととが何なのか、それが自覚的に問われ、明確にされる必要がある。そうでないと、教育についての議論や考察が、現実的な妥当性・適切性（レラバンス）を欠くことになる。したがって教育とは何か、を問うこと、特に教育を概念的に探究することは、教育の観念的で抽象的な議論のためだけでなく、教育の現実的なレラバンスを確保するためにも重要な課題となるのである。概念の定義を抽象的かつ安定的に精緻化したとしても、それが教育現実への指導力を欠くならば、その信頼性は脆弱である。他方で省察の武器としての概念をもたないままでは、少なくとも研究的な姿勢として教育現実に斬り込むことは困難である。まさに問題なのは、教育概念の定義（の内容）なのではなく、教育概念の探究が、教育（学）研究にどのようなはたらきをもつのか、という問い方なのである。

教育概念の枠組みのもとで、教育にかかわる現実・事象を意味的に構成することができる。そしてその構成された意味に対する不断の反省にもとづいて、また教育概念が練り上げられる。その往還によって、教育（学）研究は進行してゆく。

もとより、どこかに教育というモノが存在するわけではない。私たちは、複雑な社会のなかでさまざまに生ずる現象に対して、教育ということば、教育という概念をもって、特定の事象をつかみとり、私たちの認識のなかで構成しているのである。いわば教育概念は、現実のなかから、教育を捉え、考え、そして実際にはたらきかけるための照準器である。

四　教育概念探究の後景化

教育概念に関する研究や議論は、教育哲学会においてこれまで重厚な蓄積がある。その概要は、『教育哲学研究』一〇〇号記念号において、片山（二〇〇九）と宮寺（二〇〇九）が詳細に整理している。しかしながらそこでも指摘されていることであるが、近年、教育概念を正面から議論の対象にすることが困難になってきている。最近の教育哲学会における研究発表や投稿論文においては、意識的に否か、教育を主題として問うことが後景に退いているのではないか。また学会の討議においても、各論者が教育概念をどのようなものとして捉えているのかが問われないまま議論が進行し、齟齬が生じることも少なくない。

教育概念が正面から問題にされにくいのはなぜか。あるいは曖昧な教育概念把握が放置されるのはなぜか。片山と宮寺は、そこに「ポストモダニズム」の影響がある、としている。教育（概念）の普遍性への懐疑や教育主体の意図として教育を考えることへの批判によるものである。ここではその指摘の是非を論じないが、それとあわせて、次のような理由や考え方があるのではないかと筆者は考えている。

第一に、教育とは何か、という問いに対する答え、すなわち教育概念の定義の内容については、その妥当性を検証する基準や方法を確定することは困難である。したがって結局は、論者による操作的（恣意的）な定義にならざるを得ない。

第二に、概念の普遍性・共通性を追求すればするほど、その意味内容は抽象化し形式化するばかりである。さらに概念の精緻化をめざしても、その実践的・政策的レラバンスは保証されない。概念的な探究よりも、眼前の実践的・政策的課題に取り組むべきである。

第三に、これまで重厚な蓄積があるからこそ、もはや教育（概念）を主題とした哲学・思想では、現代の教育について考究することには限界がある。あるいは新味がない。したがって近接領域である倫理・社会・政治などを主題とした哲学・思想から教育を問う方がよい。教育を主題としていないから、教育概念は中心的な問題にはならない。

第四に、社会変動に伴って、教育概念も教育事象も際限なく拡散・曖昧化している。そこに一定の概念的枠組みを嵌めこむことは、こうした変化の相を捉え損ねることとなる。教育概念にこだわることなく、広く教育に関連する事象に眼をむけてゆくべきである。

これらは、現代の教育学・教育哲学がおかれている状況と照合すれば、いずれも一定の説得力をもつ理由であると考えられるが、ここで言えるのは、これまでの教育概念が、先に述べたような、教育を捉え、考え、その現実にはたらきかけるための照準器として探究されてこなかったことを示唆している、ということである。概念と事象の往還運動が充分に機能してこなかったのである。教育とは何か、という問いに一度答え（定義）を与えれば、それが恒久的に通用するわけではない。教育概念の意味内容の妥当性を問うのではなく、教育概念の探究が、教育に関する認識、思考、実践・政策にどのようにはたらくのか、という観点から、教育（概念）を問うことが大切なのではないか。

また教育概念・事象の拡散化は、教育概念の探究を無用のものとするのであろうか。社会変動のなかで、文化や知識の伝達・創造・再構成、コミュニケイション、職業訓練・人材養成、生活様式などのあり方に、劇的な変化が生じている。教育にかわって、人間形成、学習・学び（ラーニング）、子ども・発達・成長のなどの概念を複合的に操作する方が、現代社会・教育の変化に適合的であるという立場もあるだろう。あるいは正義や平等、善などの視座から人間形成の諸相にアプローチすることが、変容しつつある教育の解明に有効であるとも考えられる。それらも戦略の一つであろう。しかし教育がいかに変化、拡散するにしても、またさまざまな関連概念からのアプローチが有効であるにしても、いや拡散し、多様なアプローチが展開されるからこそ、教育（哲）学は、教育へのこだわりを断念しない方がよい。教育ということばで私たちが考え、議論し、構想することを求められる課題は、まだまだ後を絶たないからである。そのためにも、照準器としての教育概念を探究し（再）構成することが必要となっている。

では照準器としての教育概念を探求するときの基本的な条件や方向性をどのように考えればよいか。

第一に、社会構造の複雑化や変容・転換が指摘され、教育概念が拡散・曖昧化するのにともなって、教育学の「拡散」化や「学」としてのアイデンティティの喪失が問題となっている。そうしたなかで、もはや教育の社会的な機能や意味、具体的な様態について、一元的・一義的に把握することは困難である。ただし逆説的ではあるが、困難であるからこそ、基本的視座・照準としての教育概念の探究が必要になっていると考えられる。

第二に、教育概念を一元的・一義的に把握することが困難であるとすれば、その多様性を是認した上で、構造的に(再)構成することが必要になる。その場合、人間形成や学習・学び(ラーニング)、発達・成長などの関連諸概念と、教育概念との差異について意識的な議論が必要である。

第三に、教育概念の多様性は、それが文脈依存的・歴史規定的であることを意味する。したがって教育概念の探究は、具体的な社会的・歴史的状況・文脈における教育問題から出発するのが基本である。それは、論理的抽象性を追求するよりは、歴史的な意味の構成を解明する方向に向かう。すなわち教育概念がどのような構造的構成をとるのかを明らかにするためには、歴史的な視野のもとでのアプローチや裏づけを必要とする。

第四に、そうした歴史的な意味構成を視野に入れた教育概念の探究は、それを成立させている社会的・歴史的文脈・状況をもまさに「照準」として参照・照合する。それによって、現代的な教育問題を把握し、その意味を理解し、問題を解決するためのポリシーを形成するようなレリバントな概念として再構成されるであろう。

照準器として教育概念を探究する際には、このように歴史的アプローチをとることが有効であると考えられる。

五　教育概念の探究における歴史的アプローチ

教育哲学における歴史研究、あるいは教育思想史の位置づけや意義を考える際に、ムーアの一連の論考が参考になる (Muir 1996a; 1996b; 1998; 2004; 2005; 2008)。彼は、英語圏の教育哲学が一九六〇年代前後を中心として分析哲学的な手法に強く傾斜したことを批判する。それによれば分析哲学的な教育哲学は、それ以前の教育哲学の歴史的な蓄積や伝統を無視してしまっている。教育哲学が学問としての自律性を確立するためには、教育哲学が自らの歴史や教育思想史について再認識することが必要である、と主張する。

その主な論点は次の通りである。

第一に、教育哲学は、自らの歴史や教育思想史の蓄積を軽視する傾向がある。教育哲学の議論は、歴史的な根拠や学識をもとに展開されるよりも、「一般」哲学者の権威に追随する傾向が強い。「一般」哲学で、分析哲学が優勢になればそれに従う。同様に、リベラリズムやコミュニタリアニズム、ナショナリズムや多文化社会の諸課題、ポスト・モダンなどその時々のファッショナブルな関心に次々と移動する傾向がある。そうしたことが生じるのは、まさに教育哲学がみずからの歴史的な展開を軽視してきているからである。

第二に、教育哲学が自らの歴史を軽視していることのあらわれは、教育哲学史の始点をどこに求めるのか、について共通見解がないことにも顕著である。たとえばカミンスキー（Kaminsky 1993）は一九三〇年代（アメリカ）、ホワイト（White 1999）は一七〇〇年代としている。しかしながらそれ以前に、教育哲学はなかったのか。

第三に、教育哲学における歴史の軽視によって、現代に至るまで重要な影響を及ぼしてきているような教育思想（家）が見落とされている。教育哲学および教育学研究は、教育に関心をもつ近接の他の学問領域から孤立する傾向がある。古典学者や政治哲学者たちは、歴史的な手法や根拠にもとづいて、教育（哲）学者が見落としてきたような思想や学識を見いだしている。教育（哲）学者の偏狭性は、そうした成果に眼を向けたり、相互交流したりすることの妨げになっている。

第四に、歴史的根拠を軽視する教育哲学の議論は、恣意的になる。また歴史的に誤った議論がなされる。たとえばハースト（Hirst 1971）のリベラル・エデュケイションに関する説明には歴史的な誤りが見られる。また彼の「知識の七形式」は彼のオリジナルな考察によるものであるというよりは、すでにイソクラテスなど教育思想史の伝統のなかで示されたものである。デューイも、過去の教育思想への参照にもとづいて議論を組み立てている。しかし彼はそのソースを明示しておらず、彼がきちんとした歴史的考察や根拠にもとづいて、それらの思想史に言及しているとは考えにくい。

教育哲学の議論の構成要素として歴史的な根拠づけが必要である、とのムーアの批判は、教育概念（探究）の文脈依存性・歴史的規定性の観点からすれば示唆に富む。ただし彼の教育哲学史観は、結局のところすべての源泉をイソクラテスに求めるというかなり強引な色彩を帯びたものである。一つの教育哲学史としては理解できるものの、彼の教育哲学史観が唯一絶対のものであるとの歴史的根拠を彼は充分に示し得ていない。教育哲学における歴史的根拠の示し方、あるいは教育哲学史や教育思想史の描き方は一元的・一義的に確定できるものではない。教育概念の多様性を認めるのならば、その探究の歴史的根拠についてもさまざまな観点から模索することが必要である。

逆に言えば、教育概念の探究の根拠づけに歴史的アプローチをとるということは、その概念構成の複数性を確保することにもなる。教育とは何か、という問いは、普遍的な概念構成をめざすのではなく、その時々に教育がおかれている歴史的・社会的文脈と照合することで、教育の多様なあり方と意味を浮き彫りにすることができる。また複数の照準器をもつことは、私たちがターゲットとして問題化している現在の教育を、時間軸と空間軸の交差するなかで、より立体的・構造的に捉えるのに役立つであろう[1]。

六　大学教育の「機能主義」モデル

すでに触れたように、現在の大学改革においては、教育の改善・強化が大きな焦点となっている。しかしその教育がどのようなものであるか、ということについての議論は希薄である。大学にとって教育とは何か、という問いが等閑にされるのは、現在の大学改革が前提とする大学観に深く関わっている。それは、大学を社会的機能として捉える立場である。大学は、教育・研究・公益的活動のクオリティ・コントロール（質保証）に「自ら」努めながら、社会の需要に見合った製品（卒業生や知的財産）を生産するための機能として捉えられる傾向にある。そこから社会の「ニーズ」に応じて大学を機能別に分化させる、という「将来像」が描かれる（中央教育審議会二〇〇五）。教育も、いやまさに教育こそ、そうした社会的機能の中軸としての役割を果たす。このような動向を筆者は、大学像、あるいは大学教育観における「機能主義」（機能性重視傾向）と呼んでいる。

現在の大学改革において、教育概念（の中身）が問われないのは、この機能主義が優勢になっているからである。機能としての大学教育は、社会からのニーズというインプットと、社会に送出する成果というアウトプットをつなぐマシンのなかに閉じ込められる。このマシンはブラック・ボックスである。インプットとアウトプット間に（と言うよりは、アウトプットそのものに）合理的・効率的「成果」が認められれば、マシンそのもののメカニズム自体は問題にならない。あるいは「成果」から逆算して、マシンの中身が強く規定される。

こうして機能主義モデルの大学教育観は、教えることと学ぶこととの間に強い相関性を求める。そして合理的・効率的に学習成果を産出する教育が優先される。したがってそこで問題とされる教育の「質」は、点数化するなどして「量」的に測定・評価される成果によって保証される。

しかし通常私たちが教育として捉えている事象は、必ずしも機能主義に解消されるものばかりではない。教育は意図的な活動であるとして、その意図が現実的に一〇〇パーセント学習者に達成されると考えるものはおそらくない。いや、教育者の意図が完全に学習者に体現するようなものを、私たちは教育として捉えることに躊躇するだろう。また教育者にとって思いもかけないような作用が学習者に及ぶこともある。そのなかには学習者にとって明らかに負の意味や価値をもつ作用もある。しかし教育や学習の成果が正なのか負なのかという評価は、立場によっても、また時間的な経過によっても大きく異なることがあり得る。

大学はこれまで、一部の専門分野やプログラムを除いて、総じて機能主義モデルの教育に親和的ではなかった。だからこそ、その改革が強く迫られているのであろう。しかし大学は成人もしくはそれに近い若者を対象とする。さらに多様な専門領域から構成され、卒業者の進路は多様である。学生が大学での学習や生活、そして経験に求めるものも多様である。しかも繰り返すが、大学は教育以外の役割も担っている。こうしたことを考えたとき、大学における教育概念を機能主義モデルに還元してしまうことは、はたして適切なのだろうか。

もちろん大学・高等教育における、大衆化、職業・技能志向、情報化・知識基盤社会の到来、アカウンタビリティの重視などの現代的な動向のなかで、機能主義モデルの教育概念を否定することは不可能である。しかし機能主義に一元的に還元されることのない大学教育概念の構成を試みることも大切ではないか。

七　リベラル・エデュケイション概念と歴史

筆者は、脱・機能主義を志向した教育概念構成は、ひとつの方法として、西洋の教育史・知性史における伝統的概念であるリベラル・アーツやリベラル・エデュケイションを基軸にして再構成することができるのではないか、と考えている。これらの概念は長い歴史を生き抜き、現在に至るまで大学や中等・高等教育機関の教育にかかわる思想として一定の影響力をもってきた。

とはいっても筆者は、リベラル・アーツやリベラル・エデュケイションが大学史のなかで常に主流を占めてきた、あるいは現代にも通ずる普遍性をもつ、とみなしているわけではない。現在の私たちの課題である、脱・機能主義の観点からみて、歴史のなかのリベラル・アーツやリベラル・エデュケイション概念をよりどころにすることに意味がある、と考えているのである。すなわちこれらは、歴史のなかで、基本的には、直接的な実利性や効用に結びつかない知的営為としての性格をもってきたからである。またキンバル（Kimball 1986）やロスブラット（Rothblatt 1985）が指摘するように、近代以降この概念は、知の自己目的的な追究をめざす、という意味も付与された。その点で「研究」概念と親和性をもつ教育概念を構成する有力な手がかりを提供すると考えられる。機能主義の教育観は、教育・学習の内容や成果を確定的で可視的なものとして捉える傾向が強い。他方、知の自己目的的な追究は、その対象である知や真理を固定的なものと考えることができない。それは、教育や学習の成果についてオープンエンドであり、機能主義的な観点からの成果の計測を困難にする。

ところで長い歴史を生き抜く伝統的概念の常で、リベラル・アーツやリベラル・エデュケイション概念は大学・高等教育史のなかでもさまざまに位置づけられ、意味が付与されてきた。だからこそ、多彩な歴史的状況・文脈と、現代のそれとを照合することで、あらたな概念の意味構成を練り上げることができるのである。逆の方向から言えば、現代における概念構成の歴史的根拠を、その概念が実際にはたらいてきたさまざまな状況や文脈と照合しつつ確認することができるのである。もっともその「練り上げ」は、過去の概念や思想に回帰することではない。現代的な課題意識のもとで、リベラル・アーツやリベラル・エデュケイションをめぐる知的営みの歴史的展開にあらたな意味を付与し、教育概念の再構成をめざすものである。それは、実践や政策へのレラバンスを意識した歴史的根拠にもとづく教育概念の探究であると位置づけることができる。

もっともリベラル・アーツやリベラル・エデュケイションの概念は、日本における「教養」概念と同様、論者の恣意的な定義や意味規定において「乱用」されることが少なくない。たとえば先に見たムーア（Muir 1998）が批判したようなイギリスの分析哲学的教育哲学者たちの概念把握である。それはリベラリズムの教育がリベラル・エデュケイションである、と言う（宮寺 一九九七）。もちろんそれは、リベラリズムをどのように捉えるかということにもよるだろう。しかしながらキンバルをはじめとするリベラル・エデュケイションの概念史研究を見る限り、この把握は少なくとも、ムーアの言うように、歴史的根拠を欠くものである。その点で、私たちは「リベラリズム」と「リベラル・エデュケイション」の「意味論的な混乱」を避けるべき、とのロスブラット（Rothblatt 1993）の主張に同意せざるを得ない。歴史的な根拠づけを欠く概念構成は、論者に都合のよい意味を粉飾する。新語・造語ならともかく、すでにその用法に、歴史的伝統や蓄積のある概念について、そうした歴史的な意味の連関を無視して恣意的に意味構成を行うことは、議論の混乱を引き起こすばかりであろう。

キンバルのリベラル・エデュケイションの概念・思想史研究は、ようやく最近になって日本でも参照されるようになってきた。広範な史料を渉猟した古代ギリシア・ローマから現代に至る綿密な歴史研究は、現在でもなおこの分野の最先端に位置する。

ただし筆者の観点からは、二つの問題があると思われる。一つは、「弁論家と哲学者」という彼が設定するリベラル・エデュケイションの二つの系譜があまりにも類型的に過ぎる、ということである。彼は、長期間にわたるこの概念の意味を、豊富な事例の歴史的検討によって、古典的テクストを通した知識の習得による市民性の育成に重点をおく系譜（*artes liberales* 理念）と、知の自由で自己目的的な探究を志向する系譜（liberal-free 理念）とに、きれいに整理し、従来の定説とは異なり、後者よりは前者にこの概念の歴史的な源泉を見いだした。

ただしこの二つの系譜は排他的なものではない。特に、後者の意味が強調されるようになった近代以降、特に現代においては、この二つの系譜にまたがるリベラル・エデュケイション論が多く出現するようになる。というよりも、どちらか一方にのみ属する議論がなくなってくるのである。知的な探究は、古典であるかどうかはともかく、なんの題材もなしに遂行されるはずはなく、なんらかのテクストにもとづいて行われるのは自然なことである。また古典的テクストを読むことにしても、現代においてその内容の習得自体が志向されることはめずらしく、読解を通して、自由な思考力や知的能力を形成し、その資質が市民性の育成につながる、という議論は容易に成立しうる。すなわち少なくとも現代においては、両者を異なる系譜として立てることの意義が薄れてしまっているのである。たとえば後に述べるハッチンズや、近年のものとしては、多文化・多民族社会状況のなかで、あえて西洋哲学の伝統を中軸にすえて世界市民性の育成をめざすというヌスバウム（Nussbaum 1997）のリベラル・エデュケイション論がその典型であると言えるだろう。またリベラル・エデュケイション概念を歴史的根拠にもとづいて構成しようとすれば、当然、歴史上この二つの系譜が存在したと想定されるわけであるから、両方の意味を含み込んだ概念を構成せざるを得ない。もちろんキンバル自身も、こうした自らの議論の枠組みの問題は自覚しており、両系譜にそれぞれ修正型(accommodation)を設定している。しかしそれによって、類型論の適切性はますます揺らぐことになってしまっている。

もう一つの問題は、これほど綿密な概念史研究であるのに、リベラル・エデュケイションの概念構成要素の後者、すなわち「エデュケイション」概念の捉え方およびその変遷に対する関心が薄い、ということである。一般に、リベラル・エデュケイションは、古代ギリシア・ローマ以来の伝統的概念である、とされる。しかし正確に言えば、エデュケイション概念自体は、近代的な概念である。したがって実は、リベラル「エデュケイション」は近代以降に成立した概念である。これに対して、リベラル・アーツをめぐる知的営みは、エデュケイション概念が成立するはるか以前から歴史のなかで連綿として生き抜いてきたのである。リベラル・アーツを教え・学ぶ行為(ラーニング)が、ある時期を境に「エデュケイション」になってゆく。リベラル・アーツが、教育の対象もしくはメディアになってゆく。そこに、教育概念探究やその歴史的根拠づけを考える際の大切なポイントが隠されているように思われる。キンバルが詳細に検討してきた、歴史上の「リベラル」の意味構成と「エデュケイション」は、どのようにして接合することができたのだろうか。また両者の間に矛盾や葛藤はなかったのか。こうした観点が、彼の歴史には欠落している。

単純に考えて、仮に「リベラル」を自由な知的探究と捉えた場合、なんらかの形で(たとえ、助成や支援という意味を強調したとしても)学習の統制をめざす教育との間には、やはり緊張関係があるのではないだろうか。特に、本報告の主題である大学教育においては、なおさらその緊張関係が露呈する可能性が高いのではないか。このように考えた場合、リベラル・エデュケイション概念におけるリベラルと教育の関係、特にその概念史・思想史における両者の意味把握の歴史的変容は、現代の(大学)教育概念の探究、特に歴史的根拠にもとづくその再構成の作業にとって、参照するに値する重要な材料を提供しているように考えられる。

八　ハッチンズにおける大学「教育」概念の再構成と「ラーニング」

筆者はこのようにキンバルの研究に学びながらも、リベラル・アーツ、リベラル・エデュケイション（概念）の歴史的展開のなかに、大学「教育」概念の再構成の手がかりを求めたいと考えている。そしてそのための研究戦略として、「ラーニングの思想史」を構想した。繰り返すが、それは教育をラーニングに転換させることをめざすものではない。教育（概念）の意味構成をより鮮明にするために、知的営為をラーニングというよりゆるやかな拡がりのある概念で捉えようとする試みである。

すでに別稿で詳しく展開している議論ではあるが（松浦二〇一三a、二〇一三b）、ここでは最後にごく簡単に、筆者がラーニングの思想史の観点から試みている、ロバート・M・ハッチンズ（Robert Maynard Hutchins, 1899-1977）の大学論、リベラル・エデュケイション論に関わる研究について触れておきたい。

三〇歳でイェール大学ロー・スクールのディーンから、シカゴ大学の学長に抜擢されたハッチンズは、大きく二つの改革課題に直面していた。第一は、全米有数の研究志向大学であるシカゴ大学で極度に進行している専門分化傾向に対して、大学としての組織的統合や効率的運営をどのように構築するか、という課題である。第二は、やはり研究志向・専門分化の進行によって、学士課程カレッジの廃止論が生じており、この問題にどのように対応するか、という課題である。学士課程カレッジは、専門的研究からは忌避される一方で、アメリカ型大学としての理念の上でも、また財政面からも大学全体としてその存続を主張する立場もあった。

ハッチンズ学長の就任直後の決断は、ある意味、研究志向大学にとっては逆説的な方針の表明であった。すなわち大学統合の理念・原理を「教育」に求める、というものである。学士課程カレッジはもちろん、専門職養成はその分野の人材を育成するという教育機能を果たしている。また専門研究に従事する学術大学院も大学（カレッジ）をはじめとする教員の養成に従事している点でまさに教育機関なのである。いわば大学は、人材の養成・再生産の拠点であり、教育機関として理念的に統合されるべきなのである。こうした構想をもつに至った背景はいくつかある。当時のアメリカでは一般教育運動に象徴されるような大学の教育機能を重視する趨勢が顕著であったこと。学制改革の議論によって、中等教育と学士課程の接続が問題になっていたこと。さらには個別シカゴ大学としては、研究志向の裏側で、学士課程カレッジ擁護派や教育学部を中心として、かなり早い時期から、大学の教育研究に熱心に取り組んできた実績があること、などである。彼の「教育」の強調は、彼自身の思想の自己展開から創出したと言うよりも、アメリカ社会・大学界そしてシカゴ大学という歴史的文脈のなかで生まれたものである。彼が生きた時代の反映である、と見ることができるだろう。

こうしてハッチンズは、よく知られるように（それはしばしば誤解をともなうことがあるが）、学士課程教育の再編成、特に「一般教育」（general education）の充実に熱心に取り組んだ。実際の学士課程カレッジ教育の改革はカレッジの教授会が主導したが、彼自身は、古典的名著と、読み・書き・話すためのアーツとして再定義された「リベラル・アーツ」による一般教育論を展開したのである。

二〇余年にわたる学長・総長としての在任中、ハッチンズは上記の一般教育・学士課程カレッジ改革をはじめとして、大学のさまざまな局面に関して大胆な改革案を提示し、それは学内外の激しい反響を呼び起こした。しかし退任が近づくにつれて、彼の「教育」認識（概念把握）には顕著な変化が見られることはここで強調しておくべきであろう。それは失望と言ってもよいかもしれない。就任時には、「教育」に大学統合の理念としての思いを託したにもかかわらず、である。退任前後の彼は、教育は、それ自体で意味をもつものではなく、社会の意向など、他律的な要素から影響を受ける手段である、との捉え方をする。二次的で、依存的な概念である、と。すなわち教育（概念）自身には、大学を統合するような自律的な指示性・指導性がない、ということであると解釈できる。したがって教育概念は、理念としての役割を果たせないのである。

ハッチンズの教育概念認識がこのような変化をみせるこの時期、彼は自らの教育思想の中心的概念として、一般教育にかわって、リベラル・エデュケイションを多用するようになる。それは偶然なのであろうか。さらに退任後は、彼のリベラル・エデュケイション思想を実現させる場として「ラーニングの共和国」という表現が用いられるようになり、それは最終的には「ラーニング・ソサエティ」（学習社会）として構想されることになる。

このようなハッチンズの教育概念把握の変容と、リベラル・エデュケイション、そしてラーニング概念の強調との間にはどのような関係を構成することができるのであろうか。シカゴ大学退任時の彼は、明らかに教育概念を、機能主義的に捉えている。「リベラル（エデュケイション）」や「ラーニング」という概念への接近は、この機能主義的な教育概念を彼が克服しようとしたことのあらわれだろうか。そして彼は、機能主義的な教育概念・大学像の克服を、結局は大学の外に求めることになった。大学や既存の教育制度のなかでは、機能主義の克服は困難であった。しかしながら彼は、社会が大学を機能主義的に規定する状況を、ある意味逆手にとって、社会全体の脱・機能主義をめざしたのではないか。その構想が「ラーニング・ソサエティ」であった、というのが現時点での筆者の解釈である。

現代の大学「教育」概念の、脱・機能主義的な再構成を、こうしたハッチンズの教育概念把握の変容についての歴史的考察を根拠としてそのまま適用することはできない。ただし、ハッチンズが結局のところ教育に失望し、自らの考えるリベラルな知的営為の拠り所を、教育ではなく「ラーニング」に託したとするならば、そして社会に規定される大学という機能主義の構図の転換を構想したとするならば、現代の大学における脱・機能主義の教育概念の再構成は、教育概念のそのものの解体と大学と社会の関係の編み直しをも視野に入れなければならないのかもしれない。

註

1　こうした観点から、教育概念の歴史的根拠づけや探究・再構成を行う際には、最近の歴史哲学において強い関心を集めてきている「歴史の物語り（narrative）論」が参考になると考えられる。教育（概念）の文脈依存・歴史規定を無視した抽象的な議論でもない。他方ナイーブな実在論を前提とする実証主義的な歴史的根拠づけではない。教育実践・政策へのレラバンスを担保した哲学・思想史研究の方法を開発する可能性をそこに見いだすことはできると考えているが、詳しい議論は別稿を用意したい。さしあたり、ダント（Danto: 1965）、野家（二〇〇七）、飯田ほか（二〇〇九）、貫（二〇一〇）、西村（二〇一三）などを参照。

参考文献

AACU. 2007. *College Learning for the New Global Century: A Report from the National Leadership Council for Liberal Education & America's Promise.* Washington, D. C. :The Association of American Colleges and Universities.
Barr Robert, B. and John Tagg. 1995. "Teaching to Learning: A New Paradigm for Undergraduate Education." *Change*, 27-6.
Danto, Arthur C. 1965. *Analytical Philosophy of History*, Cambridge: The Cambridge University Press.

Hirst, Paul. 1971. "Liberal Education." Lee C. Deighton ed., *Encyclopedia of Education*. Vol. 5. The Macmillan Company & The Free Press.
Kaminsky, James S. 1993. *A New History of Educational Philosophy*. Westport, Connecticut: Greenwood Press.
Kimball, Bruce A. 1986. *Orators & Philosophers: A History of the Idea of Liberal Education*. New York: Teachers College Press, Columbia University.
Muir, J. R. 1996a. "The Strange Case of Mr. Bloom." *Journal of Philosophy of Education*, 30 -2 .
Muir, J. R. 1996b. "The Evolution of Philosophy of Education within Educational Studies." *Educational Philosophy and Theory*. 28 -2 .
Muir, James R. 1998. "The History of Educational Ideas and the Credibility of Philosophy of Education." *Educational Philosophy and Theory*, 30 -1.
Muir, James R. 2004. "Is There a History of Educational Philosophy?: John White vs the Historical Evidence." *Educational Philosophy and Theory*, 36 -1.
Muir, James R. 2005. "Is Our History of Educational Philosophy Mostly Wrong?: The Case of Isocrates." *Theory and Research in Education*, 3 -2.
Muir, James R. 2008. "Political Doctrine, Philosophy, and the Value of Education: The Legacy of Isocrates and the Socratic Alternative." *The European Legacy*, 13 -4.
Nussbaum Martha C. 1997. *Cultivating Humanity: A Classical Defense of Reform in Liberal Education*. Cambridge: Harvard University Press.
Rothblatt, Sheldon. 1985. "' Standing Antagonisms' : The Relationship of Undergraduate to Graduate Education," Leslie W. Koepplin and David A. Wilson, eds., *The Future of State Universities: Issues in Teaching, Research, and Public Service*, Rutgers University Press.
Rothblatt, Sheldon. 1993. "The Limits of Osiris: Liberal Education in the English-Speaking World," Sheldon Rothblatt and Björn Wittrock, eds., *The European and American University since 1800: Historical and Sociological Essays*, Cambridge University Press.
White, John. 1999. "Philosophers on Education," *Journal of Philosophy of Education*, 33-3.
White, John. 2004. "Reply to James Muir." *Educational Philosophy and Theory* , 36-4.
飯田隆ほか編 二〇〇九『歴史／物語の哲学』（岩波講座　哲学　11）岩波書店
片山勝茂 二〇〇九「教育概念は教育哲学会でどのように論じられてきたか――『教育とは何か』をめぐって――」『教育哲学研究』一〇〇号記念特別号、教育哲学会
大学審議会 二〇〇〇「グローバル化時代に求められる高等教育の在り方について（答申）」
中央教育審議会 二〇〇五「我が国の高等教育の将来像（答申）」
中央教育審議会 二〇一四「新しい時代にふさわしい高大接続の実現に向けた 高等学校教育、大学教育、大学入学者選抜の一体的改革について～すべての若者が夢や目標を芽吹かせ、未来に花開かせるために～（答申）」

友野伸一郎 二〇一〇『対決！ 大学の教育力』朝日新書
貫成人 二〇一〇『歴史の哲学――物語を超えて――』勁草書房
西村拓生 二〇一三『教育哲学の現場――物語りの此岸から』東京大学出版会
野家啓一 二〇〇七『歴史を哲学する』（双書 哲学塾）岩波書店
広田照幸ほか編 二〇一三『教育する大学――何が求められているのか』（シリーズ大学５）岩波書店
松浦良充 二〇〇四「Learning の思想史・序説――Liberal arts はどのように学ばれたのか――」『近代教育フォーラム』第13号、教育思想史学会
松浦良充 二〇〇九「『運動』の終焉と再始動――教育思想史の固有性への内向か、越境に向けての拡張か――」『近代教育フォーラム』第18号、教育思想史学会
松浦良充 二〇一〇「意味としての大学／機能としての大学」『教育哲学研究』第102号、教育哲学会
松浦良充 二〇一一「大学・高等教育史研究における人物研究の位相――比較・社会的思想史の試みにおいて――」『三田教育学研究』第18号、三田教育学会
松浦良充 二〇一二「教育はどのように問われるべきか――大学『教育』概念の歴史的再構成に向けて――」『教育哲学会』第105号、教育哲学会
松浦良充 二〇一三ａ「大学――脱・機能主義の大学像の構築に向けて」森田尚人・森田伸子編『教育思想史で読む現代教育』勁草書房
松浦良充 二〇一三ｂ「『知的コミュニティ』としての大学はどのようにして可能になるのか――ロバート・Ｍ・ハッチンズの挑戦――」『近代教育フォーラム』第22号、教育思想史学会
松浦良充 二〇一三ｃ「脱・機能主義の大学像を求めて」『近代教育フォーラム』第22号、教育思想史学会
松浦良充 二〇一四「大学史から見た現代の大学――大学「教育」を捉え直すために」広田照幸ほか編『対話の向こうの大学像』（シリーズ大学７）岩波書店
松浦良充 二〇一五「『教養教育』とは何か」『哲学』第66号、日本哲学会
宮寺晃夫 一九九七『現代イギリス教育哲学の展開――多元的社会への教育――』勁草書房
宮寺晃夫 二〇〇九「教育の概念規定のあり方――規範主義と事実主義の相反――」『教育哲学研究』一〇〇号記念特別号、教育哲学会

第３章　福祉の精神からの「教育」の誕生

――メディアとしての教具はモンテッソーリの思想に何をもたらしたか

今井康雄

一　教育という対象の特性を記述すること

教育哲学は教育の概念を問うことに多大のエネルギーを注いできた。典型は「分析哲学」の影響を受けた英米圏の教育哲学である。「教育」概念の分析はそこでの中心的なテーマであった（Scheffler 1966; Peters 1967）。ドイツ語圏でも、たとえば「ビルドゥング」という概念が何を意味するか・意味してきたかについての理論的・歴史的考察は、教育についての哲学的考察において小さくない役割を演じてきた（Rauhut/Schaarschmidt 1965; Lichtenstein 1966）。しかし、概念ではなく、教育という対象に問いを向けるべきではないか――これが、本稿で私が提案したい第一の点である。教育という対象に関する経験（教育される、教育する、教育について見聞する、省察する、等）に即して教育の構造的特性を記述する必要があるのではないか。

概念を問うことは、問う者自身の言語使用や観念内容に探りを入れることに帰着する。このため、そこから出てくる概念規定には、問う者が抱いている願望が、反省されないままに入り込む。村井実がシェフラーに依拠して言う「プログラム的」定義――「「教育」を「こうしたい」だの、「こう考えさせたい」だのというプログラムがあらかじめあって……「それがひそかにその人の「教育」ということばの意味に組み込まれているような理解、あるいは「定義」」（村井 二〇〇八：三〇）――になりがちである。

私自身は、〈コミュニケーションの常態である伝達の不確かさを、解消しようとするコミュニケーションであること〉を教育という対象の持つ特性として指摘しようと試みたことがある（今井 二〇〇八）。このように見るなら、教育は、ある構造（パターン）を持ったコミュニケーションとして現れる。本稿では、教育というコミュニケーションが持つ、また別の構造的特性――潜在性（potentiality）を教育可能性（plasticity）に転換するようなコミュニケーションであること――を取り出してみたい。

特性記述に徹することで、プログラム的定義が陥りがちな教育という対象の価値論的裁断とそれによる視野狭窄を避けることができるし、概念に対応する共通の〈本質〉が教育という対象に内在するかのような錯覚を避けることもできる。これによって教育を領域的にではなく構造的に特定することも容易になるだろう。教育という対象の構造的特定というこの視点は、教育が福祉、医療、労働、等々と相互浸透を始めている現代の状況において重要と思われる。

二　教育と福祉

教育という対象の特性記述を試みる際の出発点として、教育の領域と福祉――社会保障、とりわけ社会福祉――の領域の相互浸透、という傾向に注目したい。

世界的な福祉国家再編成のなかで、給付からライフ・チャンスへ（エスピン-アンデルセン 2001）、所得再配分から包摂へ（宮本 二〇〇九）、という福祉理念の転換が進行した。日本でも「「自立支援」という言葉がここ一〇年ほどの福祉改革のキーワードとなっている」（宮本 二〇〇九：三三）という。これに対抗する「ベーシック・インカム」という構想（cf. 堅田／山森 2006）も出されてはいるが、〈今・ここ〉での給付ではなく、将来を見すえた職業訓練、そのための意欲喚起、といった「教育的」な作用が福祉の領域で顕在化していると言える。「人生前半の社会保障」を提案する広井は、「これまで全く別々に議論されてきた「教育」と「社会保障」という二分野を結びつけ、一体のものとして議論する」（広井 二〇〇六：七八）ことの必要を強調している。教育論の見地からも、教育を福祉と一体的なものとして捉えるべきだとの主張が出されている（河野 二〇一一：八二）。学校を「家庭の道徳的等価物」として捉えるというマーティンの提案（マーティン 二〇〇七）は、教育・福祉融合論の包括的な教育哲学的根拠づけとしても解釈可能であろう。福祉の側から教育へ、教育の側から福祉へのこのような歩み寄りをさらに推し進めれば、教育と福祉とを分ける境界自体が無用になるかもしれない。

教育と福祉の密接な関係は歴史的に見れば新しい出来事ではない。エリザベス救貧法（一六〇一）に近代的な意味での教育の起源がたどられることがあるように、教育は福祉の領域から生まれた――したがって両者はもともと一体であった――と言うこともできる。こうした歴史的経緯を踏まえれば、福祉と教育の関係についての白水の批判的検討（白水 二〇〇一）は、上述のような福祉と教育の融合傾向に反省を迫るものとして貴重である。

白水によれば、福祉と教育を結合しようとする現今の議論は、能力を〈引き出す〉働きとして教育を捉えるような教育概念を前提にしている。しかしこの種の能力言説を介した福祉と教育の結合は、フーコーが批判した近代統治論の構図をなぞる結果になってしまう。近代統治論は住民の能力の総体を国力と捉え、国力の増大、つまりは福祉の増進のための主要な手段として教育を位置づけた。能力を引き出す働きとしての教育は、ポリス（内務行政）の枠内で福祉と結び合わされ近代的統治を支えることになる。白水はポリス論とは異なったルートでの教育と福祉の結合の可能性を探るが、その際に彼が依拠するのは、「教育」の語源を、「食べさせ、肥え太らせるという営み」（白水二〇一一：一六九）と深く関わる〈養い育てること〉に見るような語源論的な探索である。〈養生〉という原義に還ることで、「「能力」に絡め取られた統治言説からわれわれの思考を向け変え、《教育（education）》を〈福祉（well-being）〉そのものとして再定位」（一六七）することが可能になる。教育の原義に立ち返るなら、教育は「まさに〈生〉を快いと感じることができる〈福祉（well-being）〉そのもの」であり、「ポリス的な視野を継承する福祉国家（Welfare State）の統治手段なのではない」（一七〇）。教育は「人間が健康で文化的な満ち足りた生活を営む基盤そのもの」（一七〇）なのである。

教育はもともと内務行政の一部であった、という歴史的視点、そしてそこから導き出される、現今の教育・福祉融合論に対する批判は重要である。しかし、白水による教育概念の語源論的考察は、プログラム的定義と同様の問題を示していないだろうか。村井は、「コジツケ」になりがちな教育の語源的定義の不十分さとともに、語源的定義がプログラム的定義と癒合する傾向にあることを的確に指摘している（村井二〇〇八：三三）。白水の場合も、「教育」についてのある種の思い入れが語源とされるもののなかに読み込まれているように思えるのである。

そもそも、教育はなぜかくも熱心に、（実は、本来は）〈良い〉ものとして描き出されねばならないのだろうか？もちろん、教育実践にたずさわる人が善や幸福を目指すのは当然である。教育を改革しようとする人がより良い教育の状態を目指すのも当然である。しかしこのことと、教育という概念それ自体をプラスに価値づけるということとは、まったく別の事柄である。一面的にプラスに価値づける人は、往々にしてその人の願望――教育はこうあって欲しいものだ――をそこにこめているのであり、それこそ教育のプログラム的定義が行ってきたことである。白水の場合、教育と呼びならわされている対象は、能力言説にからめとられ教育の原義に反した（従って良くない）教育モドキと、能力言説から自由で教育の原義にかなった（従って当然、良いものである）本来の教育とに裁断されてしまう――と言うのは言い過ぎとしても、このような二分法を白水の議論は少なくとも誘発するように思われる。こうした概念レベルでの価値論的な二分法は、教育という対象の認識を、促進する以上に阻害することになろう。

三　福祉としての教育――モンテッソーリに即して（一）

教育という対象は、こうした善悪の二分法では裁断しきれない重層性を持っている。そのことを示す一例として、統治論と教育論との、また福祉と教育との、境界線を行き来した人としてのモンテッソーリ（Maria Montessori, 1870-1952）に注目してみたい。

（一）モンテッソーリ教育学の統治論的文脈

ベームによれば、初期のモンテッソーリが行った研究は、「ほとんどすべてが、国家の福祉（Staatswohlfahrt）に奉仕するために追求されるべき個人と国家と種族の衛生、ということを中心思想としており、一九世紀の「人口学」といわゆる「医療ポリツァイ」の世俗国家的な伝統のなかに位置づけることができる」（Böhm 2010: 30）という。ベームは早くから、モンテッソーリ教育学の起源を単純に「子供の家」での実践に求める通説的解釈に異を唱え、初期の人間学研究に注目することの必要性を強調していた（Böhm 1991（初版は一九六八年））。初期の人間学的研究の集大成と考えられるのが『教育人間学』（Montessori 1910, 1913）である[2]。わが国では山内紀幸の一連の研究が、このベームの指針に沿って初期モンテッソーリに光を当てている（山内一九九八、一九九九b、a、二〇〇一）。

ベームや山内の研究が示したのは、モンテッソーリが構想した「科学的」教育学の背景には一九世紀後半のイタリアで興隆した実証的人間研究の潮流がある、ということであった。この実証的人間研究の潮流を代表するロンブローゾ（Cesare Lombroso, 1835-1909）とセルジ（Giuseppe Sergi, 1841-1936）からモンテッソーリは大きな影響を受けた（Böhm 1991: 50f.）。『教育人間学』の「序論」で、モンテッソーリは、ロンブローゾらが犯罪学の領域で展開した人間学的方法の教育領域への導入について論じている。

全ヨーロッパ的に大きな影響を与えたロンブローゾの犯罪人間学が前提としていたのは、類人猿↓有色人種↓白色人種という進化の階梯であり、そうした進化が頭骨をはじめとする人体の形態学的測定によって実証的に解明できるという想定である（cf. グールド一九八七：一八三―一九一、二〇〇八（上）：二三七―二七一）。犯罪者の多くは形態学的に「退化」の徴候を、つまり類人猿に近い「先祖返り」的な特徴を示す、とロンブローゾは考えた。そしてそこから、改善不可能な「生来の犯罪者」という悪名高いカテゴリーも導き出される。この想定をそのまま延長すれば、そうした「生来の犯罪者」の出現を予防することによる社会浄化、という優生学的な方策も導出可能である。

しかし、モンテッソーリ自身は、犯罪人間学の方法や想定を共有しつつ、優生学的な帰結には直進しなかった。彼女はむしろ「退化の社会的原因」（Montessori 1913: 6=1910: 5）に注目しようとする。モンテッソーリは、ロンブローゾの犯罪学のもう一つの側面、つまり犯罪――後天的要因に起因するような――に関わる統治論的な側面を、選択的に受容したと言えるだろう（cf. 山内一九九八：八五）。彼女が読み取ったロンブローゾ犯罪学の重要な含意は、犯罪を犯罪者個人の責任に帰することをやめ、犯罪への対処を報復という観念から解放することであった。犯罪への対処は、社会的なレベルでの治療と衛生、として構想される。そしてそうした「医療ポリツァイ」的な方策のなかでは、以下の引用にあるとおり教育が中心的な役割を担うことになる。

「われわれは今、道徳的に病んだ人々のための病院の時代、彼らの治療の世紀に生きているのである。われわれは道徳性の勝利に向かう社会運動を開始した。われわれ教育者は、われわれが精神の健康の時代の幕を開けたのだということを忘れてはならない。というのも、私の信じるところでは、われわれ教育者こそ、この新しい治療の真の医師であり看護人であることを運命づけられた者だからである」(Montessori 1913: 8f.=1910: 7)。

教育はこのように、犯罪に典型的に表れるような社会病理をいかに予防・治療するか、という、統治論的な文脈に明確に位置づけられていた。モンテッソーリによれば、教育人間学の目標は「包括的で合理的な衛生（igiene）」(Montessori 1913: 36=1910: 28) にある。したがって教育改革の試みにおいても、以下のように社会防衛の側面が強調されることになる。

「まさに子供時代において将来の反逆者であり社会の敵であることを自ら示しているこうした人々［様々なカテゴリーの異常な子供たち（fanciulli anormali）］は、どういう人間になるだろうか？　ところがわれわれはそうした危険な人々をほとんど完全に放置したままにしている。改革された学校と改革された方法が、社会の防衛（difesa sociale）にとって最も手を届かせる必要のある、まさにそうした人々に手を届かせることに失敗するとしたら、学校とその方法の改良は無益である！」（Montessori 1913: 16=1910: 13）

（二）実証的人間研究の適用――正常性の規準としての「平均人」

統治論的な文脈のなかで教育が有効に機能するために、教育学はまず教育の対象である子供を知ることから始めなければならない。そのためにモンテッソーリが依拠したのが、犯罪人間学をはじめとする実証的人間研究が開発してきた形態学的測定の方法であった。ただし、上にも述べた通りモンテッソーリは測定結果を固定した不動のものとは考えなかった。モンテッソーリによれば、「固定した特性が一般人間学における研究の不可欠の問題を構成するのに対して、変異が教育人間学の探究の最も重要な主題を構成する」（Montessori 1913: 35=1910: 27）。教育人間学は、「変化する特性を手がかりとして、人類と個人の来るべき完成へと向かう道筋を見いだそうと試みる」（ibid.=1910: 28）からである。

固定した特性に注目するにせよ変異に注目するにせよ、形態学的測定の大前提になっているのは外面の優位、つまり〈個々人の異常性・正常性は必然的に外的形態に表れる〉という想定である（cf. Montessori 1913: 343=1910: 302）。したがって、子供を知る、ということもまた、外的・身体的な側面から始められなければならない。「教育人間学において、人間の自然科学的研究が採る方向は圧倒的に身体的なもの」（Montessori 1913: 36=1910: 28）なのである。実際、モンテッソーリは早くから「学校の児童に十分な栄養を与える必要」を指摘」（早田二〇〇三：一一七）していた。「包括的で合理的な衛生」という上述の目標も、決して単なる比喩として理解すべきではない。それは「人間をその身体的な機能において完成させること、あるいは異常で病理的な逸脱へと向かうあらゆる傾向を矯正すること、を目指すもの」（ibid.）だとされる。

教育の領域への形態学的測定法の適用というモンテッソーリの試みは、相対立する方向へと向かうモチーフを内包している。「変異」へと、つまり個々の子供の個別性へと向かうモチーフと、そうした「変異」の正常・異常を判断するためにも必要だとされる一般的な正常性規準の構築へと向かうモチーフ、がそれである。モンテッソーリは、彼女の教育学上の師であったセルジに依拠しつつ、旧来の学校が「子供なるもの」という存在しもしない哲学的抽象」に依拠してきた、と批判する。「この想定された画一性は、……かくも多様な人間の子供たちには存在しえない」（Montessori 1913: 15=1910: 12）。したがって、「教育学の領域においても、自然科学的な方法は、個々の対象の研究へ、個人としての彼らの記述へとわれわれを導かずにはいない」（Montessori 1913: 17=1910: 14）。そして、「もし……子供が教師の目の前に生きた個性として登場することになれば、教師は（これまでとは）まったく別の判断規準を適用するべく強いられることになろう」（Montessori 1913: 18=1910: 15）というのである。

もっとも、こうした個別性へと向かうモチーフ――それは、上の引用にも見られるとおり、教師・生徒関係が問題になるような文脈においてとりわけ明瞭に浮上するのだが――は、『教育人間学』の枠内では一般性へと向かうモチーフと齟齬することなく、むしろ一般性へとなめらかに統合されていく傾向にある。個別的な変異は、一般的な傾向を浮き彫りにするためにこそ収集されデータ化されるからである。『教育人間学』の本論部分を構成するのは、身長、体重、頭骨、胸囲、骨盤、手足、皮膚、といった身体各部位についての形態学的な測定データとその解釈である。そうした個別データは、以下の引用から読み取れるように、もっぱら「正常」な身体発達とは何かを決定し様々な「異常」を特定するために利用されていると言ってよい。

「生きた存在から獲得された測定値やそれに基づいた統計学的・数学的研究は、様々な特性の正常性を次第に決定していく。生物測定学の方法が人間に適用された場合、それは正常な寸法の、したがってまた正常な形態の、決定に至るだろうし、平均人（uomo medio）の再構成へと至るだろう。平均人は、完全に発達をとげた人間（l' uomo a sviluppo perfetto）と見なされねばならない」（Montessori 1913: 454=1910: 393）。

このように、モンテッソーリは「正常性」をケトレー（Adolphe Quételet, 1796-1874）に依拠しつつ「平均人」として具象化した。山内によれば、モンテッソーリのこの「平均人」理論は、ロンブローゾ派人間学の難点を克服することを意図したものであった（山内 一九九八：八三）。ロンブローゾは、当時の実証的人間研究の一般的想定に従って、頭骨の容量の大小を「進化」の中心的指標としていた。ところが、「退化」しているはずの犯罪者のなかにも頭骨の容量の大きい者が少なからず存在する。「平均人」理論は、正規分布曲線の中央に「正常性」の規準を定めることでこうした矛盾を解消しようとしたのである。

注目すべきことに、モンテッソーリは、この「平均人」が単なる数学的な抽象ではないことを強調している。たとえば「平均身長は、大量の人数からとった平均とも合致してはいるが、生物学的に前もって確定された身長であり、その人種の正常な身長」（Montessori 1913: 459=1910: 397）なのである。「平均人」の示す値は、「生きている個々人に、つまりこの特定の値を持つ個々人の集団に、現実に帰属する値」（Montessori 1913: 462=1910: 399）だという。平均人は、上の引用にもあるとおり「完全に発達をとげた人間」の具体像であり、モンテッソーリにとってそれは、「新しい教育がもたらすべき新しい人間」（Böhm 1991: 122）であった。平均人が教育の目指すべき目標像となるのである。このことは、ベームによれば、モンテッソーリに特徴的な「正常化としての教育、つまり正常な発達のための援助としての教育……という理解」(ibid.)にも結びついていくことになる。

平均人を美の理想と結びつけるモンテッソーリの一見奇妙な論理も、平均人の実在性についての論証の一環として捉えれば理解が容易になるだろう。「平均的測定値を数多く持つ人間は目立って容姿端麗(belli)」(Montessori 1913: 463=1910: 400)なのだ。そればかりか、古代彫刻のアポロ像は平均人のプロポーションをまさに体現している。このように、平均的な測定値を体現した形態は、美的な感情や〈美しい〉という印象を現実に人々のなかに引き起こす。とすれば、平均人を単なる抽象としてでなく実在する何かとして捉え、「平均値は……個人のなかに現実に存在している」(Montessori 1913: 464=1910: 402)——たとえ平均人に完璧に合致する現実の個人がどこにも実在しないとしても——と考える十分な理由がある、というわけである。

(三)　統治のなかの、「ケア」としての教育

「正常性」が「平均人」という形で実証的に規定されると、その対立物としての「異常性」も形態学的な「過誤」として特定可能になる。以下の引用は、少し長くなるが、対抗すべき「異常性」がモンテッソーリにおいていかに「平均からの逸脱として捉えられていたかをよく示している。

> 「極端に中心からはずれた過誤は、病気や深刻な社会的欠陥の帰結であり、その結果として、病理的および退化的な奇形(malformazioni patologiche e degeneratice)を含む、正常なものからの本来の意味での逸脱をもたらすことになる。またそれと結びついて、知的な点でも道徳的な点でも極端な個人的退化をもたらすことになる。／中心近くの過誤や奇形もすべて、人間の完成を遅らせる物理的な重荷である。[人種間の]混血が場

合によっては完璧な美をもたらすことがあるとしても、人種の特性に過誤が積み重なれば、そこへの到達は大いに遅れることになる。そのような過誤は、こうした言い方が許されるとすれば、自由な上昇を妨害する重いバラストなのである。／したがって、長く待ち望まれた社会進歩が次第次第に「人類の友愛」を実現することになるとしても、社会進歩が最善の手段の調達にもつながるとは限らない。／ある種の過誤については、人間性への途上でどうしても面と向かって対抗する必要が出てくる。」(Montessori 1913: 471f.=1910: 407f.)

『教育人間学』のモンテッソーリにとって、教育とは何よりも、懸念される過誤に対してこのように積極的に対抗するための手段であった。形態学的な過誤は、人種間の結婚――混血による人種的特殊性の希薄化が文明化の指標になるとモンテッソーリは見ていた (Montessori 1913: 466ff.=1910: 403ff.) ――や社会改革によって結果的に解消されるのを待つだけでなく、それと「積極的に闘う」ことも可能である。そして「この点で教育は文明化にとって計り知れないほど重要な責務を負っている」(Montessori 1913: 472=1910: 408)。――この教育特有の責務が「治療」ないし「衛生」として捉えられていたことは上に見たとおりである。

治療・衛生としての教育把握は、従来はせいぜい教育の背景として視野の片隅に入っていたにすぎない要因を教育に関する考察の中心部分に引き込むことになった。その第一のものは遺伝的要因であり、第二のものは社会的・家庭環境的要因である。『教育人間学』の第9章で、モンテッソーリは、収集された経験的データを個々の生徒の「生活記録」(storia biografica) としてまとめる手法について論じている。生活記録には、検査・測定によって得られたデータの他、家族歴と観察記録が含まれるべきだとモンテッソーリは言う。後二者はいずれも個々人を条件づけている要因の記述であるが、家族歴は遺伝的要因の、観察記録は社会的・家庭環境的要因の解明に関わると言えるだろう。

家族歴の調査は、モンテッソーリ自身が紹介しているとおり（Montessori 1913: 411f.=1910: 360）、ロンブローゾの犯罪人間学においても駆使された――そして「生来の犯罪者」の割り出しに一役買った――方法である。モンテッソーリによれば、この家族歴の解明が、形態学的な検査・測定と並んで、生活記録に対する人間学独自の貢献をなす。

もっとも、モンテッソーリの場合、遺伝的要因の解明は、犯罪人間学の受容の場合と同様、個々人の免責に結びつけられる傾向にあり、この点で社会的・家族的要因の解明と融合する。自らの調査研究に関わって彼女が強調しているのは、学校における生徒の成績がいかに彼らの外的環境に左右されているか、ということである。成績最下位層の子供たちは、一部屋に何人もの人間がざこ寝するような家に住み、弁当も持たずに家を出、学校が終われば空腹をかかえて街路をうろつくことになる。これに対して成績最上位層の子供たちは、快適で衛生的な環境の住居から栄養たっぷりの弁当を持たされて学校に来、「学校が終われば、食事と世話と団欒が待っていることが約束された家庭に帰って行く」（Montessori 1913: 418=1910: 365）。――こうした格差は、その原因を探れば、家族歴に見られる遺伝的素因の違いに帰着するのかもしれない、とモンテッソーリは言う。しかしそれは彼ら子供たちの責任ではない。ここから教師がなすべきことも明らかになる。

「教師の先を見通した仕事はここから始まる。教師は、幸運な原因の所産である生徒を讃えるのでも、自らの過ちではない運命によって重大な負担を負わされた不幸な生徒を責めるのでもない。教師は、思いやりに満ちた賢明な世話（cure）をすべての生徒に与えるのである。そうした世話は、「救われざる者」を矯正・改善し、それによって彼らを「選ばれし者」のレベルにまで高めることを目指す」（ibid.）。

モンテッソーリが構想する治療・衛生としての教育は、居住環境や栄養状態までをも含めた健全な発達のための条件整備に向けられることになろう。山内が指摘しているように、「初期の彼女の「教育」の概念は、私達が通常イメージする「教育」ではなく、衛生学・医学的意味での「治療」「訓練」「改良」により近い概念」(山内 一九九八：八七)だったと考えられる。個別性へと向かうモチーフと一般性へと向かうモチーフが齟齬を見せなかったのはおそらくこのためである。教師が「思いやりに満ちた賢明な世話」をすべての生徒に与える学校。それを現代風に「〈ケア〉する学校」――マーティン『スクールホーム』の邦訳副題――と呼ぶことも可能であろう(cf. 米津 二〇一〇)。しかしその〈ケア〉は、「異常性」の抑止を通しての社会防衛、という「医療ポリツァイ」的な枠組みのなかにしっかりと組み込まれていたのである。

四　福祉からの教育の分出――モンテッソーリに即して(二)

(一)　個別性／一般性問題の「潜在性」次元への解消

『教育人間学』においては目立たなかった一般性と個別性の間の齟齬は、「子供の家」での実践に基づく『幼児教育に適用された科学的教育学の方法』(Montessori 1909)――英訳題名の『モンテッソーリ・メソッド』(Montessori 1964)として全世界に広まった――において表面化する。先に見たように、『教育人間学』でも、モンテッソーリは、セルジの衣鉢を継いで子供を抽象的にではなく生きている個人として捉えるべきことを主張していた。しかしそこでは、子供の個別性は、平均人が具現している正常性からの逸脱の指標として、言わばネガティヴに捉えられた。ところが、『科学的教育学の方法』において、子供の個別性は以下の引用に見られるように教育の不可欠の契機として積極的に捉え直されることになる（『教育人間学』と『科学的教育学の方法』の先後関係については註2を参照してほしい）。

「子供の生命は何らかの抽象ではない。それは個々の子供の生命である。そこに存在しているのは、生きている個人という一つのリアルな生物学的発露のみである。個別的に観察された単独の個人に、教育は向かわなければならない。教育は、子供の生命の正常な拡大に対して与えられる積極的な援助として理解されなければならない。」（Montessori 1964: 104=1974: 85; cf. Montessori 1909: 75f.）

しかも、この「生きている個人」の、自由を尊重することがモンテッソーリの教育法の大原則であった。「教育的行為（un atto educativo）が効果的」であるためには、「自発的な運動を制止したり他律的な作業によって行為を強制したりすることを厳に慎むことが必要」（Montessori 1964: 88=1974: 72; cf. Montessori 1909: 64）だとモンテッソーリは言う。これに対して、『教育人間学』のモンテッソーリに従えば、正規分布の中央を占めるような平均人を形成することが教育の目標なのであった。ここには明らかに齟齬があるように見える。齟齬は、「教育的行為」を問題にするような行為論の平面上ではじめて浮上する、と言えるだろう。認識論の平面上では──『教育人間学』の第一の課題は〈子供を知ること〉にあった──個別的データに立脚して一般的な言明を行うことに何ら不都合な点はない。ところが、何を目指して働きかけるのか、という教育の作用が問題になったとき、「平均人」の一般性と「生きている個人」の個別性との間に亀裂が入るように見えるのである。

もっとも、この齟齬ないし亀裂は、実は『科学的教育学の方法』においても難なく架橋されていた。架橋を可能にしたのは「潜在性」(potenzialità) の概念である[3]。この概念が重要な意味を獲得することで、外面の優位という形態学的想定は実質的な意味を失うことになろう。いずれは外面へと顕在化するとしても今はそうなっていない〈内〉なるものとして潜在性が想定され、独自の次元として自立化するからである。

> 「子供は、成長する身体であり発達する精神である。――これら二つの形態、つまり身体的形態と心的形態は、一つの永遠の泉を持つ。つまり生命そのもの、である。われわれは、成長のこれら二形態に内在する神秘的な潜在性 (potenzialità misteriose) を傷つけても圧迫してもならないのであって、それが順次発露してくるのを待っている必要がある。」(Montessori 1964: 104f.=1974: 85; cf. Montessori 1909: 76)

こうした「潜在性」の次元を考慮するなら、教育的行為において「平均人」の一般性に目標を置くのか、それとも「生きている個人」の個別性を尊重するのか、という問いはさしたる重要性を持たない。そうした教える側の意図以前に、子供のなかに想定された潜在性はそれ独自の法則性に従って「発露」してくるものと考えられるからである。ベームによれば、「子供の発達は内的な法則性によって命じられており、大人が直接影響を行使できるものではない」(Böhm 1991: 178f.) というのがモンテッソーリの基本的な確信であった。その背後には、人間の成長・発達が、したがってまた人格が、基本的に遺伝によって決定されるという、今日の遺伝子決定論にも通じるような強固な決定論があった。『教育人間学』でモンテッソーリは以下のように述べていた(ここにすでに「潜在性」概念が顔をのぞかせている)。

> 「適切な栄養は成長を助けるし、合理的な訓練も同様である。しかし、潜在的な原因 (causa potenziale) とし

てこれらすべての基盤にあるのは、生物学的な要因であり、それが、神秘的な仕方で、ある特定の宿命をそれぞれの個人に指定している。」(Montessori 1913: 255=Montessori 1910: 217)

この確信は教育を主に行為論の平面で問題にする『科学的教育学の方法』においてもまったく変わらない。こうした確信の帰結として、教育を含む環境要因は、以下の引用にもあるように、せいぜい二次的な意味しかもたないものとして位置づけられることになる。

> 「環境は明らかに生命という現象における**二次的な**要素である。それは、助けたり妨げたりすることができる以上、修正することはできる。しかしそれは決して**創造**することはできない。……発達の起源は、系統発生に関しても個体発生においても、**内在的なものである**。子供は、栄養を与えられる**がゆえに**、呼吸する**がゆえに**、彼に適する温度条件に置かれる**がゆえに**、成長するのではない。その子供に内在する潜在的生命(la vita potenziale)が自らを展開させ目に見えるものにするがゆえに成長するのだし、その子供の生命がそこに由来する受精した胚が、遺伝によって決定された生物学的運命に従って自らを発達させるがゆえに成長するのである。」(Montessori 1964: 105=1974: 85; cf. Montessori 1909: 76)

(二)「潜在性」の教育可能性への転換——教具の導入

「潜在性」概念は、個別性と一般性の間を架橋し教育的行為を分裂から救う。しかし同時に教育を「医療ポリツァイ」的な意味での福祉の枠内に押しとどめることにもなる。教育的行為の役割は、潜在性がその遺伝的「運命」にしたがって発現してくるのを単に見守ること、あるいは、学校での食事の提供であれ貧困家庭の親の指導であれ、健全な発達のための外的条件の整備に努めることにある、ということになるからである。教育の役割は、あらかじめ存在する子供の潜在性を前提として、それにふさわしい環境を配慮することに求められることになろう。潜在性の次元そのものは、そこでは教育的行為の射程には入ってこない。『教育人間学』におけるモンテッソーリは、おおむねこうした立場に立っていたと言える。したがってそこでは、子供の形態学的な測定とその解釈にこの大部分が費やされていた。そしてこの〈子供を知る〉という認識論の平面での議論が、「社会の敵」を野放しにしている劣悪な社会環境の改善――それはまさに上に述べた意味での治療・衛生としての「教育」にぴったりと重なるものである――という統治論的・政策論的な議論に直接接続されていたのである。

『科学的教育学の方法』におけるモンテッソーリの教育論は、しかし、こうした子供の福祉（well-being）の条件整備としての教育理解を、越え出る要素を含み持っている。モンテッソーリはそこで、「実験教育学に特有の方法を打ち立てること」の必要性を強調している。「それは他の実験諸科学（衛生学や人間学や心理学）で使われているのと同じ方法ではありえない」（Montessori 1964: 30=1974: 29; cf. Montessori 1909: 26）。『教育人間学』でも、すでに見たとおり、モンテッソーリは教育学に特有の視点――「固定した特性」よりも「変異」に着目すること――があることを強調していた。しかし『科学的教育学の方法』において問題になるのは、そうした認識論の平面上での相違ではない。むしろ、認識という平面を越えた「教育的行為」の構造のなかに、彼女は教育学の「特有の方法」の準拠点を探ろうとしているように思われる。以下の一節は、モンテッソーリにおけるそうした認識論と行為論の間の段差をよく示している。

> 「教育学は、心理測定から便益を得てはいるが、感覚を測定することではなく感覚を教育することを使命とする。これは容易に理解される点であるが、しばしば混同されてしまう。感覚測定の方法は幼い子供たちにそれほど大幅に適用することはできないが、感覚の教育は十分に可能である。／われわれは実験心理学の結論を出発点とするのではない。つまり、どのような教育的適用を行うかについてのわれわれの決定を導くのは、子供の年齢から見た平均的な感覚状態についての知識ではない。われわれは基本的に方法から出発する。そのように理解された教育学から心理学が心理学なりの帰結を引き出すことはありうる。しかしその逆は真ではない。」(Montessori 1964: 167=1974: 133; cf. Montessori 1909: 131)

モンテッソーリはここで、行為論の平面を認識論の平面に先立つものとして設定していると言えるだろう。まず「教育的適用」があり――「方法から出発する」とはそのような意味であろう――、それによって心理学が対象とするような子供の「平均的な感覚状態」なるものも構築されるのである。こうした前後関係は感覚測定と感覚教育の前後関係に象徴的に表れている。まだ測定が不可能な子供の感覚を、教育することは可能なのである。つまり認識の手が届かない何かに、教育は探りを入れ介入することができる。そしてこのような介入が、(たとえば心理学の)認識対象とされるものを不断に産出しているわけである。

このような対象構築的な教育的介入を「方法」化し意図的に制御可能にするものとして構想されたのが教具であった。よく知られているように、モンテッソーリは、知的障害児を対象としてイタール(Jean Marc Gaspard Itard, 1775-1838)やセガン(Édouard Séguin, 1812-1880)が開発した教具から多くを学んでいる。イタールやセガンの教具がそうであったように、モンテッソーリの教具も、「測定」と「教育」の境界線上に位置している。起源をたどればド・レペ（C. M. de l'Epee, 1712-1789）に由来し、イタールとセガンからモンテッソーリが受け継いだ図形はめ込み板を想起してみよう。それは子供の図形認知の測定具としても、図形認知を教える教具としても利用可能である。ヴィクトールを相手にしていたときのイタールにとってこの両者はほとんど区別されていなかったに違いない。ところがモンテッソーリは測定具と教具の違いを強調する。この両者は、たしかにモノとして見れば同一物であることが大いにありうる。しかし――

> 「二つの用具の重要な相違は次の点にある。感覚測定具は測定するという可能性をそれ自身のうちに宿している。反対に私の教具は測定の余地を与えないこともしばしばであり、子供に感覚練習をさせるために用いられる。器具がそのような教育的な目標を達成するためには、それが子供を退屈させるのでなく楽しませることが必要である。ここに教具を選択する難しさがある。心理測定具が巨大なエネルギー消尽器であることは良く知られている――ピッツォーリが心理測定具を感覚教育に適用しようとした時もこうした理由でうまく行かなかった。子供が測定具を嫌がり困憊してしまったからである。これとは逆に、教育の目的はエネルギーを発達させることである。」（Montessori 1964: 168=1974: 134; cf. Montessori 1909: 132）

モンテッソーリが教具によって手を届かせようとしている対象を、われわれは「潜在性」の概念に重ねて考えることができるだろう。教具ならざる測定具は、子供を疲労困憊させ、潜在性は現実態《エネルゲイア》へと発露することなく終わる。これに対して教具は、子供を楽しませ活動させることで、潜在性を「エネルギー」として発露させる。このような顕在化が、潜在性へと介入するための手がかりを教育者に提供することになる。もちろん、このことで潜在性が完全に操作可能になるわけではない。また、外面の優位が崩れ潜在性の次元が自立化している以上、どれほど詳細に形態学的測定を行ったとしても、潜在性の次元が明るみに出るわけでもない。それはいつでも「神秘的」な暗闇のなかにとどまるだろう。しかし、教具という手がかりを得ることで、潜在性の次元は介入可能・形成可能な何ものかへと転換することになるのである。

この転換によって潜在性に取って代わる〈何ものか〉を、「教育可能性」(plasticity, Bildsamkeit) という概念で捉えることができるかもしれない。現代ドイツの教育学者モレンハウアーによれば、「科学が信頼のおける経験的知識を産出しようと努めている、それと同じ精神にのっとって教育可能性とは何であるかを「知る」のは、不可能」(Mollenhauer 1983: 80=1987: 95) だという。教育可能性は、「言い表しえぬものを作りうるものにすること (das Unsagbare machbar machen)」(ibid.: 89=1987: 108) によって立ち現れる。つまり、そこへと実践的に探りを入れることによってはじめて、それは把握可能な〈何ものか〉として現れてくるのである。モンテッソーリは、教具の介在によって、そうした意味での「教育可能性」へと潜在性を転換させようとしたのだと言えるだろう。以下の引用にある時計の比喩は、この転換を含蓄深い形で表現しているように思われる。

「子供を時計になぞらえるなら、旧式のやり方は、時計の歯車を停止させ、文字盤上をわれわれが指で針を押して動かすのとほとんど同じだと言える。針は、われわれが指でもって必要な推進力を与えている間だけ文字盤上を回り続けるだろう。……新しい方法は、これとは違って、ねじを巻く過程にたとえることができる。この過程が機械装置全体を動かすのである。／この動きは機械装置と直接的に関係しているが、ねじを巻くという仕事とは直接的な関係はない。同様に、子供の内発的な心的発達は終点を特定することなく続く。また、この心的発達は子供自身の心的潜在性（potenzialità psichica）と直接的に関係しているが、教師の仕事とは直接的な関係はない。」（Montessori 1964: 229f.=1974: 184f.; cf. Montessori 1909: 181）

教師の仕事は、結果としての子供の行動を目当てとするのではなく、子供の行動として発露してくるはずの「心的潜在性」の次元を目当てとするのである[4]。こうした潜在性の次元へと教育的行為の作用を届かせ、そのことによって潜在性を教育可能性へと転換させるための装置が、教師と子供の間、子供と世界の間に挿入されるメディアとしての教具であったと考えられる。

五　まとめと展望――教育を経験可能にする概念へ

福祉の領域と融合した状態から「教育」がどのように分出してくるか、その、歴史的と言うよりは構造的なプロセスを示す典型的な事例として、モンテッソーリの場合を捉えることができるように思う。

初期の実証的人間研究に立脚する『教育人間学』において、教育は「社会保障」の意味での福祉の枠内に収まっていた。『教育人間学』のモンテッソーリは、子供が「社会の敵」へと成長するというリスク――子供自身にとっての、また社会全体にとっての――を、極小化することを目論んでいた。そのために彼女は、外面の優位を前提として個別的変異の形態学的測定を行い、「平均人」に体現される「正常性」の確定を試みた。犯罪をはじめとする正常性からの逸脱は、個人への帰責によってではなく、逸脱の真の原因に遡及できる社会的で合理的な治療・衛生によって対抗すべき問題となる。教育はそうした治療・衛生の一環であり、恵まれない境遇にある子供にこそ提供されるべき「世話」として理解される。

これに対して、「子供の家」での実践を基盤とした『科学的教育学の方法』では、リスクの低減、そのための条件整備という社会保障的な構図の枠内に教育は収まらなくなる。もっとも、そこでは正常性（一般性）と変異（個別性）との間の齟齬が表面化するものの、この齟齬は「潜在性」概念によって架橋されていた。潜在性はあらかじめ遺伝的に決定されており、それが十全に発露するための条件整備に教育の役割は限定される。このように理解される限り、教育は『教育人間学』におけるのと同様、福祉の枠内に収まる。

ところが、『科学的教育学の方法』には、こうした福祉としての教育の枠を越え出るような契機も埋め込まれていた。潜在性の想定によって外面の優位が崩れ、事実上認識不可能となったその潜在性の領域に、モンテッソーリは行為論のレベルで探りを入れようとするからである。探りを入れるために導入されるのが教具である。教具は、一旦は〈内〉へと沈み込んだ潜在性をエネルギーとして発露させるはずであり、潜在性はこの発露した部分を手がかりにして「作りうる」対象へと引き上げられる。この「作りうる」次元にまで浮上した潜在性を、われわれは「教育可能性」の概念に重ねることができる。

教具という視点から見ると、教育は、潜在性を教育可能性へと転換するコミュニケーションとして現れる。こうして教育は、社会保障的な構図の枠を、言わば垂直方向に突き破ることになる。外側から俯瞰すれば、「子供の家」で行われていることは依然として「世話」であり、福祉の一環であるかもしれないし、当事者によってもそのように理解されているかもしれない（そしてそのことに何ら不都合な点はない）。しかしそこで行われているコミュニケーションの内部構造に着目すれば、潜在性と教育可能性をめぐる上述のような独特の構造が見出されるに違いない。

「教育」はこのように、領域的にではなく、また当事者の意図によってでもなく、コミュニケーションのある種の構造ないしパターンとして特定されるように思われる。

同時に、教具というメディアに着目することで、今ある教育概念を相対化する視点も浮上してくる。教具は、潜在性をエネルギーとして発露させ、そのことを通して「教育可能性」という〈内〉をその認識に先立って構築する。教具が〈間にあるもの〉、つまりメディアとして作用することで〈内〉と〈外〉とが区分され、同時にその〈内〉なる教育可能性に働きかける〈外〉からの作用――たとえば、〈内〉なる可能性を〈外〉へと引き出す作用――として「教育」が概念化されることになる。こうして、今ある教育概念の存立構造――〈内／外〉図式に立脚するような教育概念がいかにして成立可能になっているのか――があらわになる。比喩的に言えば、これまではまったく「自然」なものとして映っていた風景が、人工的に構築されたものであるかのように異化されるのである。

以上のように見れば、「メディア」は、教育を経験可能にするための概念、として現れてくるだろう。今ある教育概念を「分析」したり、あるいは価値的に賞讃もしくは貶価したりするだけなら、それは自己の願望を概念というスクリーンに投射するに等しい。われわれの視界は今ある概念に閉じ込められたままである。概念に変更を迫るような本来の意味での経験（cf. Benjamin 1980（1939））への通路は、実のところ遮断されたままなのである。「メディア」という視点をとることで、今ある教育概念の言わば骨格をあらわにし、そこに映る風景を異化することが可能になる。このようにして、メディア概念は、教育概念の皮膜を破って教育という対象を経験可能にするための通路を開くことになる。もちろん、「メディア」は、数多くあるはずの通路の一つにすぎない。たとえば矢野智司氏が教育学的概念として練り上げた「贈与」はそうした通路の一つとなるに違いない（矢野二〇〇八）。哲学の使命が概念の創出にあり、教育哲学の使命が教育（に関わる諸）概念の創出にあるとすれば、なおのこと、われわれは教育の概念に問いを向けるのではなく、教育を経験可能にする概念の探索に向かうべきであろう。そうした迂回路を経ることではじめて、われわれは教育という対象に触れることができるのである。

註

1 社会保障（social security）を〈疾病、失業、心身の障害、老化等、個人的なものと考えられるリスク対して社会的に備えるためのしくみ〉、社会福祉（social welfare）を、〈支援なしには通常の生活が困難な人々（病者、経済的困窮者、障害者、高齢者等）に対して、通常の生活を可能にするために与えられる社会的支援〉と捉えておきたい。社会福祉は、社会保障が想定するリスクが現実化した場合に発動される支援であり、社会保障の下位区分として理解することができる。

2 『教育人間学』は、のちに検討する『科学的教育学の方法』（一九〇九年刊）の一年後の一九一〇年に刊行されている。しかしその内容は一九〇四年から〇八年まで彼女がローマ大学で行った身体人類学の講義をもとにしたものであり、「子供の家」での経験に先立つモンテッソーリの初期の思想をそこに読み取ることができる［早田 二〇〇三：一〇五］。本稿では、『教育人間学』に即して初期の思想を再構成し、『科学的教育学の方法』に即して初期思想からの変化を跡付けることにしたい。

3 世界的に流布した英訳本では、"potenzialità" は文脈に応じて "power" と訳されたり "potentiality" と訳されたりして――英訳版を底本とする日本語訳も当然ながらこれに従っている（「力」「可能性」）――モンテッソーリの用語法の統一性は失われている［cf. Montessori 1964: 105, 230 = 1974: 85, 184］。

4 ここで想起されるのはウィトゲンシュタインの教育論である。私の見立てでは［cf. 今井 二〇〇六］、ウィトゲンシュタインは潜在性の次元を徹底的に解体した――そしてそれは哲学的には首尾一貫したことであった――が、そのことによって、教育的行為を〈時計の針を手で動かす〉ことに限定せざるをえないというジレンマに陥ったのであった。AがBに十進法の数列を教える、という場面がはらむ問題をウィトゲンシュタインは以下のように記述している。「どのようにして彼はこの［十進法］体系を理解することを学ぶのか。［…］われわれはおそらく最初0から9までの数列を書きとらせる際、彼の手をとって導いてやる。しかしその後、了解の可能性は、彼がいまや自分で書き続けていけるかどうかに依存している」［Wittgenstein 1988: §143］。――時計の針を手で動かすように「手をとって導いてやる」という事態と、「自分で書き続けていける」という事態の間に断絶が生じ、この断絶の架橋が哲学的な難問として浮かび上がるのである。

参考文献

Benjamin, Walter. 1980（1939）. Über einige Motive bei Baudelaire, *Gesammelte Schriften*, Vol. 1 Frankfurt a.M.: Suhrkamp, 605-653.（「ボードレールにおけるいくつかのモチーフについて」久保哲司訳『ベンヤミン・コレクション』1、筑摩書房、一九九六、四一七—四八八頁）

Böhm, Winfried. 1991. *Maria Montessori. Hintergrund und Prinzipien ihres pädagogischen Denkens*, Bad Heilbrunn: Klinkhardt.

Böhm, Winfried. 2010. *Maria Montessori. Einführung mit zentalen Texten*, Paderborn: Schöningh.

Lichtenstein, Ernst. 1966. *Zur Entwicklung des Bildungsbegriffs von Meister Eckhart bis Hegel*, Heidelberg: Quelle & Meyer.

Mollenhauer, Klaus. 1983. *Vergessene Zusammenhänge. Über Kultur und Erziehung*, München: Juventa（『忘れられた連関——〈教える——学ぶ〉とは何か』、今井康雄、みすず書房、一九八七

Montessori, Maria. 1909. *Il Metodo della pedagogia scientifica applicato all'educazione infantile nelle Case dei Bambini*, Roma: Max Bretschneider.

Montessori, Maria. 1910. *Antropologia pedagogica*, Milano.

Montessori, Maria. 1913. *Pedagogical Anthropology*, Translated by Frederic Taber Cooper, London: William Heinemann.

Montessori, Maria. 1964. *The Montessori Method*, New York: Schocken（『モンテッソーリ・メソッド』阿部真美子／白川蓉子訳、明治図書、一九七四）

Peters, Richard Stanley. 1967. *The Concept of Education*, London: Routledge.

Rauhut, Franz / Schaarschmidt, Ilse. 1965. *Beiträge zur Geschichte des Bildungsbegriffs*, Weinheim, Beltz.

Scheffler, Israel. 1966. *The Language of Education*, Springfield: Charles C. Thomas（『教育のことば——その哲学的分析』村井実監訳、東洋館出版、一九八一）

Wittgenstein, Ludwig. 1988. Philosophische Untersuchungen, *Werkausgabe*, Vol. 1 Frankfurt a.M.: Suhrkamp, 225-560.（『ウィトゲンシュタイン全集』8、藤本隆志訳、大修館書店、一九七六）

今井康雄　二〇〇六「情報化時代の力の行方——ウィトゲンシュタインの後期哲学をてがかりとして」『教育学研究』、73（2）、九八—一〇九頁

今井康雄　二〇〇八「教育において「伝達」とは何か」『教育哲学研究』、（97）、一二四—一四八頁

エスピン-アンデルセン、二〇〇一『福祉国家の可能性――改革の戦略と理論的基礎』渡辺雅男／渡辺景子訳、桜井書店
堅田香緒里／山森亮　二〇〇六「分類の拒否――「自立支援」でなく、ベーシック・インカムを」『現代思想』、34(14)、八六―九九頁
グールド　一九八七『系統発生と個体発生――進化の観念史と発生学の最前線』仁木帝都／渡辺政隆訳、工作舎
グールド　二〇〇八『人間の測りまちがい』鈴木善次／森脇靖子訳、河出書房
河野哲也　二〇一一『道徳を問い直す――リベラリズムと教育のゆくえ』筑摩書房
白水浩信　二〇一一「教育・福祉・統治性――能力言説から養生へ」『教育学研究』、78(2)、一六二―一七三頁
早田由美子　二〇〇三『モンテッソーリ教育思想の形成過程：「知的生命」の援助をめぐって』勁草書房
広井良典　二〇〇六『持続可能な福祉社会――「もうひとつの日本」の構想』筑摩書房
フーコー　二〇〇七『安全・領土・人口――コレージュ・ド・フランス講義1977-78年度』高桑和巳訳、『ミシェル・フーコー講義集成VII』筑摩書房
マーティン　二〇〇七『スクールホーム――〈ケア〉する学校』生田久美子監訳、東京大学出版会
宮本太郎　二〇〇九「ポスト福祉国家のガバナンス新しい政治対抗」『思想』、(983)、二七―四七頁
村井実　二〇〇八「「教育」ということばとその「定義」の問題」『教育哲学研究』、(97)、二九―三四頁
矢野智司　二〇〇八『贈与と交換の教育学――漱石、賢治と純粋贈与のレッスン』東京大学出版会
山内紀幸　一九九八「モンテッソーリにおける「子ども」――19-20世紀転換期の優生学的な知のなかで」『教育哲学研究』、(77)、七八―九一頁
山内紀幸　一九九九a「モンテッソーリによる「新しい女性」の創造――拡大された母胎イメージと教育概念」『教育哲学研究』、(80)、一―一七頁
山内紀幸　一九九九b「「自由から規律が生まれる」という物語――「モンテッソーリ・メソッド」の成立過程の分析から」『近代教育フォーラム』、(8)、一七五―一八六頁
山内紀幸　二〇〇一「新教育における反復説受容――モンテッソーリの提起した教育学的な地平」『モンテッソーリ教育』、(34)、六〇―六七頁
米津美香　二〇一〇「モンテッソーリ教育における「子どもの家」と人間形成――ケア論の視点から」『モンテッソーリ教育』、(43)、九一―一〇一頁

第2部　歴史を捉え未来を展望する教育哲学

第4章　日本の教育思想における世界市民形成の水脈
――世界市民形成論序説

矢野智司

一　グローバリゼーション時代における世界市民という課題

ソ連邦が崩壊し、冷戦の終了により急速に進展した経済のグローバリゼーションによって、教育も国民教育という立場ではなく、また国民教育を前提とした国際化時代の教育でもない、新たな次元の課題に直面している。国際化時代には、自分たちが帰属する国家から他国との関係を考える国際関係という立場にとどまっており、どこまでも自国中心主義の思考法を超えることはできなかった。そのため国際化時代の教育は、外国語の習得や海外文化の理解、国際社会で活躍できる人物の育成、といった国民教育の延長線上での議論にとどまっていた。現在進行中のグローバリゼーションは、そのような自国中心主義の思考法を根本的に変革させる次元の転換契機を孕んでいる。それというのも、グローバリゼーションは、この惑星球面上のすべての地域を相互に結びつけ、〈世界〉という一つの巨大な複合的ネットワークに変えることで、情報や商品や資本や人を高速度・高密度で流通させる一方、世界規模での戦争破壊やテロの蔓延、金融危機、パンデミック、そして取り返しのつかないレベルに近づきつつある環境破壊をもたらしてもいるからである。グローバリゼーションによってもたらされた問題群は、相互に複雑に絡みあっており、どれほど巨大な経済力や強力な軍事力をもとうとも、もはや一国家の単独の力によっては解決不可能な問題ばかりである。黙示録的な世界の終焉は、映画では繰り返される陳腐な主題にすぎないが、まぎれもなくいまここに起こりうる現実の事態でもある。

しかし、〈世界〉が臨界期に達した危機の出現は、〈世界史〉として新たな人類の次元を開く可能性でもありうる。カントは人間の「非社交的社交性」によって駆動された戦争が、法を生みだし、国家を誕生させ、国際秩序を生みだしていくといったように、意図せずして人類の永遠平和のための条件を歴史を通して生みだしていくと考えたが、経済のグローバリゼーションの深化によってもたらされる厄災の現実化は、ナショナルな思考の限界点を超えた地球的思考の必要性と可能性とを開いていくと言える。地球規模での厄災への危惧を人類が共有することとなり、「世界市民」という古くて新しい倫理的政治的な生き方が不可欠となるだけでなく、地球市民形成の現実的条件が熟成し、その必要性への認識も急速に高まりつつある。これがグローバリゼーションによって出現した新たな次元の教育現実であり教育課題であるといえる。

世界市民主義は古代ギリシアの思想家ディオゲネスがその始まりとされる。自らを「犬」であると公言し、負い目をもつことなく施しを受ける者として生きることで共同体の掟である贈与交換を拒否し、偽金造りに関係することで市場交換を破壊しようとしたディオゲネスは、世界ではじめて「世界市民」を名乗り、固有の共同体に属することなく共同体の外部に立ち、どこまでも世界市民たろうとした人であった（Diogenis 1964）。多くの逸話が残されているが、アレクサンダー大王との対面の話は、それが後世に作られたフィクションであろうとなかろうと、ディオゲネスという人物が「個人」として立つことで世界市民であったことを鮮やかに描いている。日向ぼっこをしていたディオゲネスの前に立ち、アレクサンダー大王が「何なりと望むものを申してみよ」と問うた問いは、大王という身分に立って発せられたものだが、「どうかわたしを日陰におかないでいただきたい」というディオゲネスの答えは、帝国を支配する大王も日陰を作るだけの同じ一人の人間と認め、アレクサンダーという個人に求めうることを求めた返答である。ここにいるのは世俗的な欲望を放棄した痩せた修行者ではなく、身分の差異などに顧慮することなく徹底して個人として生きることで、相手がどのような存在であろうと分け隔てすることなく一人の個人として向かい合う、至高性を生きる世界市民である。つまり逆説的なことであるが、たとえ人類の共同体（世界国家）が現実には存在しなくても、固有の共同体に帰属することなく、どこまでも個人であることに徹して生きることによって、ディオゲネスは個や民族の境界を超えて人類普遍の立場に立つことができたのである。

デリダは、世界市民主義の淵源として、ヘレニズム時代（グローバリゼーションの時代）に生まれたストア主義とパウロ的キリスト教の二つをあげている。この二つの古代思想は、世界市民主義の淵源であると同時に、今日の個人主義の淵源でもある。個人主義が思想として誕生するためには、共同体に至上の価値を見いだすホーリズムの立場から転回して、個人のうちに個を超えた普遍的な人格の尊厳を見いだす契機がなくてはならないが、古代西欧においてこの転回を見いだしたのもこの二つの思想であった（作田 一九九六）。つまり世界市民主義の思想は、共同体の原理とではなく、個人主義と根底においてつながっているのである。比類なき個人としての人格の尊厳が、個体のさまざまな差異を超えて、等しく価値あるものと見なすこととなり、同胞として連帯しえると考えたのである。だからこそ人間に普遍的に分かちもたれていると考えられる人格性に根拠を置き、その人格性を育もうと意図する「人間の教育」は、そのことに自覚的であろうとなかろうと、その教育目的のなかには個人を育てる教育の論理と共に、原理的に人類の教育、つまり世界市民形成へとつながる論理を内蔵していた。

古代より世界市民は「個人」の誕生とともに現れ、「個人」と「共同体（ポリス）」と「人類」という三つの異なる原理の関係のなかで論じられてきたが、近代になるとこの個人と人類の中間に位置する共同体が「国家（国民国家）」として、日常の生活世界においても哲学思想の領域においても大きな比重をもつようになる。本論は「序論」というその限定的タイトルが示すように、直ちに世界市民形成論を論じるものではない。まず近代の世界市民論を捉える上で骨格の原理となる個－国家（特殊）－人類（普遍）、そして個人－国民－世界市民の三項からなる構造を、ルソーとカントを取りあげることで明らかにする。そして、この予備的考察を基に、京都学派の教育学者木村素衞を中心に、日本の教育思想における世界市民教育学の思想史的整理をすることで、従来の教育思想史研究では表面に浮かびあがることのなかった、戦前・戦後に連続する日本の教育空間における世界市民形成理論の隠れた水脈を描きだす。この作業を通して、今日の日本の教育空間における世界市民形成論の課題と可能性とを明らかにし、来たるべき世界市民形成論の基本的枠組みを探究する。

二　祖国愛か人類愛かというアポリア――ルソーからカントへ

（一）ルソーにおける祖国愛と人類愛のアポリア

近代の教育思想において人類愛を祖国愛・自己愛との関連で正面から捉えた重要な著作は、ルソーの『エミール』（一七六二）である。冒頭の箇所で、作者は今日教育とは市民をつくることなのか、あるいは人間をつくるのかと自問する。シンプルに単純化すると、「市民」とは社会契約に従って共同体に対して一切の権利とともに自己を全面的に委譲し、その一般意志に要請される義務を生きる者たちのことであり、「人間（自然人）」とは、このような社会生活以前において人間の義務を生きる者たちのことである。前者は祖国愛を基調とし、後者は自己愛を基調として生きている。ルソーにとって両者は共に評価に値するものである。しかし、祖国のないところに市民の教育はありえず、ルソーにとって祖国は失われているので、人間をつくるという選択から教育についての考察は開始される。

ルソーは終生にわたり、祖国愛と人類愛との間を揺れ動きながら、両者の正しい関係について考えをめぐらせた。初期の著作である『人間不平等起源論』（一七五五）において、ルソーは自己より他者を未知の人々をそして人間以外の生命を先行させる「憐れみの情（pitié）」の立場から、人類愛そして世界市民について述べている。ここでは明らかにストア主義的な世界市民主義への共感が示されているといってよい。しかし、一七五四年にヨーロッパ列強間で起きた最初の世界大戦ともいうべき七年戦争（一七五四～一七六三）における状況の変化とも関わり、ルソーは同時代の保守的論客たちと見まがうほどに厳しく祖国なき世界市民主義者を批判している。それは世界市民主義者一般ではなく、具体的には同時代のディドロら啓蒙の世界市民主義者（コスモポリット）たちへの批判であった。

『エミール』の冒頭でも、「書物のなかで遠大な義務を説きながら、身のまわりにいる人にたいする義務を怠るような世界市民主義者を警戒するがいい」といった世界市民主義者への批判の言葉が投げつけられているが、それをもってルソーが反世界市民主義の立場に転向したと決めてしまうのは早計である。この一文でも特定の「世界市民主義者」を批判している文章と読むべきであろう。私たちにとって興味深いのは、『エミール』最終編となる第五編である。ここでは、エミールの妻となるソフィーの教育論として始まり、途中からロマンティックな小説仕立てとなって、エミールとソフィーの出会い、恋愛をへてソフィーから結婚の承諾を得るまでの過程が語られていく。その至福の瞬間に、家族が将来幸福に暮らすことのできる安住の地を探す旅に出なければならないという最後のレッスンが、無情にも家庭教師からエミールに告げられる。こうしてエミールは、愛するソフィーに別れを告げ、社会契約論を基準にヨーロッパの国々を検証してめぐるのだが、困難な旅を通して地上のどこにも祖国を見いだすことができないことを知る。エミールは家庭教師に語る。「地上における条件などわたしにはなんの意味もない。どこにいるかということなどわたしにはなんの意味もない。人間がいるところでは、いつでもわたしは兄弟たちの家にいるのだ」（Rousseau 1762＝二〇〇七：三三一）。古代ローマのストア主義哲人皇帝マルクス・アウレリウスの『自省録』の言葉、「至るところで世界市民（宇宙都市の一員）のごとく生きるならば、ここにいようとかしこにいようとなんのちがいもないのだ」を模すかのように（マルクス・アウレリウス二〇〇七：一九六）、エミールはここで世界市民の立場に立っていることを表明しているのだといえる。それを聞いた家庭教師はエミールに次のようにアドバイスをする。

（前略）どこにいるかということはわたしにとってはなんの意味もない、などと言ってはならない。きみはきみのあらゆる義務を果たせるようなところにいる必要があるし、その義務の一つは、きみの生まれた土地にたいする愛着なのだ。きみが子どものとき、同郷の人々はきみを保護してくれた。大人になったら、きみはその人たちを愛さなければならない。きみはその人たちのあいだで暮らさなければならない、あるいは、とにかく、どこにいてもきみの力でできるかぎりかれらの役にたつことができるところ、かれらがきみを必要とするようなことになったら、きみはどこにいるのかかれらにすぐわかるところで暮らさなければならない。（Rousseau 1762＝二〇〇七：三三四―三三五）

義務としての郷土愛とそこに暮らす人々への献身。それはすべて子ども時代にその郷土の人々が自分を保護してくれたことに由来している。ここにルソーの「子ども」という思想の核心を見いだすことができる。人はすべからく自身では大人になることはできず、人生の初期には必ず誰かによってケアされ保護されなくてはならない。そのことは他者との関係において、誰かの力を「必要とする者」と「必要とされる者」という非対称的な関係を生みだすことになる。だからこそ、祖国をもつことはできなくとも、どこでもよいわけではなく、郷土という特別の場所への帰属がなされなければならないというのである。この家庭教師はルソーの分身ともいえる存在であることから、ここにこの時点でのルソーの立ち位置を読み取ることができるだろう。

このように考えるなら、エミールをめぐるこの物語は、一方でどこまでも祖国を希求する人の物語であると同時に、他方で、『人間不平等起源論』で示された「憐れみの情」を一般化して「人類への愛」として生きることに喜びを感じるように教育され、『エミール』冒頭で批判した「世界市民主義者たち」とは対照的に、「身のまわりにいる人たちにたいする義務」を果たすために郷土で世界市民として生きる人の物語のようでもある。教育という次元を市民形成と世界市民（人間）形成との関わりのなかで考えたルソーの思索は、世界市民主義の哲学者カントに強い印象を与えることになる。「宇宙市民」ではなく「世界市民」を〈世界史〉の目的実現において捉えたカントの思想を見なくてはならない。

（二）　カントにおける祖国愛と人類愛の統合

カントは、古代の世界市民主義を近代の倫理的政治的次元において捉え直し、最も深い思想へと鍛え直した人物である。ルソーにおける市民と世界市民との問題を、カントはどのように捉えたのか。祖国愛か人類愛かというアポリアを、カントは歴史哲学を背景とした世界市民主義の立場に立って国家への帰属の問題を考え、ルソーとは異なる形で解決を見いだそうと試みたといえる。

カントの世界市民主義の課題は、『判断力批判』（一七九〇）の目的論、そしてその思想的延長線上で展開された一連の歴史哲学関連の著作において論じられる。フランス革命の翌年に出版された『判断力批判』において、カントは自然の合目的性から歴史の発展を論じ、さらにその目的として世界市民について論じている。これはその後に続くカントの一連の歴史哲学の論考『世界市民的見地における普遍史の理念』（一七八四）などにおいて基本的原理となるものであった。『永遠平和のために』（一七九五）では、カントは歴史哲学を基にして自然の究極目的として「世界共和国」の建設と世界市民法について論じている。カントにおいて「世界共和国」は統制的理念であって、歴史のなかで十全に実現されることはなく、ただどこまでも近づくことができるものであった。その統制的理念である「世界共和国」の樹立へと方向づけながら、現実的手法として諸国家による連合体を形成することを主張している。カントの歴史哲学から導きだされた統制的理念としての「世界共和国」は、世界市民形成とどのように結びついているのか。カントは『実用的見地における人間学』（一七九八）において、「世界市民的社会」について次のように述べている。

あらゆる時代を通じあらゆる国民に見られる経験に照らして判断すれば明白となるように、人類の性格は、人類を総体として（人間という種を全体として）見ると夥しい数の個人が世々代々順番に、かつ横へ横へと並びあって生存しているが、彼らは互いに平穏無事に共存しない訳にはいかず、しかもなおたえず互いに争いあうことを避けることもできない、という事実に伺えるのである。その結果彼らは、自分たち自身が制定する法の下でお互いを牽制しあっているうちに、自分たちが総体として進歩していく一つの連合へと、つまりたえず分裂の危機に曝されながらであるがしかしただ一つの世界市民的な社会（cosmopolitismus 世界市民主義）へと向かうようにという使命を自然から与えられていることを自覚するに至るのである。この世界市民的な社会というのはそれ自体は到達不可能な理念であって、（人間同士のこのうえなく生気に満ちた作用と反作用のちょうど真ん中あたりに平和が樹立されることを期待するといった）構成的な原理ではまったくないのであるが、ただし人間には世界市民的な社会に向かう本性的な方向性は潜んでいると憶測することに根拠がない訳ではないので、この理念を人類にとっての使命として掲げ熱心に追求する、といったていどの統制的な原理なのである。（Kant 1798:331＝二〇〇三：三二七―三二八、傍点はカント）

　ここでは構成的原理による平和の在り方と、統制的原理における世界共和国樹立による平和の在り方の違いが述べられている。つまり世界共和国の実現は自然から与えられた「人間の使命」なのだが、それは統制的原理としてあり、幾世代にもわたる人類史において、その理念に近づくことができるだけで、完全に実現することはできないものである。しかし、その理念の存在が私たちの現在の判断と行為とを方向づける。そのため国民であるとともに世界市民であることを可能にもする。「自然の意図」に基づく「歴史の目的」、人類の究極的目的としての人間性の完成、「世界共和国」＝「目的の王国」の実現、こうした普遍妥当性に対する要求が、個別国家への帰属を可能にし、そのような個別国家への服従を正当化するのである（石田二〇一八：三一五）。国家が「目的の王国」を目指す限りにおいて、その国家の国民であることと世界市民であることとは矛盾しない。こうして国民であることと世界市民であることとが統一される。このような国民理解は後でまた詳しく述べるように、京都学派の「世界史の哲学」と結びついていく。京都学派では帝国主義的国家を対照項にして国家の道義性が提唱され、道義性をもち世界史的使命を実現しようとしている国家の国民は、その時点で国民であることに徹することによって同時に世界市民的在り方をしているのだと解されている。

さらにカントが「世界共和国」の建設を主張しながら他方で郷土愛についても語っていることは重要である。カントは『人間学遺稿』において、自分の帰属する国家を特別だと考えるたぐいのナショナリズムは「妄想」として退け、「ここに述べた国家の妄想は根絶やしにされるべきであり、祖国愛と世界市民主義（Cosmopolitism）がそれにとって代わらなければならない」（Kant 1913:590-591＝二〇〇三：四一〇―四一一）と述べている。ここで「祖国愛」と訳されている原語は Patriotism で英語の patriotism と同じ系譜の用語である。通常日本語では「愛国主義」や「愛国心」と訳されることが多いが、意味はそれよりずっと広くて祖国愛そして郷土愛を意味する言葉である。カントは人は郷土愛をもちつつ世界市民となることができるといっているのだ（柄谷二〇一七：一八六）。これはルソーの立場と同じだが、カントはもう一歩進めてナショナリズムでないレベルでの祖国愛もまた世界市民主義と両立すると考えていた。祖国愛と人類愛の問題は、そこに郷土愛を加えることで、普遍と特殊といった論理関係を超えた次元の問題を提起することになる。

ルソーは個人主義的国家観に立つのだから当然といえば当然の事ではあるが、帰属する祖国の主体的選択という今日では驚くほど新鮮でラディカルなイメージを提供している。世界市民という外部の立場を設定することで、国民という在り方は生まれながらに決定されている自然な所与の事実（運命）ではなく、自らの意思で自由に選択する事項へと変わる。個人は主体的に国家を選択し、その国家と契約することによってその国家を祖国とする。カントにおいてもルソーと同様に国民であることは所与のものではなく、国家への帰属はその国家が世界共和国を志向する普遍妥当な倫理的判断の基準を満たすかどうかによるものであった。国民国家が誕生する決定的な時期に、世界市民主義という理念の下に、帰属する国家の選択の自由という思想が提示されていることは重要である。さらにまたルソーでは、「憐れみの情」による「人類への愛」への一般化をへて国家への帰属という課題が登場していることにも注意が必要である。祖国愛から人類愛への愛の拡大ではないのだ。この愛の順序の問題は、人間の成長を考えるとき重要な論点なのだが、身近な者への愛から出発し、徐々にその対象者の範囲を広げ最後に人類愛へと至る同心円的に拡大する愛の思想は、ストア主義のもので「オイケイオーシス（oikeiosis）」と呼ばれている。郷土愛とともに、祖国愛を飛ばして人類愛を論じるルソーは、この愛の同心円的拡大に対して、両義的立場に立っているともいえるだろう。

祖国愛と人類愛をめぐるアポリアは、帰属するべき祖国の選択という主題を開き、政治空間にそして連動して教育空間に新たな自由の風を招き入れた。しかし、ルソーによって切り拓かれたこの自由の空間はすぐに忘れられてしまう。普遍的な世界市民主義的理念に満たされたフランス革命を契機に生じたナポレオン戦争は、皮肉なことにフランスの国民軍（傭兵ではなく国家の主体たる国民による軍隊）によって占領された周辺地域・国家に急速に民族主義の精神を芽生えさせ、国民国家樹立への自覚を強く促すことになった。こうしてそれまで自覚されることのなかった歴史主体としての国民が、出版メディアによる民族という名の共同的感情の高揚、国民国家の樹立による国民軍の創設と国民教育の稼働によって自然なものとなったのである。その意味において、この時期に最も重要な思想家の一人は、当初はカントの忠実な後継者と見なされていたフィヒテであった。彼こそ人類主義から民族＝国民（nation）主義へと転向した人物であり、国民意識の目覚めへの訴えから民族＝国民の教育を明確に論じた人物であったからである（矢野二〇一七）。そしてフィヒテからヘーゲルへの道は、国民国家が世界史の目的実現の主体となることで、「個人」と「世界市民」とが世界市民主義的理想をも含み込んだ「国民」概念に回収されていく道であった。

しかし、本論ではこの道を丁寧にたどるだけの紙幅はないので、日本におけるフィヒテからヘーゲルの批判的後継者たちの思想の検討から次節を始めよう。

三　世界市民主義をめぐる京都学派の思考形態 ―― 木村素衞の教育学を中心に

（一）　京都学派における民族と人類の原理

世界市民に関わる教育思想についての予備的な考察をへて、ようやく日本の教育思想と世界市民形成について問うことのできる場所に至った。日本の教育思想において、世界市民形成という主題は、それを直接に標題とした著作もそれほど多いわけでもなく、主要な問題圏をなしたことは一度としてなかったと思われるかもしれない。教育思想史研究の常識を踏まえるならば、日本の教育思想は国民教育の課題を中心主題として担ってきたというべきであろう。たしかに大正期においては中間市民層が拡大し、大正新教育に代表されるように、一時期に個人主義的な色彩の強い教育思想が広まりもするが、日中戦争が始まり戦争が拡大するに従い、教育は次第に民族主義的国家主義的色彩が強まり、「教育」ではなく「錬成」が声高に叫ばれ、子どもを「少国民」と呼び「大国民」への教育を唱えられたりもした。戦後においても、保守派の教育思想も革新派の教育思想も共に「国民」「民族」の教育が中心をなす教育主題ということができる。学校教育の中心主題はどこまでも国民の教育といってよい。

しかし、このような教育思想史研究の常識に反して、戦前から戦後にかけて継続して「世界市民形成」は教育思想の隠れた主題であり続けた。驚くべきことに、戦時期においてすら、世界市民主義と世界市民形成は論争的主題となり続けた。それというのも、人類国家（世界国家）・世界市民主義との関係を考えることなしには国家や国民を論じることができないという、〈世界〉の成立と〈世界史〉の現実化という客観的事態がもたらす課題意識が働いていたからである。世界の秩序や世界史における役割を無視して、単独に国粋主義的・国家主義的に国家や国民概念を構築することはできなかった。戦間期でもそうだが、とりわけ戦時期においては、国民を動員し総力戦を勝ち抜くため戦争を正当化する必要性があり、またアジア周辺の諸国家あるいは植民地・占領地の民衆の支持を得るためにも、新たな世界秩序の輪郭と世界史における使命の内容を示すことによって戦争の意味づけを明確にする必要性があった。そのため他国との関係を抜きにして国家原理を単独で構築することなどできなかった。そこでは「世界史の理念」によって国家行為は「道義性」が求められ制限されることになり、そのとき好むと好まざるとにかかわらずビジョンとして世界市民主義の理念が国家原理に組み込まれることになった。この議論を哲学思想領域において主導したのは、西田幾多郎・田邊元に教えを受けた第二世代の京都学派の哲学者たちであった。教育界においても国民教育は世界市民主義との関わりで検討され、そのさいの議論も京都学派の哲学である国家論としての「種の論理」と歴史哲学としての「世界史の哲学」に強く結びついていた。

（二）　木村素衞における世界史の哲学と世界史的使命を実現する国民の形成

個—国家（特殊）—人類（普遍）、そして個人—国民—世界市民の三項構造について、戦前において思想的影響力をもった原理は田邊元の「種の論理」であった。この「種の論理」は、国家・国民を絶対無の自覚面と見なし世界史的課題を実現し世界史を創造する主体と捉える歴史哲学へと展開していった。京都学派の哲学者たちは、田邊の「種の論理」の国家論に魅了され、そして西田の「世界的世界」の思想にインスパイアーされ、ヨーロッパ中心主義の歴史哲学を乗りこえ日本を新たな歴史主体として位置づけようとする「世界史の哲学」を多様な形で展開した。京都学派の教育学もこの世界史の創造的主体としての国民の教育に思考を焦点化していく。西田の弟子の木村素衞は、この世界史の主体としての国民形成の理論に最も深い思想的表現を与えた人物である。主著ともいうべき『国家に於ける文化と教育』（一九四六）において次のように述べている。

真実の個人は、人類の一員であることにつきるのでもなく、単なる国民の一員であることにつきるのでもない。却つてこれらを止揚契機とする具体的高次的な世界史的国民に依つて形成される国家の一員であるところに個人の真に具体的な本質があるのである。国家はもともと国民がその具体的な在り方である世界史的存在性に即してみづから意志的に結成するものとしてその国民の自覚的形成であると共に、かかる形成に於て初めてその国民的生命の具体的な自覚が成立するものとして本来その国民の形成的自覚であり、そして個人は恰もかくの如き形成的自覚の一々の現実的な自覚点なのである。一人の日本人は、特有なるこの国柄を成す一成員として、独特なる国体の精神に徹し、大君のくにたみとしての自覚に生きぬくところに、みづからの個体の真実に具体的な本質をもつのである。いづれの国家もそれぞれ世界史的個性として特有な国家的精神をもち、特有な歴史的個性として存在する。諸国家のかくの如き存在性を認識しつつ祖国の独特なる本質に徹し切るところに真に世界史的絶対性としての日本国民性に生きる道があるのである。（木村一九四六：三五六）

「国体」や「大君」といった言葉に注意を払いつつも、この著作全体の議論の方向性を見定めるとき、木村の議論は日本を世界史の指導的国家として顕彰しようといった思想ではないとがわかる。この論考はカントの人類主義に基づく教育学への批判的深化として論じられており、カントの単なる否定ではなく、国民国家成立以降の歴史において、「人類的国家」への道をどのように具体的に捉えうるのかについての一つの応答である。ここで木村のいう「世界史的国民」とは、後で見る高坂正顕の「世界史的民族」のような世界史の指導的国民のことではなく、特殊である「国民」であることと普遍的な「世界市民」であることとの弁証法による止揚された国民として理解されている。木村の国民概念は、カント的意味での世界市民というより、むしろ国家が前面に登場してくることからいえば、後期のフィヒテやあるいは神の計画予定的な目的論運命として実現すると考えたヘーゲルの国家概念に対応する国民に近似しているように見えるし、事実、木村は、「第五章　国民文化と国民教育」の「第五節　国家哲学思想の歴史的発展」において、ルソー、カント、フィヒテ、ヘーゲルの国家哲学を順に検討し、カントの抽象的な人類文化主義に対して、ヘーゲルの国家の思想と世界史の思想に高い評価を与えている。しかし、それは一面であって、木村は他方でヘーゲルの目的論的世界史そしてその世界史の発展の手段と化してしまう国家、その国家に帰属する国民、個人に対して批判的に対峙しようとする。ここでは本論の主題の世界市民主義とつながる二つの論点に絞って、いま少し詳しく検討しよう。

（三）　国家と世界との関係

世界市民主義と関わる第一の論点は、木村が国家と人類世界との関係をどのように捉えていたかにある。ヘーゲルの場合では、「世界」として諸国家間の空間的な次元を捉えつつも、世界史として時間的次元において国々の関係を捉え、神の世界計画を実現する主要な国家（世界支配的民族）を中心に、直線的時間的一方向性への進歩として議論が組み立てられていた。主要な主体というべき民族や国家を中心に世界史の発展を捉えるという点において、京都学派の主要な哲学者たちとも共通している。いまここで京都学派の他の哲学者たちとの詳細な比較はできないが、戦時期に活発に発言し木村の親しい友人でもあった高坂正顕の論と簡単に比較しておこう。

高坂は『民族の哲学』（一九四二）において、一方ですべての国家の個性的価値を承認しつつも、「歴史的形成」とは問題解決の実践の過程であって、その問題解決の主体となるのは国家的民族なのだが、なかでも世界史的課題を解決し世界史の方向線を決定する民族つまり世界を主導的に形成する民族を高く評価し、こうした民族のことを特に「世界史的民族」と呼んでいる。高坂は日本（大日本帝国）を「世界史的民族」として捉え、大東亜共栄圏の建設を日本の世界史的使命として位置づけていく。そして、戦争は世界史的課題の問題解決のための手段の一つであり、戦争を通して「歴史的形成」が実現されると論じることで、日本の戦争行為を西洋と東洋とをめぐる歴史の問題解決を図る手段として正当化していくことになる。さらに高坂は、「従つて美事聖戦が完遂され得たならば、東亜共栄圏の全体が脈々と脈動することであらう。その時、東亜の全体が英米の侵略から解放されるであらう」といっている（高坂 一九四二：一三五）。木村の同世代である西谷啓治や高山岩男も、高坂と同様に諸国家の個性的価値を認めつつも、日本民族の優越性を説き、世界史における日本の歴史的使命について雄弁に論じていた。こうした根拠のない幻影、カントなら「妄想」と呼ぶにちがいない日本の特別視は、当然のことながら諸国家の間に序列化を生みだし、特定の哲学者に限定されるとはいえ、京都学派の世界的世界の思想に裏口からレイシズムを招き入れることになった。しかしそれだけではない。

いま日本は、遠い昔、神様が国をおはじめになった時の大きなみ心にしたがって、世界の人々を正しくみ

> ちびかうとしてゐます。……中略……／正しいことのおこなはれるやうにするのが、日本人のつとめであります。私たちは、神様のみをしへにしたがって、世界の人々がしあはせになるやうに、しなければなりません。……中略……／私たちは、日本のやうにすぐれた国に生まれたことをよくわきまへて、心をりっぱにみがかなければなりません。さうして、からだをぢゃうぶにし、強いたくましい日本国民になって、お国のためにはたらくことができるやうに、しっかりべんきゃうすることがたいせつです。（一九四二：九―一二、傍点は矢野）

これは京都帝国大学で哲学を学び、田邊哲学の影響下で日本で最初の人間学の単著を表した竹下直之が、文部省図書監修官として編纂した国定教科書『初等科修身　一』（一九四二）のなかの一文である。戦争遂行は自分たちの国家利益のためではなく、「世界の人々がしあはせになるやうに」するための「正しいこと」として行われているというのだ。この教科書の文言は、個と国家と人類との関係の在り方において、高坂の論と距離のあるものではない。高坂正顕・西谷啓治・高山岩男らの「世界史の哲学」は、それまでの西欧中心主義的帝国主義的な世界史観を批判し、多元的で多中心主義的な世界のイメージを提示し、普遍主義の問題構成に立ちながら、具体的にはこのような新たな世界形成へと導く（と考えられた）日本を神聖視し戦争を正当化する教育言説へと結びついていくものであった。

こうした戦時の議論に対して、時局に対する距離と抽象度を意識しつつ、木村はすべての国家の個性としての価値と自主性や主権性を擁護し、どこまでも多元的な国家間に開かれた普遍的な場としての世界と世界史を論じ、さらに普遍的な場としての世界と世界史における日本と日本国民の具体的在り方を明確にしようとする。木村は、世界史の発展をヘーゲルのように「直線的時間的一方向性と目的論的決定性とを必然的な帰結」として捉えるのではなく（木村　一九四六：三五四）、絶対無の具体化としての世界史的文化的普遍の原理に基づく、「間国民主体的な文化的表現の有極的交流」による「世界史的空間即時間」の創造的な進展として捉えている。換言すると、世界史の発展とは、世界史的国民の交流の発展として、目的論的に時間的直線的に発展するのではなく、空間的共存的に創造的進程を無限に進みつつ、しかも同時につねに「永遠の現在」において在るものとして完結性が連続するという、つまり「非連続の連続」を成すというのである。このとき世界史における歴史主体である国家とは、「世界史的生命の交流的極としての自覚的統一」であって、「世界史的絶対性をもった深い固有の本源性と世界に向かつて開かれた広い交流面との両契機の動的綜合から成立してゐる」というのである（同書：三八二）。

このような「非連続的連続」に基づく多元論的な〈世界〉と創発的な〈世界史〉の思想の根柢には、エロス的愛による未来的価値志向性と、同時にアガペ的愛による現在の絶対的な肯定性という互いに方向の異なる両契機の綜合としての「表現愛＝絶対無」による世界史の実現という思想が働いている（最も具体的な在り方として「表現愛」を示す木村の用語は「世界史的文化的絶対無としての表現愛」である）。目的論に立つ時間的直線的な歴史観を否定する木村の世界史の議論の広場には、ヘーゲルの世界支配的民族や高坂の世界史的民族は存在せず、それぞれの諸国家は平等に独自の個性を実現しつつ互いに他に開かれて交流し並存している。だから木村は価値転倒が生じた敗戦を迎えても、戦時期（一九四一から四四）に執筆した論考を書き直す必要を感じることなく、敗戦直後に『国家に於ける文化と教育』を出版することができた。

それにしても、ヘーゲルの世界精神の自己実現としての目的論的歴史観から、木村が論じる絶対無の形成的自覚としての創発的歴史観へと転換したとき、歴史の創造において国家の現状が正しい形をとっているのかどうかは、何によって保証されるのか、その基準とはいったい何か。木村はこの課題に対して、国家は「世界史的絶対性をもった深い固有の本源性と世界に向かつて開かれた広い交流面との両契機の動的綜合から成立してゐる」（同書…三八二）という国家を規定する二つの契機でもって考えようとする。一つ目の契機は、「世界史的絶対性をもった深い固有の本源性」の独特なる本質に徹し切ることである。そのためには伝統と創造をめぐる相互媒介の弁証法的関係が論じられ、伝統に拘束されて過去に規定されることも、また創造の名の下に伝統から切り離されることも共に否定される。二つ目の契機は、他の国家との開かれた広い交流発展である。「非連続的連続」として、国家であることはどこまでも他の国家とともにあることに基づいている。これは国家間の関係の基本的な存立構造を示しているといえよう。この二つの契機の原理からさらに「両契機の偏奇性と綜合の解体性」という徴候として問題のある国家形態が導きだされる。個性的方向への偏奇性に固執するときには国家は退嬰的保守的となり、反対に世界史的拡大性への偏奇性に固執するときには国家は侵略的な帝国主義と化すというのである。

この二つの契機の動的綜合という基準は抽象的なものにちがいなく、具体的なものにするためには、何が「祖国の独特なる本質」なのかという問いに答える必要がある。この課題に応答するために、木村は『日本文化発展のかたちについて』（一九四五、一二月三〇日）というタイトルの短編のモノグラフを敗戦直後に出版している。日本文化の発展の歴史を古代における儒教と仏教という海外文化の受容から話を始め、現代までの日本文化の発展を簡潔に概観し、日本文化の「独特なる本質」について見通しをもつことで、新生の日本文化の方向性を見定めようとした。そこでは異文化との交流によって固有の文化を生みだしてきた日本文化の発展が、国粋主義や軍国主義によって損なわれダイナミズムを失い硬直してしまったことが問題として指摘されている。そのことでもって否定される在り方は、この国家の「両契機の動的綜合」を失った在り方、他の国家を否定する帝国主義的在り方と全体主義が批判されることになる。同様に、諸国家の個性を考慮しないカント的な世界市民主義もまた抽象的であるが故に批判されることになる。

（四）国家と国民と世界市民との関係

世界市民主義と関わる第二の論点は、木村が国家と国民との関係をどのように捉えていたかにある。結局のところ木村の議論では個人は国民として回収されてしまうのか、このとき人類の一員としての在り方はどのように保証されるのか。こうした疑問や課題に対して、木村は国家と国民との関係を「非連続的連続性」という弁証法の論理で論じている。この用語は西田の「非連続の連続」を連想させるものである。重要な論点なので木村から直接文章を引いておこう。

> しかるにE_1（個体）がかく個体として自覚的であると云ふことは、それが本来的にそこへ帰属すべき本質的普遍的なものに対して非連続的な連続性を以てつながると云ふことにほかならない。かくの如き非連続的連続の体験が国家に於ける一人の国民としての自覚を成立せしめるのである。個体は、その非連続性の契機に於て、本来自己が属すべき本質的普遍を否定してこのものから遊離し、これに叛逆し得る自由をもち、ここに一個の単なる個体としての独立性を獲得すると共に、同時にそれは、その連続性の契機に於て、かくの如き個体のもつ自由と独立との抽象性に依る本質的な自己喪失の回復と本来的な自己への復帰、とをかかる遊離的自己そのものの否定を通して成就する。（同書：三五八、括弧内と傍点は矢野）

個体が「本来的にそこへ帰属すべき本質的普遍的なもの」とは国家である。しかし、「本質的普遍的なもの」は、国家そのものに内在するわけではなく、国家が普遍的な「表現愛」（より正確な用語では「世界史的文化的絶対無としての表現愛」）の表現主体であるからにほかならない。この絶対無としての表現愛とのつながりを忘れてしまうと、木村の国家論は国家主義のそれと区別がつかなくなる。表現愛とのつながりの中で、国民であることと個人（個体）であることとの弁証法的関係が提示されている点に注意しなければならない。また「非連続的連続性」の論理でここで述べられている個体と国家との論理的関係は、自由と独立とを保持する田邊の「種の論理」のそれと近似している。

個体はかくの如き原理に於て成立する世界史的存在としての国家の一員であるところに、その真実に具体的な意味を担つて来るのである。それはみづからの本質的普遍である国家に向つて、非連続的連続を構造連関とする自覚的個体として、帰属して行く。ここに国家の一臣民としての当為の体験が成立するのである。単なる人類的普遍や単なる汝的個体に対する当為は、真に具体的な当為とは云はれ得ない。国家に対する臣民としての当為が、真に具体的な当為である。人類の立場に於ける道徳も、個人の立場に於ける道徳も、真に具体的な道徳ではない。世界史的意味に於ける国民の道徳が、初めて真実具体的な道徳であり、そこに真実具体的な人間の道があるのである。（同書：三六六―三六七）

「非連続的連続性の自覚を持つて国家とつながる」といっているように、国家とつながることを論じつつも、そこには国家への強制的な帰属ではなく「叛逆し得る自由」をもちながら自らの自覚による帰属が求められている。木村の教育学はこのような国民観に基づいて具体化されていくことになる。しかし、そうはいっても木村の議論ではこのような自覚によって帰属する自律的個人をどのようにして形成するかについては考慮されてはいない。「自覚」の概念は、本来こうした自由な主体の自己形成と不可分な概念であったが、この時期には「自覚せしめる」といった用語法の蔓延に見られるように、「自覚」は外部から形成される用語法に変質し、主体（subject）の形成は臣民（subject）

の形成へと転換させられていた。「国家に対する臣民としての当為が、真に具体的な当為である」と述べるとき、木村の教育学もこのような時局による自覚概念の変質に抗することができてはいない。『形成的自覚』（一九四一）における自覚論では、「表現的自覚」による個性をもった個人の自己形成の原論として強度のある理論構築を実現していた。個性的存在である個人は、それぞれが表現的自覚による「表現愛＝絶対無」の具体的な実践的自覚点であり、それぞれがかけがえのない無比の存在と見なされた。『国家に於ける文化と教育』においてもこの立場は示されているが、しかし国民教育論へと転じていく時点で自由な個人による自覚の側面は論の背景へと退いていく。

冒頭でも述べたように、ディオゲネスが世界市民でありえたのは「個人」であったからである。木村に従えば、先に引用したように、「真実の個人は、人類の一員であることにつきるのでもなく、単なる国民の一員であることにつきるのでもない。却つてこれらを止揚契機とする具体的高次的な世界史的国民に依つて形成される国家の一員であるところに個人の真に具体的な本質があるのである」と反論されるだろう。なるほど人は媒介たる「種」を無視することはできないにしても、またそこから逃れることができないにしても、「非連続的連続を構造連関とする自覚的個体として、帰属して行く」ためには、「国民」に全面的に回収されることのない、「国民」という在り方に対して「叛逆し得る自由」をもった「個人」でなくてはならないはずである。この著作ではルソーによって開かれた祖国の自由な選択という世界市民的理念の力が弱い。それは木村の教育学が「非連続的連続を構造連関とする自覚的個体として、帰属して行く」という原理を提示しつつも、教育論のなかでこの「非連続的連続」の「非連続性」の方を実質的に可能にするための考察が欠けていることからもわかる。そのため木村の教育学では、個体は「叛逆し得る自由」を生きることのできる「個人」となることなく、実質的にはナショナル・アイデンティティに絡め取られてしまうのだ。戦後の教育空間は、個人－国民－世界市民の関係において、「世界市民」へと開き「国民」の限界性を乗り超えることができたのだろうか。

四　戦後教育における世界市民論の変容と消失

ルソーがそうであり、またカントにおいてはまさに特徴的でさえあるが、世界市民主義の思想が語られるのは、平時ではなく、世界史の革新を企画する〈戦時期〉と永遠平和を願う〈戦後期〉という歴史の臨界期においてである。原理的には「教育基本法」（一九四七）の成立によって、戦後の教育空間に戦前とは異なる新たな次元が開かれたと考えてよいだろう。しかし、驚くべきことは（「戦時—戦後の思想的連続」を捉える総力戦体制論（中野　二〇一四）から見れば、今さら驚くべきことでもないかもしれないが）、この「教育基本法」がこれまで検討してきた京都学派の世界の思想構図と多くの点を共有していたことである。「われらは、さきに、日本国憲法を確定し、民主的で文化的な国家を建設して、世界の平和と人類の福祉に貢献しようとする決意を示した。この理想の実現は、根本において教育の力にまつべきものである。」という「教育基本法」の冒頭の文章には、人類主義に強くアクセントを置きつつも、国家建設による世界平和と人類の福祉への貢献という国家と人類とのダイレクトな接続において、カント的世界市民主義だけでなく京都学派の個—国家（特殊）—人類（普遍）の相互媒介による三項構造理論も含めた声が響いている。

「教育基本法」は委員長が安倍能成、副委員長が南原繁（後に委員長）、そして天野貞祐、務台理作等がメンバーとなる教育刷新委員会によって作られた。安倍能成はカント研究者。天野貞祐もカント研究者であるが、思想として影響を余り感じさせないとはいえ西田の弟子である。また務台理作は西田が最も信頼を寄せた弟子の一人であり、京都学派の哲学を強く受け継いだ人物である。さらに南原繁は、戦時期に『国家と宗教』（一九四二）のなかでカントの『永遠平和のために』を論じ、普遍的世界国家の実現による「世界秩序論」を明らかにしようとした人物であるが、南原の「世界秩序論」の問題意識は木村の「国民的個性的価値の世界史的深さ」の論理とつながっていた。例えば、南原のこの著作の「第三章カントにおける世界秩序の理念」のなかで提案されている「世界秩序論」の構図は、木村の「世界史的普遍」と連関する「世界史的国家」の理論と類似点が多々あり、両者の議論を詳細に比較検討する必要があるだろう。

「教育基本法」は、公布当時においては民族や国民の在り方が論じられていないコスモポリタンの原理に立っているとして、保守のみならず革新の立場からも批判された。後に革新陣営は「教育基本法」擁護の立場に廻るようになったが、保守の立場からは批判され続けた。例えば、吉田内閣の意向を受けて当時文相だった天野貞祐は、教育勅語に代わる国民道徳の基本を「国民実践要領」（一九五一）として示した。これは天野が先に登場した高坂正顕・西谷啓治・鈴木成高に執筆を依頼したもので、その内容は「教育基本法」を基にしつつも、田邊元や和辻哲郎らの人間学の影響を受けただけでなく、国家を重視するものであったとはいえ、京都学派の個―国家（特殊）―人類（普遍）、あるいは個人―国民―世界市民の三項構造の理論を受け継いだものであった[1]。

> われわれのひとりびとりもわれわれの国家もともにかかる無私公明の精神に生きるとき、われわれが国家のために尽すことは、世界人類のために尽すこととなり、また国家が国民ひとりびとりの人格を尊重し、自由にして健全な成育を遂げしめることは、世界人類のために奉仕することとなるのである。無私公明の精神のみが、個人と国家と世界人類とを一筋に貫通し、それらをともに生かすものである。（天野 一九五一：

三九二）

「国民実践要領」は戦前の国民道徳の復活として反対意見が強くて撤回された。この「国民実践要領」の課題は「期待される人間像」に引き継がれる。「期待される人間像」は高坂正顕を中心にまとめられ、一九六六年中教審答申「後期中等教育の拡充整備について」の「別記」として発表されたものだが、その中の「正しい愛国心をもつこと」は次の文章で始まる。

国家は世界において最も有機的であり、強力な集団である。個人の幸福も安全も国家によるところがきわめて大きい。世界人類の発展に寄与する道も国家を通じて開かれているのが普通である。国家を正しく愛することが国家に対する忠誠である。正しい愛国心は人類愛に通ずる。（中央教育審議会 一九六六）

「正しい愛国心は人類愛に通ずる」は、愛国心と人類愛とをダイレクトにつなぐことで、本章一三三頁に引用した「正しいことのおこなはれるやうにするのが、日本人のつとめであります」という一文を思いださせるが、高坂は戦時期の論法をそのまま反復している。「『期待される人間像』の報告をまとめて」（一九六六）のなかで、高坂は『期待される人間像』は教育基本法を日本人の精神的風土に定着させるためのものである」と語っているが（高坂一九六六：二七三）、戦時期の理論の延長線でそれが可能だったのは、教育基本法自体に、京都学派の哲学と同様の構造が存していたからである。この「期待される人間像」が発表された同じ年、宗像誠也編『教育基本法――その意義と本質』（一九六六）において、「教育基本法」の制作メンバーでもあった務台理作が革新主義の立場から論文「教

育基本法　教育の目的」を発表している。務台はここで教育基本法が人類主義・世界主義から出立していること、そして民族の重要性を論じつつもそれは「開かれたナショナリズム」であるべきことを主張している。

じっさいに個（人格）と普遍（人類）と特殊（民族）とは、相互に媒介し合うことによって全体的な発展を可能にしている。個人と人類が民族国家の特殊性によってどこまでも媒介されるというのは、この全体的相互媒介の論理によるものである。この媒介の意味をはなれて、特殊だけを即自的に捉え、個も普遍もこの特殊の中に還元されるとみるのが、あやまった民族独善主義、閉じられた国家至上主義である。それであるから、個と普遍との結合を特殊（民族）が実体的に媒介すると同時に、特殊は個と普遍によって主体的に媒介されていなければならない。民族が開かれた形で発展するためには、その中に、人類とつながる個人がはたらいていることが必須である。（務台一九六六：三二二）

務台の立場は、ベルクソンの道徳理論を念頭に置きつつ、京都学派の個―国家（特殊）―人類（普遍）の三項構造理論を改めて明確に論じ直し、高坂の「期待される人間像」に対抗して人類主義への開き方に重点を置いて論を展開していることが見て取れる。いずれにしても、「教育基本法」から始まり、高坂正顕・西谷啓治・鈴木成高の「国民実践要領」、高坂正顕の「期待される人間像」、務台理作の「教育基本法　教育の目的」、これらの理論の基本構造は京都学派の三項構造理論であり、学派内部の同じ土俵上での議論といえる。このようにして戦前から戦後にかけて、世界市民主義・世界市民形成の議論に対して京都学派の理論が先導してきた。

しかしそれも二〇〇六年の「教育基本法」の改訂までである。改訂前（旧版）と改訂後（新版）のバージョンを比較するとこの理由は明瞭になる。本章の主題と関係の深い冒頭の箇所を引いて比較してみよう。新版は次の通り。「我々日本国民は、たゆまぬ努力によって築いてきた民主的で文化的な国家を更に発展させるとともに、世界の平和と人類の福祉の向上に貢献することを願うものである」。一見すると、新版は旧版の基本精神を受け継いでいるかのように見えるが、世界市民主義との関係に焦点を当てて検討するとき、新版には旧版にあった世界市民主義の精神が消し去られていることを見て取れるだろう。冒頭の「われら」から「我々日本国民」への主体の変更はそれほどの変更ではないかのようだが、「われら」が「日本国憲法」を確定することで日本国民となるという主体的能動的な国家建設者の在り方から、日本国民であることを前提とする受動的な在り方へと変更することであり、国家的な枠づけを強化するものである。それに続く文で新版から「日本国憲法」の文言が抜けていることの重大さはいうまでもない。また「決意」から「願い」への変更は、取り組む主体者からただ願う願望者への一八〇度の態度変更であって、「世界の平和と人類の福祉」への関わり方を消極的な方向へと転換するものであった。

旧版「国家を建設して、世界の平和と人類の福祉に貢献しようとする決意を示」すことと、新版「国家を更に発展させるとともに、世界の平和と人類の福祉の向上に貢献することを願う」こととの間には、決定的な差異がある。旧版には「国家の建設」と「世界の平和と人類の福祉」との関係が直結していたのに対して、新版では「国家の発展」と「世界の平和と人類の福祉」との直接的関係は切断されてしまい、国民・国家の「世界の平和と人類の福祉」への関わりは著しく後退した。この切断によって郷土愛・祖国愛は人類愛とのつながりをもたずに自足することになる。この巧妙な分断によって世界市民主義的精神は「教育基本法」からは失われてしまった。京都学派の哲学によって枠づけてきた、国家を人類とを結びつけようとする個－国家（特殊）－人類（普遍）の理論は、ネオリベラルの統治にとっては、もはや利用価値のない足枷以外ではなくなったといえよう。

私たちは、地球規模での破壊をともなう経済のグローバリゼーションの進展を前にして、改めて来たるべき世界市民主義のビジョンについて論じる必要性に立たされている。世界市民形成論について手がかりを得るために、ルソー、カントをへて日本でのこれまでの世界市民形成の思想史を捉え直す試みをしてきた。そのなかで、京都学派の世界・世界史解釈と結びついた、世界市民論を捉える上で骨格となる個－国家（特殊）－人類（普遍）、あるいは個人－国民－世界市民の三項構造理論が、教育思想史においても重要な役割を果たしてきたことがわかった。世界市民の性格を探求する上で、今日でもこの相互媒介による三項構造の理論を問うことは不可欠な作業であると考えると、この原理の思想的評価は新たな世界市民形成の原理を構築する上で重要な課題となる。本論でなしえたことは、地表から隠されてきた世界市民形成の思想的水脈を発見しその流れをたどったにすぎず、個々の思想を詳しく検討し評価をするところまで未だ至ってはいない。

自己愛・郷土愛・祖国愛・人類愛・表現愛と、本論は愛をめぐる思想史研究でもあるが、ストア主義の「オイケイオーシス」の思想は教育学でも根強く、世界市民の形成においても郷土愛・祖国愛から人類愛へ愛の環を広げようと論じられてきた。ベルクソンは、過酷な世界大戦の総力戦を体験して執筆された『道徳と宗教の二つの源泉』（一九三二）において、こうした原理はまやかしであるとし、祖国愛と人類愛との原理的な差異について詳細に検討している。このことを京都学派の問題構成に重ねるなら、祖国愛を通して人類愛へという連続的道筋が本当に可能なのかという疑問をもたざるをえない（矢野 二〇一五）。さらに今日のようにグローバリゼーションによる環境破壊が人類共通の課題となり、愛の範囲は人類にとどまらず、地球全体に及ぶものと見なされるべきとき、ベルクソンの論じた人類にとどまらない生命全体への愛はさらに検討に値する。ルソーの「憐れみの情」の理論、ベルクソンの愛論、そして世界市民による他者への歓待を開く純粋贈与論、改めて世界市民形成という立場から、愛をめぐる思想の究明を進める必要があるといえる。それは、「個人」から「人類」への道を辿り直すことによって、個―国家（特殊）―人類（普遍）、あるいは個人―国民―世界市民の三項構造理論を再構築する作業となるだろう[2]。

註

1　ここからの議論の展開は、矢野（二〇一三）での二六四〜二六六頁の図式を意図的に反復している。

2　本章に登場する京都学派の第二世代の哲学者たちは、いずれもそれぞれの独自の解釈を付け加えつつ、田邊の個人（個）、民族（特殊＝種）、人類（類）の種を基体として重視した「三肢・三極的弁証法」の原理に従っている。それに対して西田哲学は個人と人類との「二肢・二極的対立」を根本の原理として捉えることができ、西田の場合「種はその対立の統一のための質料にすぎず、両極の対立とその質料は絶対無によって媒介され、それはいっそう個体的であると同時にいっそう普遍的なものとされた」と務台は両者の差異を説明している（務台 一九六三：三四二）。この務台の説明を理解するのに、例えば、一九三六年の西田の重要論文「論理と生命」における「種とは自己自身を限定する特殊者と考へられると共に、それは歴史的に形成せられるものでなければならない」（西田 一九三六：二九〇）といった文章を思い起こせばよい。つまり西田において種（国家や社会）とは、田邊のように歴史の基体をなすものではなく、「歴史的世界に於て媒介せられたものでなければならない。特殊と特殊との関係から歴史的世界といふものが成立するのでなく、歴史的世界の特殊として、或特殊な社会とか国家とかいふものが成立するのである」（西田 一九三六：三八二）。たしかに田邊によって指摘された個を直接に全体へとつなげてしまう危険性については、さらなる考察が必要ではあるが（荒谷 二〇〇八：三三二）、ディオゲネスの個人であることが世界市民であるとする原理を再考する上で、私は「個人の尊重と、人類における普遍性、その両者の統一としての歴史の意味」（務台 一九六三：三四二）を捉えようとする西田の「二肢・二極的対立」を根本とする原理に強く惹かれる。人間中心主義を超えた西田の自覚論から、ポストポストモダンの「自覚の教育学」の新たな可能性を考えるべきだろう。

参考文献

Kant, I. 1798（1917）*Anthropologie in pragmatischer Hinsicht, Kant's gesammelte Schriften*, hrsg. von der Königlich Preußischen Akademie der Wissenschaften; Bd.7.（＝二〇〇三　『実用的見地における人間学』渋谷治美訳『カント全集』第一五巻、岩波書店）。

―― 1913（1923）*Kant's handschriftlicher Nachlaß. Anthropologie, Kant's gesammelte Schriften,* hrsg. von der Königlich Preußischen Akademie der Wissenschaften; Bd.15.（＝二〇〇三　「人間学遺稿」高橋克也訳『カント全集』第一五巻、岩波書店）。

Rousseau, J.-J. 1762,（1969）*Emile ou de l'education, Jean-Jacques Rousseau;Œuvre Complêtes*, Bibliothèque de la Pléiade, N.R.F., édition publiée sous la direction de Bernard Gagnebin et Marcel Raymond, 4//ab, Paris: Éditions Gallimard.（＝二〇〇七『エミール』今野一雄訳、下巻、岩波書店）。

天野貞祐　一九五一「国民実践要領」『天野貞祐全集』第四巻、栗田出版会

荒谷大輔　二〇〇八『西田幾多郎――歴史の論理学』講談社

石田京子　二〇一八「永遠平和と世界市民主義――国境を超える正義」牧野英二編『新・カント読本』法政大学出版局

柄谷行人　二〇一七『柄谷行人講演集成 1995-2015　思想的地震』筑摩書房

川出良枝　二〇〇九「ルソーにおける『祖国への愛』と『人類への愛』」『思想』第一〇二七号、岩波書店

木村素衞　一九四六『国家に於ける文化と教育』岩波書店

高坂正顕　一九四二『民族の哲学』岩波書店

――　一九六六（一九七〇）「『期待される人間像』の報告をまとめて」『追憶と願望の間に生きて（遺稿集）』読売新聞社

作田啓一　一九九六『個人』三省堂

中央教育審議会　一九六六答申「後期中等教育の拡充整備について：別記」（http://www.mext.go.jp/b_menu/shingi/old_chukyo/old_chukyo_index/toushin/1309489.htm）

ディオゲネス・ラエルティオス　一九八九　加来彰俊訳『ギリシア哲学者列伝』中巻、岩波書店

中野敏男　二〇〇一（二〇一四）『大塚久雄と丸山眞男――動員、主体、戦争責任』青土社

西田幾多郎　一九三六「論理と生命」『西田幾多郎全集（旧版）』第八巻、岩波書店

マルクス・アウレティウス　二〇〇七『自省録』神谷美恵子訳、岩波書店

務台理作　一九六三「社会と実存的個人」『務台理作著作集』第五巻、こぶし書房

――　一九六六「教育基本法　教育の目的」『務台理作著作集』第七巻、こぶし書房

矢野智司　二〇一三「人間学――京都学派人間学と日本の教育学との失われた環を求めて」森田尚人・森田伸子編『教育思想史で読む現代教育』勁草書房
――　二〇一五「愛と自由の道徳教育――スピリチュアルな道徳教育のための簡単なスケッチ」鎌田東二編『スピリチュアリティと教育』ビイング・ネット・プレス
――　二〇一七「それからの教育学」山名淳・矢野智司編『災害と厄災の記憶を伝える――教育学は何ができるのか』勁草書房

第５章　国民国家と日本の教育・教育学
――変容の中の展望

松下良平

はじめに――教育の変容という問題

二〇世紀末以降に顕著になったグローバル化やそれに伴う国家の揺らぎ。これは日本の教育に何をもたらすのだろうか。この問題についてはすでに数多の議論が交わされてきた。教育関係者が真っ先に挙げるのは、おそらく教育の目標と方法の変化であろう。国際機関であるＯＥＣＤ等の主導によって、汎用的な能力・スキルの獲得が教育目標の中核を占めるようになり、それに対応して「アクティブラーニング」や「主体的・対話的で深い学び」が導入されつつある。あわせて、教育目標や評価基準のグローバルな標準化が進み、それに基づく国家間、さらには都道府県・市町村・学校間の競争が激しくなってきたことも、もはや指摘するまでもない。

一方、グローバル化は貧困や格差を拡げ、特に若年層を置き去りにしがちになっている。そのため、教育を通じて社会への包摂や公正をどのように実現し、各人の自立をどのように促すかという問題も突きつけられている。幼児教育や高校教育の無償化、高等教育を受ける人への奨学金の充実、高等教育への職業教育の導入、等々と課題は広がる一方である。

ほかにも、外国人の増加に対応するための多文化共生という課題や、国家や市民のグローバルな連帯なしには解決困難な問題（気候変動・平和構築・エネルギー・ジェンダー平等、等々）など、さまざまな公共的問題や課題が新たに浮上している。そのため、政治教育の再定義が促され、グローバル、ナショナル、ローカルといった多様なレベルでの市民教育の活性化が求められるようになっている。市民教育にはまた、グローバル化への反動のように台頭した排外主義的ナショナリズムや歴史修正主義、さらにはそこ（あるいは格差）に由来する社会の分断にどのように向き合うかという問題も投げかけられている。

だが、そのような議論の陰で見過ごされてきた問題がある。国家の揺らぎが教育の概念や意味にどのような影響を及ぼすか、という問題である。一九八〇年代以降に勢いを強めた近代学校批判や近代教育批判の成果として、現代人にとって自明の「教育《エデュケーション》」は、もはや人類に普遍的な営みではないことが明らかになった。教育は西洋近代という特殊な時代・社会の産物であり、一九世紀後半以降に国民国家の誕生に伴って学校教育制度と共に一挙に世界中に広まった歴史的な現象だということである。だとすれば国家の変容は、「教育とは何か」についての見解に少なからぬ影響を与える可能性がある。

そこで本章では、日本における国民国家と教育・教育学の関係を問うてみたい。まず、その関係の歴史的推移を構造化し、教育および教育学の変容過程を概観した上で（一）、その歴史的過程の中に今日の教育と教育学を位置づけてみよう。そこから見えてくるのは、グローバル化に伴う国家の変容が教育と教育学にもたらす深刻な影響である。すなわち、教育学が「教育」のラディカルな懐疑や相対化を試みたとき、皮肉にも「教育」は隆盛を極めており（二）、同時に教育の意味が変質して、教育の貧困化が進みつつある（三）。このまま教育の変容を歴史の趨勢に委ねるなら、冒頭に述べた教育的諸課題への対応もうまくいきそうにない。この袋小路に直面してこれからの教育学に何ができるのか、未来の教育はどのような可能性に開かれているのか、最後に考えてみたい(四)。

一　国家と教育・教育学の関係の歴史的構造

(一)　教育と国民国家

近代西洋の産物としての「教育」は、人類が新しい世代や新参者に知識や知恵や技を伝達し継承する様式としては特殊なものである。「教育」とは、知識伝達や人間づくりを付随的にではなく直接にめざし、教育する役割を担う者が教育される者に対して計画的かつ合理的に働きかける営みである。それゆえその教育にとって、目標－手段・方法の図式は本質的な役割を果たす。めざす目標の実現にとって合理的と考えられる手段を駆使し、被教育者への適切な働きかけを手続き化したものとしての方法を用いることが、教育には欠かせない。いうまでもなく現代日本では教育とは、一定の知識の習得、能力・スキルの獲得、態度・構えの育成をめざした営みであり、そこでは目標の達成が、効果的・効率的な方法・手段を駆使することによって合理的に追求されようとしている。

この教育を国家の変容と関連づけることは、日本においてはとりわけ重要な意味をもつ。ヨーロッパにおける教育の誕生は、近代の国民国家誕生にはるかに先立つ。めざすものを得るために呪術ではなく合理的な手段を用いようとする姿勢、めざすものに人間の身体や能力や人格を含めようとする眼差し、中世カトリックや近世プロテスタント以来の教会学校という装置、等々の背景に支えられて一五世紀末～一六世紀初め頃に教育は生まれた。やがて教会学校や大衆向け学校で多くの子どもたちが教育を受けるようになり、一九世紀半ば以降に整備された学校教育制度を通じて国民全体がその対象になっていった。アメリカでもまた、国民国家誕生のずっと以前から地域コミュニティが学校を設け、ヨーロッパから持ち込んだ教育がそこで営まれていた。

それに対して日本の場合は、明治政府が国民教育としての学校教育制度を整備した際に、同時に教育も欧米から導入された。このように日本の教育は、国民国家という存在に欧米諸国以上に強く制約されている。そのため教育のあり方は、国家との関係の取り方や、国民国家の変容からストレートに影響を受ける可能性がある。日本と欧米諸国はいずれも教育の普及を公教育としての学校教育制度に負っており、その意味で教育と国家の関係をめぐって共通の特徴があるが、日本では教育と国家の関係がより鮮明にあらわになると考えられるのである。

この「教育」を今日の日本社会は自明のものとして受け入れている。教育する結果として人は学習するという前提に立ち、教育を受けなければ知識や能力は身につかない、と人びとは信じている。近代西洋由来の教育や学習に拠らなくても教え・学ぶことが可能でなければ、近代以前の日本の文化は存在しえないことになってしまうのだが、そのような矛盾を気にすることもなく、マインドコントロールされているかのようにひたすら教育を信奉している。教育に関する省察に携わる教育学者であっても、事情はあまり変わらない。

けれども、ヨーロッパに教育が誕生して以来たかだか五世紀ほどの歴史しかなく、日本においては明治初期に西洋から教育が輸入されて以来一五〇年ほどしか経っていない。日本のほとんどの子どもたちが小学校教育を受けるようになったのは二〇世紀に入ってからであり、学校教育が大多数の者にとって大きな意味をもつようになったのはせいぜい高度経済成長期以降である。「教育《エデュケーション》」に拠らずに人が教え、学び、育っていった世界が人類史の圧倒的に長い期間を占めていたにもかかわらず、多くの日本人がそのような世界を想像できなくなったのは、つい最近のことだといってよい。だとすれば「教育」は、いずれ自明なものではなくなり、さらには奇妙で疑わしいものとなり[1]、やがてはまったく別のものへと変貌を遂げていく可能性さえある。そこで以下では、国家と教育の関係についてこのような前提に立ち、まずは日本における教育および教育学の成立・展開の過程を3つのフェイズ[2]の出現過程として捉え、その概要を要約してみたい。

（一）　フェイズⅠ——国民国家の建設・発展に貢献する教育と教育学

商品交換の交換様式が優位に立つことによって一六世紀の西ヨーロッパに「近代世界システム」が生まれた後、官僚制と常備軍を備えた主権国家が誕生した。さらにその主権国家＝絶対主義国家を市民革命によって打倒することによって国民国家が成立すると、国民の形成やその労働・軍事面での能力・態度育成のために学校教育制度が必要になる。

まず国民国家《ネーションステイト》は、権力機構としての国家《ステイト》のもつ主権が君主ではなく国民《ネーション》にあるために、文化や伝統を共有する「一つの国民」を創出するための組織的な教育が必要であった。国家の言語、歴史、地理、道徳、（新しく創造＝捏造された）国家の伝統といったものを領土内の人びとに共有させ、「想像された共同体」[3]の中の名も知らぬ国民との、死もいとわぬほどの強い同胞愛を培っていくための教育である。さらに、資本主義の興隆に促されるようにして成立した国民国家は、主権国家間の経済面・軍事面での競争に勝ち抜くために、国力の増強と国富の拡大を合理的に追求しようとする。そのため、科学的知識、統制された集団行動ができる壮健な身体、国家への忠誠心、等々をもつ高度に訓練された人間を大量につくりだし管理する必要にも迫られた。こうして、国民国家の建設・発展のための教育制度を理論面・実践面で支える役割を期待され、いわば官許の学として要請されたのが、教育学にほかならない。

ところが日本の場合、そこに特殊な事情が加わった。欧米では、一六世紀におけるボダンの主権論の提唱や一七世紀半ばのウェストファリア体制の成立以来、長い年月をかけて国民国家にたどり着いた。それに対して日本では、一九世紀後半の明治維新期を中心に、数十年ほどのうちに一気に国民国家を建設しようとしたからである。しかも、主権国家としての絶対主義国家を（教育を受けた市民に導かれた）市民革命を通じて国民国家に変容させていった欧米とは異なり、日本では、幕藩体制をいわば「上から」一挙に国民国家へ再編する中で主権国家の創出が試みられた。君主に主権がある絶対主義国家と類似の主権国家を建設しつつ、同時に国民（民族）が主権を行使する国家をめざすというアクロバットを迫られたのである[4]。

このとき国家の建設とは、手つかずの森や手入れの行き届いた里山を開墾して、計画的に設計・整備された公園を作るような作業であった。ギデンズ流にいえば文化や伝統の「脱埋め込み」と「再埋め込み」[5]であり、それを遂行する役割を担わされたのが近代西洋由来の教育にほかならない。国民や工業化の担い手など、伝統的な生活や日常生活の中からは生まれてこない能力や態度をつくりだす必要に迫られたとき、そこから子どもたちを引き離して、学校という統制された人工的な環境の中で計画的・合理的に目的を達成しようとする教育なしにはその任務は果たせないと考えられたのである。こうして教育は、土地に根ざした共同体から人びとを引き離し、土着の文化を旧弊で劣ったものとして排除した上で、「立身出世」という個人的利益（の可能性）と引き換えに、学校で国家や欧米の文化を教え込むようになる。人びとを身分制から解放し、天皇の臣下として平等な国民からなる「想像された共同体」に組み込みながら、国家間競争を勝ち抜いていくのに必要な人材の育成をめざしたのである。

国家建設の論理は同様に教育にも当てはまる。欧米から移入された教育もまた、伝統的社会の〝教育〟の「脱埋め込み」に伴って「再埋め込み」されたものであった。国民国家としての日本が幕藩体制以前の〝日本〟からの断絶を期したのと同様の意味で、国家の要請により新たに導入された教育もまた、従来の〝教育〟からの断絶を期したのである。こうして新しい教育は、それまで学びや成長の場として機能してきた個々の生活や仕事の場から年若い人間を引き離し、画一化された時空間をもつ学校という教育の特権的な場所に「児童」「生徒」として囲い込む。

そのさい、欧米から教育という装置や学校教育という制度を輸入するとともに、国民教育の理論（ヘルバルトやペスタロッチら）や、国家論と結びついた市民形成の理論としての家庭教育論（ロックやルソー）などを紹介しつつ、学校教育を正当化し、その未熟な中身や空隙を埋め繕い、その定着を促す役割を担ったのがフェイズＩの教育学である。その結果、被教育者を自発的もしくは強制的に一定の状態に導いていこうとする操作主義的な教育が、学校教育を支配するようになり、今日では学校外の多種多様な教育の場にも侵出している。教育学が推し進めたのは教育についての一種の価値の転倒であったが、こうして現代人はもはや近代教育の枠組みの外部を想像することすら困難になっている。

（三）　フェイズII――教育を改善するための教育学

教育学は、学校・教育に関する諸問題を省察したり、学問的な批判意識を強めたりするほどに、自らの任務が国家政策の単なる下請け以上のものであることを自覚する。それにつれて、国家の教育が排除・無視しているものを多少なりとも復権させ、教育の内部に改めて取り込もうとする。つまり優先されているものと置き去りにされているものの和解を試みることによって、教育の理論や実践の改善・改良を図る。このようにして再構成されたのがフェイズIIの教育であり、その再構成を牽引したのがフェイズIIの教育学である。国民意識の形成と経済面・軍事面で国家に有用な人材の育成をめざした日本の学校教育は、一九世紀末に制度化され、二〇世紀初頭にかけて実質化しつつあった。だが、画一的な教材や一方的で形式化した授業など、国家主導の大量生産型学校での教育は内容面でも方法面でも質が低く、新しく抬頭した富裕な新中間層を中心に学校教育への不満が溜まっていく。子どもの自己活動の重視や子ども理解といった形で子どもへの配慮が求められ、子どもの個性伸張や興味・関心の尊重が期待されるようになったのだ。こうして、学校教育から排除され無視されがちであった、子どもの生活や経験、共同体、人間関係、遊び、作業・労作、身体、個性、自己表現、芸術、発達といったものが、教育の中に自覚的に組み込まれ、教育学の新たなテーマになっていった。

そのとき、フェイズⅡの教育学に大きな影響を与えたのが、同様の背景から欧米を中心に世界同時多発的に生じた新教育運動であった。中世以来の古典語中心の中等教育への批判から始まった新教育運動は、機械的で画一的な初等教育にも批判の眼差しを向けた。その運動を日本でも大正期に都市部の新中間層が受け入れるようになったのである。それに伴い日本の教育学――アカデミズムとしての教育学だけでなく在野における教育についての省察も含む――も、新教育運動の思想を教育学の中に積極的に取り込んでいく。

そこでは、国家や教科の論理を重視する教育に対して、子どもの論理を重視する教育学の側から抵抗や批判が試みられた。けれども、それらの教育学は多くの場合、国家によって導入された教育が抱える原理的な問題には批判の眼差しを向けない。そのため工業化が進み、戦時下になると、フェイズⅡの教育学はしだいにフェイズⅠのそれに回収されていく。フェイズⅡの教育学は教育内容をいくらか問い直しながらも、もっぱら教育方法の改善に終始するようになり、その成果をフェイズⅠの教育学も適宜取り入れるようになったのだ。結局のところ、フェイズⅡの教育学は近代の教育を、画一化批判や形式化批判に耐えるもの、子どもたちが進んで受け入れてくれるものへと改鋳していく役割を果たした。フェイズⅠは政策者サイドに立った教育学であり、フェイズⅡは教育実践家・思想家サイドの教育学であって、両者はスタンスを異にしていたが、近代教育の論理に従属する点では同じだったのである。

もっとも、フェイズⅡの教育・教育学の中には、近代以前からの土着の文化に深く根ざしているものも少なくなかった。それゆえ細部に目を凝らせば、そこには近代教育との本質的な違いを見いだすこともできよう。それらフェイズⅠに回収しえない部分については、近代教育批判という観点から今後再評価される可能性がある[6]。とはいえ、その回収しえない部分が旧弊あるいは理解不能なものとしてやがて無視され読み替えられて、フェイズⅠの教育・教育学に対抗する力を失っていったことは否定できそうにない。

同様のことは戦後の日本にも当てはまる。戦前の教育が国家主義教育として戦後の進歩主義教育や民主主義教育に対置されたとき、保守派 vs.革新派、文部省 vs.日教組といった形をとって、フェイズⅠとフェイズⅡの教育学は時に激しく対抗した。だがいずれにおいても、近代教育への信頼は共有されていた。フェイズⅡの教育学は、政府の教育政策にどれほど批判的であっても、その教育学を受け入れる人びとは経済成長もまた支持していた。そのため、「立身出世」の戦後版である「いい学校・いい会社」という学習目的をフェイズⅡの教育学が「発達」概念によって批判しても、国民レベルでは両者は相乗作用していく[7]。経済的豊かさや自由な生き方の代償として土着の自然・文化・伝統が排除され、地域共同体が解体していく場合でも、フェイズⅡの教育学はそのことを問題視はするものの、失われたものの回復を「教育」の中で試みるだけであった。その結果、たとえば教育における共同体の回復の試みが、家父長制の家族共同体を模した「学級王国」づくりに変質していく、というようなことも起こった。

こうして、一九八〇年代半ばの臨時教育審議会以降に「国家」の側に立つ文部省と「国民」の側に立つ日教組が新興のネオリベラリズム勢力に対抗して大同団結するようになり、学力向上、ゆとり、非行・いじめ・不登校防止といった目標をフェイズⅠとフェイズⅡの教育学が共有するようになると、教育目標を達成してくれる効果的な教育方法を追求する点で双方の教育学の境界線は曖昧になっていく。世紀の変わり目を迎え、文部省が文科省に名称を変える頃から文科省内にもネオリベラリズムの考え方が浸透するようになると、再び文科行政をめぐる対立が時折再燃した。とはいえ、大筋では両方の教育学で教育目標は共有されており、教育方法についても体験重視・子ども尊重を原則とする点でおおよその合意が成立しているといってよい。

このようなわけで、教育学の進歩とは概して、フェイズⅡの教育学が、フェイズⅠの教育学の画一性や硬直性を批判し、啓蒙していく過程であるが、見方を換えれば、フェイズⅠの教育学がフェイズⅡの教育学による批判や革新の成果を取り入れて活力を取り戻し、フェイズⅡの教育学を都合よく飼い慣らしていく過程でもある。ともあれ、こうしてフェイズⅠとⅡの教育学が相互作用を通じて「教育」の受容可能性を高め、実効性を高めていくこと、これが教育学のいわば「通常科学」（T．クーン）だといえるのである。

(四) フェイズⅢ──教育批判と教育学の自己省察のための教育学

国民国家の建設・発展のために要請された教育学は、国民国家の揺らぎに伴い、懐疑の眼差しを自ら（教育や教育学）に向けるようになる。現代的意味での経済のグローバル化が始まった一九七〇年代初め頃から国民国家の枠組みが軋みはじめると、その枠組みを問いなおす思想が改めて活性化する。ヨーロッパで国民国家が次々と誕生した一九世紀半ばから後半にかけて近代批判や権力批判の思想が芽生えたが（マルクスやニーチェなど）、その新たな展開としてのドイツの批判理論、フランスの構造主義やポスト構造主義、あるいはそれらの成果を摂取したアメリカの「ポストモダン」文学・美学・社会学・哲学などが活況を呈するようになった。それらの影響を教育学も受けるようになったのである。

そこでの中心的なテーマは、国民国家がリベラル民主制の下であっても抱えている不可視にして構造的な暴力の告発や暴露だといってよい。国民国家は、領土内の人びとを身分制から解放された自由で平等な個人＝国民として包摂しようとする一方で、国家の外部にいる他者＝外国人・他民族・異人種を「野蛮」「劣等」などとみなして排除しようとする傾向をもつ。しかも、他者排除の眼差しはしばしば領土内の国民にも向けられ、平等な自由の承認と他者排除が時に巧妙に結びつく。国民《ピープル》は経済的・政治的自由をもった主体であるが、共通の文化を強制され、一つの国民《ネーション》の意志に従属しなければならないという意味では（時に絶対主義国家の人民以上に）臣民でもある。こうして主体《サブジェクト》＝臣民論やポストコロニアリズムなどの議論を通じて、国民国家には他者排除の暴力、同化や同一性の暴力、真理や科学と一体となった権力、自己保存の肯定に伴う生の貧しさ、「自由な主体」や「自立した自己」が抱える脆弱さ、などの問題がつきまとうことがあらわにされた。

さらに国民国家は、絶対主義国家以来の近代国家の特徴として常備軍と官僚制を備えているが、帝国主義の時代以降、科学的知識や技術の教育を推進し、国家の富を増大させるために外国と対抗し、時に戦争を仕掛けるようになる。そのため国民国家では（「精神なき専門人」としての）男性が中心であり、女性はケアの担い手という役割を押しつけられ、周縁的存在に追いやられていく。あわせて、名も知らぬ国民との抽象的な連帯や一体化が優先され、具体的な他者とのかかわりや応答が軽視されていく。そもそも近代国家では究極的な基体（subjectum＝主体）に支えられた中心－周縁図式が強化され、均質な時間や規格化された空間が広がり、「進歩」「発展」「成長」という名の数量面での拡大が国家や組織や個人のめざす目的となる。国民国家の揺らぎに伴って国家のこのようなあり方に懐疑の目が向けられるとき、フェミニズムの思想が現れ、近代の道具的理性や進歩史観や「大きな物語」や基礎づけ主義が批判されたのは、むしろ必然だといえよう。

これらの諸思想は教育学にも大きな影響を与えた。フェイズⅡの教育学による教育改善の試みが一向に功を奏さないばかりか、むしろ新たな問題を産みだしていく事態に直面して、近代の教育やそれを正当化してきた教育学への原理的な問い直しが始まったのだ。それを試みたのがフェイズⅢの教育学である。

フェイズⅢの教育学は、当初は脱学校論や学校知批判などを通じて学校批判を企てた。だが、しだいにフェイズⅡの教育学がフェイズⅠの教育学と共有する近代西洋由来の「教育」そのものをターゲットにし、教育を支えている機制や理念に目を向けるようになる。その結果、教育に対して次のような批判を向けるようになる。めざす人間が国家の臣民ではなく主権者としての国民であっても、教育は同化や他者排除の暴力を伴わざるをえないし、真理や科学の教育であっても権力による支配や抑圧につながることになる。あるいは、教育が目的合理性や道具的理性の論理に支えられている限りにおいて、教育は人間による自然支配や他者支配を可能にする装置、それゆえ自然や他者との関係だけでなく、自己の精神や身体をも貧困化していく装置として機能することになる、等々。

こうしてフェイズⅢの教育学は、フェイズⅠの教育学だけでなく、その改善を試みてきたフェイズⅡの教育学であっても隠し持っている暴力性を暴きだし、それらの解体や克服を説き、それらがもたらした傷の治癒を試みる。フェイズⅢの教育学は、従来型の教育学が国家 vs.国民の対立を乗り越え、一致団結していよいよ成功に向かって前進しようとしているときに、その前進を虚妄とみなして批判したのである。

二　教育の逆襲

(一)　フェイズⅢの教育学の挫折

国民国家の揺らぎは、新しい教育的課題を次々と産みだす一方で、教育の見方や教育学のテーマを変えた。新たに登場したフェイズⅢの教育学は、国民国家の揺らぎに伴い、それまで自明とされていた教育とそれを支えてきた教育学に根本から疑問を突きつけた。ところが、国民国家の揺らぎの結果として生まれた日本の教育の現実は、フェイズⅢの教育学が期待したものとは大きく異なっていた。二一世紀に入ってからいっそう顕著になった傾向といえるが、近代教育の乗り越えではなく、むしろその強化や徹底に向かったのだ。

もう少し正確にいえば、近代の特権的文化(西洋・男性中心の文化)を相対化し、環境破壊、他者排除、臣民としての国民、同化への強制、といった近代社会や国民国家が抱える問題の克服をめざす点ではフェイズⅢの教育学と軌を一にするところがありながらも、近代教育の本質は継承され、むしろ従来以上に強化されるようになった。ポストモダンな自由や個性を煽り立てる教育から、前近代風の強制や画一を厭わない教育(「百ます計算」のような反復練習や素読教育など)まで、百花繚乱の趣で乱立するようになったのだ。その背景にはいったい何があったのか。

まず指摘すべきは、フェイズⅢにおいては教育学が教育をラディカルに懐疑し相対化することにより、教育学が教育から離陸するようになったことである。教育から自由になった教育学は、教育を遠巻きにしながら多種多様なテーマや手法に触手を伸ばすようになり、共通のフィールドを欠いたまま、しばしば百人百様の独演を繰り広げるようになった。

一方、教育学を頼りにしなくなり、時に忌み嫌うほどになった教育は、一九八〇年代後半以降いわば一人歩きするようになる。それは近代学校批判や近代教育批判が学校や教育を懐疑的な眼で眺めるようになるとともに、フェイズⅡの教育学固有の意義が見えにくくなった時期でもあった。すなわち、フェイズⅠの教育学（国家の教育政策を支援し推進するための教育研究）が「個性」や「自由」重視の方向にシフトし、フェイズⅡの教育・教育学の成果を積極的に受け入れるようになった時期であり、それに伴ってフェイズⅡの教育学（いわゆる「戦後教育学」やその後継）が、フェイズⅠの教育学とボーダーレスになって独自の位置や意義を失い、むしろ教育問題の産出に荷担しているとして、フェイズⅢの教育学から批判された時期であった[8]。こうして、旧教育と新教育がいわば大同団結して、国家と個人の双方の利益に奉仕するようになった「教育」は、もはやフェイズⅡの教育学を必要とはしない。フェイズⅢの教育学の冷ややかな視線を無視する一方で、柔軟性をもつようになったフェイズⅠの教育学に支えられながら、社会を席捲するようになったのである。

（二）　教育への高まる期待とその社会的背景

教育隆盛の背後にあったのは、教育と教育学の関係の変容だけではない。むしろ国家の変容に伴う教育への期待の高まりこそが、教育の跋扈を招いたといえる。グローバル競争が激しさを増す中で、国家および個人の双方にとって自己の生き残りや勝ち残りが差し迫った課題になり、さらには不透明で不安定な社会で次々と生じる問題の打開もまた重要な社会的課題になったとき、いずれの課題の解決も教育に託されるようになったことである。教育への期待をここでは以下の三つに分節化して説明してみよう。

（ａ）国家は、経済のグローバル化や産業構造の変化に対応しながら、より効果的かつ確実に経済成長を促そうとするとき、世界的な動向に沿い、そのための決定的な手段として教育を位置づけた。未来社会を「知識基盤社会」や「科学技術創造立国」「Society5.0（超スマート社会）」などとして描き、そこで求められる労働力（の基礎）――「生きる力」（文科省）「エンプロイヤビリティ」（日経連）「人間力」（内閣府）「社会人基礎力」（経産省）など――の育成をめざして、学校教育や大学教育に大胆な改革を求めた。

（b）個人の側から眺めると、これからの社会は従来のやり方が通用しない不確実で不安定な社会であり、そこでどのようにして生きていくのか、若い世代ほど先は見通しがたい。にもかかわらず、グローバル化に伴って個人間競争や自己責任を求める語りが浸透しているために、相互扶助やその公共化にセーフティネットを期待することは戒められがちである。そのため、将来の雇用に不安を抱えた子ども・若者たちやその保護者は、無理を重ねながらでもより高い教育を受け、一定の学力や「就業能力」をつけることに躍起になる。

（c）実際問題としても、不安定な国家においては相互扶助の公共化を推進するのは容易ではない。日本の場合、経済の低成長に加えて、少子高齢化、国家財政の逼迫、自然災害の後遺症（原発問題）といった、類例のない構造的な難問を抱え込んでいる。このような社会では、貧困や格差にとどまらず、未知の困難な社会的問題がさらに次々と発生していく可能性がある。当然のことながら、そこには万人が諸手を挙げて賛成し即実行できる「正解」はなく、よりまともな解を求めて試行錯誤していくしかない。こうして、未来世代に社会的問題の解決を委ねる傾向が生まれ、現世代が国家の経済成長に注力すればするほど問題が先送りにされてその傾向が強まり、市民教育に期待する声も高まっていく。

このような社会的背景から教育への期待がかつてなく高まっていったとき、フェイズⅢの教育学サイドからは、教育への期待に釘を刺し、教育の脱神話化を説く声も上がった[9]。しかし、そのような声は社会ではほとんど聞き入れられなかった。（a）や（b）の前提に立つ限り、教育に期待するのをやめたら国家も個人も座して死を待つしかなくなるからだ。

もっとも、フェイズⅢの教育学も教育や教育学の批判に安住していたわけではなかった。人間の生の深層を見据えた〈教育〉、つまり社会的有用性や経済合理性を追求する「教育」を超越した〈教育〉の可能性もまた探究された[10]。しかしそれらの〈教育〉は、どれほど重要で示唆に富んでいても、(a)〜(c)に見られる教育への期待に応えてくれるわけではない。そのような期待に応じながら[11]、「教育」の限界を乗り越えていく教育(職業教育や市民教育あるいはそれらの基礎となる教育)は、提示されていなかったのである。そのためその教育学は、近代教育を厳しく批判する一方で、社会で生きるために「教育」をいわば必要悪として容認せざるをえない。社会の構造的変動が教育への期待を高めているにもかかわらず、フェイズⅢの教育学がそれに応えられず、かつ限定的にせよ「教育」を容認しているのであれば、当の教育への期待は、合理的手段を駆使して一定の目標の達成をめざす「教育」への期待に収斂していくほかない。このようにして「教育」は、批判の猛攻にさらされながらも、しぶとくゾンビのように蘇るのであった。

かくしてグローバル化時代の教育は、「教育」の枠組みの内部で、ただ単に教育の目的や方法を新しいものに取り替えただけであった。学校教育の目的は一九九六年以降、先の見通せない社会を「生きる力」の獲得として位置づけられているが、生きる力の中核はつねに揺れ動いてきた。「リテラシー(読解力)」「コンピテンシー」「資質・能力」「二一世紀型スキル」等々、多様な名称が用いられ、中身もかなり異同がある。その中で近年の文科省は、二〇〇七年の学校教育法改正で新設された条項(第三〇条第二項)にも従い、「生きて働く「知識・技能」「思考力、判断力、表現力等」「学びに向かう力・人間性等」を「資質・能力の三つの柱」と総称し、これらの獲得を学校教育の目的の中核に置いている[12]。

そこでは教育方法も、教育目的の変化に応じて種類や中身が変更されただけであった。活用型学習も課題探究型学習もアクティブラーニングも、「効果的な学習」のバリエーションにすぎなかった。学び合いや教え合いも、教育目標の達成を底上げするための手段とみなされた。子どもたちに出す指示の中身が――端的にいえば「教科書を読み、黒板をノートに写しなさい」から「ＩＣＴを駆使しながらグループ活動を行って話し合ったり教え合ったりしなさい」へと――変わっただけといっても過言ではなかったのである。

（三）「教育」の徹底

文科省が「確かな学力向上のための二〇〇二アピール『学びのすすめ』」を発表する少し前、つまりグローバル競争が激化する中で学力低下問題が社会を賑わせた頃から、教育への期待は大きく膨らんでいった。二〇〇六年に全面改正された教育基本法において、政府や地方自治体に「教育振興基本計画」の策定を求める条項が新たに盛り込まれたのは、「教育」の徹底を象徴する出来事であったといえる。それ以降、期待される目標を計画的に達成するべく、何層にも階層化された膨大な教育目標と計画のリストが掲げられ、政府と地方公共団体は一体となって、旧ソ連の計画経済まがいの試みに着手するようになった。

あわせて、目的に対する手段の合理性を追求するために、公教育に市場の論理が導入された。消費社会ではサプライ・サイドではなくデマンド・サイドが経済活動の主導権を握るようになるが、教育を受ける側が消費者（「生活者」）として位置づけられるとき、消費者のニーズ・要望に応えることが教育にも求められる。生活者主権を貫き、教育を消費者のニーズに応える商品として位置づければ、市場での競争を通じて教育の質は向上し、コストを引き下げることも期待できる。このように考えられて学校教育や大学教育には、教育サービスという商品の顧客に対して、わかりやすく・見える形で一定の「結果」や「成果」を出すことが求められるようになった。

教育の合理性追求は、「説明責任」（accountability）の考え方と結びつき、さらに強化された。企業が株主・投資者や顧客などのステイクホルダー（利害関係者）に対して自社の活動について説明（申し開き）を果たさなければならないとする説明責任の考え方は、政府や地方自治体などの公的組織にも適用された。その結果、教育結果への責任としての説明責任が、文部行政だけでなく地方教育行政や個々の学校経営にまで求められるようになる。教育行政機関や学校には、保護者・子どもや納税者や有権者といったステイクホルダー＝契約者に対して説明責任を果たすために、期待される成果を一定期間内に確実に上げることが求められるようになったのである。こうして学校には、教育目標を実現するための計画をその実施と評価を通じてたえず改善していくためのＰＤＣＡサイクルも導入されるようになった。それと同時に、そのサイクル内での評価や、説明責任の証明のために、一年や一学期はいうまでもなく、時には一時間の授業ごとに、数字などを用いてわかりやすく目に見える形で――つまり「エビデンス」という名の「客観的根拠」を用いて――教育目標の達成状況を明確化することが要求されるようになったのである。

三　教育の貧困化

（一）　教育論なき教育

ここで話が終われば、フェイズⅢの教育学は、未だ平和な時代の徒花であり、的外れでしかなかったということになる。国家と圧倒的多数の国民が共有する危機意識の前で、世間ズレした教育学は一つの歴史的エピソードとして葬り去られても仕方がないということである。しかしながら視点を換えれば、そのような見方は間違いだとわかる。というのも、教育がめざす目的と実態の間には齟齬や乖離が生じつつあるからだ。その観点から見ると、近代教育に限界を見るフェイズⅢの教育学の見立ては、今やむしろますます現実味を帯びつつあるということができる。今日、教育への期待はかつてないほどに高まり、学校から大学や職場へと教育や教育的生活様式が広がり、新教育だけでなく旧教育の遺産まで改めて取り込んで、教育や学習は万全の体制を築きつつあるかのようにみえる。けれどもその栄華の裏側では、皮肉にも教育が形骸化したり、もはや教育とはいえないような代物まで生まれたりして、教育の抱える限界や困難がいよいよ鮮明になりつつあるのだ。

その次第について説明する際に格好の導きとなるのが、「エビデンスに基づく教育」である[13]。フェイズⅢの教育学に多大な影響を与えた近代批判の諸思想は、これまで客観的な根拠とされていたもの――そこにはセンス・データも含まれる――の解体を徹底的に試みた。その結果あらゆるものが無根拠になり、何でもあり状態が生まれたところに、「客観的根拠」を僭称するエビデンスなるものが唐突に登場した。それは、焼き尽くされた畑地に生えてきたひこばえのように頼りないものでありながら、経済政策が必要とする根拠として大衆的支持を取り付け、一人勝ちした根拠として強大な政治力を発揮するようになる。こうして医療における先行例に倣いつつ、エビデンスに基づく教育は登場した。

データに基づいて教育政策を検証し立案することの功（思い込みや政治的イデオロギーの排除）と罪（恣意的・一面的なデータの過信）をめぐる問題は、ここでは措いておく。以下で注目するのは、エビデンスに基づく教育の導入がもたらす、教育の変容の諸相である。

その導入の時点で教育はすでに一定の変容を経ていた。学校が共同の養育の場ではなくなり、子どもや保護者が消費者としてながめられるようにつれて、教育は「エビデンスに基づく医療」と同様に、不足を満たし、欠損を矯正し、異常を正常化して、教育を受ける者のニーズを満たす営為として位置づけられていたのである。そこに教育の目的合理性を徹底的に追求しようとしてエビデンスに基づく教育が導入されると、しだいにエビデンスに基づいて評価できる教育ばかりに眼が向けられるようになり、目に見える形で教育目標を達成することばかりが教育に期待されるようになっていく。その結果、教育現場では、「人格の完成」（教育基本法・第一条）や「人間としての成長」といった大きく抽象的な目的は無視されたり、ほとんど考慮されなくなったりした。

人を育てるには手間暇がかかるし、長期に及ぶ訓練や実践も必要である。そもそも人が育つとはどういうことかという問いは多様な答えに開かれている。そのため成長概念に伴う多義的な価値はしばしば互いに葛藤し対立する。けれどもエビデンスに基づく教育では、そのような問いや葛藤は顧みられることがない。教育（近代以前から存続している）は古来、農耕やその周辺文化とのアナロジーで語られることが多く、状況や機に応じた繊細な手入れと相手への信頼をその核心部に置いていた。教育は、期待される結果を確実に達成するために、結果から逆算して合理的な手段を講じるものではなく、適切な働きかけの結果として相手が自らの成長の行方を自ら定め、いずれ一定の成果が生まれることを願いつつ信じるものだった。その「育てる」文化の核心部が無視されるようになったのである。

エビデンスに基づく教育の直接の起源は、一九三〇年代のアメリカで登場した教育への工学的アプローチに遡ることができよう。工業化社会の到来によって、モノと同様に人も合理的につくることができるという考え方が具体化されたときである。ただそれでも、その後の社会は、農耕社会以来の広義の教育（育てる文化）を捨てて工業化社会の教育を受け入れたのではなく、この二つの教育観をどのように調停するかに心を砕いてきた。ところが、エビデンスに基づく教育が導入されると、人類が膨大な時間をかけて築き上げてきた前者の教育観はついに度外視されるようになったのである。

そのとき、数値などの客観的成果に振り回される教育に疑問を投げかける教育関係者や教師は少なくなかった。教育の成果はすぐに目に見える形で現れるとは限らない、大きな成果ほど時間がかかる、目先の成果を追いすぎるとかえって子どもに悪影響を与える、教育は人間の全体や人の生涯全体を見据える必要がある、等々と主張したのである。しかしそうした声は聞き入れられなかった。教育論が争点とはみなされなかったからである。教育も説明責任を果たせという声の大合唱の前では、「客観的根拠」(数値目標)に基づく教育に抵抗することは無責任や怠慢としてみなされた。そのうえで説明責任が組織のガバナンスの問題として位置づけられると、その抵抗する声はむしろ取り除くべき悪とみなされていく。こうして、組織の管理運営上の責任者(首長から学長・校長まで)には強いリーダーシップを発揮して説明責任を果たすことが求められ、一般の教師は教員人事評価システムなどの導入・強化を通じて管理者の指示命令に黙して従うしかなくなっていく。

(二)　倫理なき教育

エビデンスに基づく教育がもたらす教育の変容はそれだけではない。教育目標とその達成の根拠が転倒し、「何のための教育か」が見失われて、期待されるエビデンスの産出をめざす教育までも生まれるようになる。そのわかりやすい典型例は、全国学力テスト(全国学力・学習状況調査)において期待される水準の点数——全国一位とか最下位脱出とか全国平均越えなど——を確保するための教育である。授業時間を削ってのテスト対策が、教育委員会主導により全国各地で繰り広げられた。一九六〇年代の「学テ」(全国中学校一斉学力調査)であれば疚しく恥ずべきとされた行為が、このたびはほとんど問題にはならなかった。むしろ教育行政や学校のガバナンスの問題として位置づけられ、当然視された。問題をながめる認識枠組みが変わったのである。かつては目的の狭隘さと手段の不適切さについての道徳判断だったものが、今日では自己保存（生き残り・勝ち残り）という目標達成の手段の有効性をめぐる事実判断に転じてしまったのだ。

　教育論がなく、倫理も必要としない教育は、表面的な配慮の裏側で子どもたちを食い物にする教育を生みだしていく。まず教育する側の目的が、自らの生き残りや勝ち残りのために、教育の成果とみなせるエビデンスを産出することに置かれるようになる。都道府県や市町村の首長をはじめとして、教育行政や学校の責任者、さらには与えられた職務の遂行に徹するまじめな教師[14]のいずれもが、求められる成果を出すことと引き替えに、評価者＝ステイクホルダーから承認されることをめざすようになった。テストの点数が上がったり授業が楽しかったりといった満足を与えることと引き換えに、教育する側自身が承認されることが教育の目的になったのである。（教育）行政や学校管理者やまじめな教師は子どもを、人としての成長を望む目的的存在というよりも、むしろ顧客という取引相手としてみなすようになった。その結果、保護者や子どもがもつ顧客としてのニーズに配慮しようとする姿勢が強まり、形としての〝道徳〟は従来以上に浸透しているが、子どもが潜在的にもっている本質的なニーズが損なわれたとしても、気にしなくなっていく。商品としてのケア（気配り）と倫理としてのケア（応答責任）が乖離するようになったのである。

　これは、世代間の贈与の論理に従い、見返りとは関係なく与えるものであった教育が、商品交換の論理に従属するようになったことの必然的な帰結であった。かつて「聖職者」と「労働者」の間で揺れ動いていた学校の教師が、商品提供者として生き残れる能力・スキルを求められ、説明責任を問われる小企業家として位置づけられるようになって、〝自発的な〟サービス残業（商品交換を有利に進めるための贈与）に苦しめられている現状も、このような変化の帰結だといってよい。

（三）　皮相な教育

教育の変質はそこにとどまらない。エビデンスに基づく教育の導入は、しだいに教育の形式化をもたらすようになる。コストを削減しつつ、わかりやすい成果を確実に出せという説明責任の圧力が高まり、教員の質的向上が望まれているが、実際には教員の大量退職期を迎えて若手教員が増えている。だが学校現場には経験不足の教員をゆっくり育てていく余裕はない。くわえて、時間を切り売りするだけの非正規採用教員や、多忙のあまり授業・教材研究にじっくり取り組む余裕がなくなった教員も増えている。にもかかわらず、経験不足の教員にも「成果」だけは求められる。そこで、教育行政および教員の双方から、失敗のリスクをできるだけ避けながら、成果を確実にあげられる教育システムの導入を求める声が高まっていった。

こうして、明快なエビデンスがすぐに得られる手軽な教育方式に関心が集まるようになり、平板で皮相な教育が広がっていく。めざす教育成果の指標となるエビデンスを単純化した上で、そのエビデンスを確実に得るための手段の選択・開発に力が注がれるようになったのだ。こうして、レディメイドの指導マニュアルや指導技術、指示が具体的に書き込まれたワークブック、スモールステップに従った学習、表現や思考のためのテンプレート、反復学習、それらをより効果的かつ確実に行うためのＩＣＴ用学習ソフト、授業のタイムマネジメント、等々が授業で用いられるようになった。これに関連するが、地方自治体（都道府県から市町村まで）や学校ごとに授業や生徒指導の「スタンダード」を決め、不慣れな若手教員をはじめとしてどのような教師で実行できるように指導法をわかりやすくマニュアル化する試みも、今日全国的に広がっている。こうすれば、経費削減を進めながらも多くの教師が、たとえみすぼらしくても教育成果を確実に上げることができるからだ。

その先にあるのは、授業のアウトソーシング化であろう。人工知能を用いた教育や、コンピュータを用いたモニトリアルシステムもどきの教育であり、そこでは教員資格のない「外部人材」の補助だけで事足りるであろう。疑似科学（教材「水からの伝言」など）の利用も、手っ取り早く教育の効果を得ることが目的であるとき、同様の文脈に位置づく。一定の〝効果〟があり、露骨でなければ、ウソでもインチキでも構わないというわけだ。

（四）フェイク教育

ここで教える側がもくろんでいるのは、インプット＝教育的介入とアウトプット＝エビデンスの間をできるだけ短くした上で、その隙間をより確かなやり方で埋めることである。あらゆる可能な手段を用いて、目標地点に学習者を確実に（できるだけ楽しくソフトなやり方で）誘導することである。だがそれが困難な場合には、説明責任の圧力が強いほど、教育が成功したかのように「見せる」しかない。教育は多様で複雑な要因が絡むために、獲得させたい能力や知識の内実が豊かなものであればあるほど、一定期間内にねらい通りの成果を上げるのは難しい。したがって、エビデンスの獲得の手軽さや確実性を追求する皮相な教育を避けようとすれば、今度は教育行為と教育結果＝エビデンスの間の因果関係を**偽装す**る可能性が高まっていく。

偽装に励むのは教える側だけではない。教師から管理職や行政責任者までのだれもが、求められた成果を確実に上げて自己承認を得ようとするところでは、当然のことながら学ぶ側もそのシステムに巻き込まれる。一定の教育成果の達成が教師や教育行政に求められるとき、それを最終的にやり遂げるのは学習者だからである。こうして学習者は、このシステムに適応しながら自らの生き残りを図ろうとすればするほど、あるいは学習成果がハイ・ステイクスな評価にさらされるほど、教える側とウィン―ウィンの関係を築こうとし、エビデンス産出の教育への協働者＝共謀者になる。その結果、評価者（親・教師・友人など）から承認されることをめざして〝学習〟に励むようになる。だがそこで学習者がめざすのは、何かを学ぶことではなく、求められる成果＝エビデンスを産出することである。そのため、一般的な能力《コンピテンシー》を身につけたことを証拠立てる場合には特にそうだが、評価者の求めに応じて、学習成果をそれらしく「見せる」ことに力を注ぐようになる。たとえば、学習意欲をもち、コミュニケーション力や思考力や学習への構えなどが身についていることをアピールするために、（業界内で流通しているレートなどを参照しつつ）ふさわしい表現や成果を主体的に構築＝偽装《シミュレーション》するようになるのだ。それは意図的な捏造というよりも、むしろ真とも偽ともつかぬものの構築＝偽装である。客観的とされる数値や数字でさえも、測定や調査の条件操作によってかなりの程度まで構築＝偽装が可能である（たとえば「ボランティアに10回参加するくらいその問題に意欲的にかかわった」とか「アンケートで『自分のことが好き』と答えた子どもの割合が10％増えたので自尊感情が高まった」等々）。

商品交換と説明責任の論理は肥大化して、倫理や真理の領域を侵食しつつある。そのため、倫理や真理を追究する研究者に対して、公費や政府からの補助金（科研費など）を受け取るなら国家・政府批判をするな（むしろ国家・政府の要望に応えよ）といった、倒錯した主張が一定の支持を集めるようになっている。「フェイク」や「ポスト真理」もまた、商品交換の論理が深く浸透し、説明責任が自己の生き残りを左右するところでは至る所にひそんでいる。「真理と正義の希求」や「学問の自由の尊重」（教育基本法）が求められる教育の世界であっても例外ではない。

（五）　意図と結果の乖離

短期間でわかりやすくエビデンスが得られる教育に教育が限定されることを近代教育の形骸化と呼べば、もっぱら期待されるエビデンスの産出をめざす教育の出現はもはや近代教育の空洞化と呼べる[15]。しかもその空洞化は、エビデンスの産出を構築＝偽装する教育までも招来している。なるほど昔から学習成果の偽装はあった。だが、偽装がインチキや当座しのぎとはみなされず、真と偽のあわいでまじめに追求されているのであれば、それはもはや教育の崩壊といわざるをえない。そのような教育の内部に閉じ込められた人は、変化が激しくさまざまな未知の課題が待ち受けている社会を「生きる力」をはたして身につけることができるだろうか。

生きる力が、正解のない問題をめぐって新しい選択肢を大胆に創造し、多様な人びと対話しながらそれを鍛え上げ、実行していく能力であれば、おそらく身につかない。それどころか、未知の問題——失敗したら自己は承認されないどころか、否定されかねない問題——に進んでチャレンジし、責任を自ら引き受けようとする構えは、そのような教育ではむしろ損なわれていくであろう。そこでは、自己信頼の精神は身につかず、指示を待ち受ける姿勢、責任逃れの姿勢、適当にその場を取り繕う姿勢、他者の眼差しに振り回される姿勢ばかりが助長されるであろう。こうしてみると、近年指摘される日本の子どもたちの自己肯定感の低さは、このような教育のあり方に由来しているのかもしれない。

ステイクホルダーの期待や要望に応え、困難な社会を生き抜いていける主体の形成をめざした教育は、こうして意図と結果の乖離をもたらしつつある。ここに見られる教育の劣化は近年の政治の劣化と相同だといってよい。政治家もまた、自己や自己の組織が生き残るための手段として政治を位置づけた上で、ステイクホルダーから目先の承認を得ることや成果を取り繕うことばかりに力を注いで、政治家としての矜持や責任を放棄している者が少なくない。そのため、劣化した教育がもつ上記の諸特徴を、政治もまた共有しているからである。

生きる力の育成をめざして導入された「アクティブラーニング」がうまく機能しない状況を憂慮してのことか、

二〇一七年改訂の学習指導要領では「主体的・対話的で深い学び」の導入が目されている。けれども、形骸化し空洞化した教育の枠組みに拘束される限りでは、その「学び」が迷走していくのは避けられない[16]。そのとき、教師がどれほど熱心に教育を試み、子どもたちがどれほどまじめに学習に取り組んでも、生きる力は身につかないどころか、むしろその分だけ生きる力は失われていくであろう。近代教育のなれの果ては今日、意図せざる帰結ではあるが、このような矛盾に逢着しているのである。

ただし留意すべきことがある。第一に、教育や学習に従事している当事者は、商品交換の中で一定の満足や利益を得ているために、教育の貧困化を自覚するのは容易ではない。教育や学習の変容を歴史的観点から眺める観察者だからこそ、その矛盾は見えやすいのである。第二に、教育の貧困化が各人に与える影響には、かなり濃淡があると考えられる。たとえば、教育の形骸化によって農耕社会以来の「育てる」文化は一気に消滅するのではなく、実際には多少なりとも残っている。さらに、教育が変質し崩壊したとしても、人類史的スケールで見れば育てる文化よりもはるかに長い期間に人間が依拠してきた——霊長類とも共通するところが多い——「学び」[17]という土台は、その文化以上に容易には崩壊しそうにない。そのため教育の貧困化の影響は、教育と一定の距離を保ち、育てる文化や学びの土台が確固としていれば、ほとんど目に付かないかもしれない。だが、それとは反対の条件が揃えば、教育の意図と結果の乖離はあからさまな形で露呈するであろう。教育の現状を放置すれば、そのような事例がしだいに増えていくことも十分に考えられるのである。

四　教育の組みかえ

（一）　教育学の自壊？

教育学が熱心に近代教育批判を試みたとき、その批判を逆なでするかのように近代教育は強化され徹底された。けれども、その教育にとっては皮肉なことに、そして近代教育批判にとっては想定通りに、教育に胚胎していた限界や問題点がこれまで以上に浮き彫りにされつつある。「教育」はその空前の繁栄のさなかで自壊しつつあるのだ。近代教育批判は逆説的に成就しつつあるともいえるし、その批判が届かずに近代教育の負のループはますます昂進しつつあるともいえる。にもかかわらず第三期教育振興基本計画（二〇一八～二二年度）では、教育をさらに合理的なものにするべく「客観的な根拠を重視した教育政策の推進」が提唱されており[18]、教育の貧困化は今後さらに深まっていく可能性がある。

このまま教育の劣化が進むと、本章の冒頭部で挙げたグローバル化や国民国家の揺らぎに伴う新しい教育的課題のいずれにも、対応するのが困難になっていこう。教育の変質をまずくい止めなければ、どれほど大胆な教育的挑戦を試みても空回りし頓挫していくのは避けられない。このような現状を前にして教育学に何ができるだろうか。量的・質的データを駆使して先の「意図と結果の乖離」を客観的に〝立証〟しようとするのも一つの手である。だが、この乖離が斉一的現象ではなく、他方「意図と結果の一致」の根拠となるデータの構築＝偽装も可能である限り、データによる立証は容易ではない。教育学はもはや教育劣化の進行を手をこまねいて眺めているしかないのだろうか。

じつは教育学や教育学者も、教育（学校教育や大学教育）と同様に、ステイクホルダーから承認を得ることを通じて生き残りを図る競争に巻き込まれている。だからこそ教育学者や教育学各分野は、自らが生き残るために、フェイズⅠの政策教育学に寄生するか、さもなければ一定の成果達成のエビデンス（論文数や外部資金獲得など）をめざして、互いに差異化を図りつつ各人各様のパフォーマンスを繰り広げざるをえない。このまま教育が失敗を続けると、先（二・二）に述べた（a）国家の要求や（b）個人のニーズの融合体がさらに熱いマグマとなって煮えたぎり、国家目標の達成を目指すフェイズⅠの政策教育学に教育学は総動員されていく可能性もある。教育の崩壊をなすすべもなく眺めるどころか、教育の崩壊に図らずも加担を強いられたり、自発的に手を貸したりするかもしれないのだ。

すでに「学習科学」の一部にその兆候が見られる。学習科学は、近代哲学批判や近代学校批判とも呼応する学習論や知識論の成果を踏まえて教育実践や授業実践を構想し、かつエビデンスに基づく教育の要請にも応えようとする。諸学問の連携、研究者と実践家の協働、ラディカルな学問的批判、各学問分野の生き残りのいずれも果たそうとする点で、フェイズⅢの教育学にとって非常に興味深い試みである。しかしそこでは、教育がブラックボックス化され、教育研究が「介入」（intervention）研究に取って代わられる。学習科学では、学習論や知識論から学習や教育についての一定の原理や特徴や条件の類が導きだされ、教育目標に照らしつつそれらが学習環境や学習方法の中に組み込まれて、教育プログラムや授業がデザインされる。それを実践し、そこから得られたエビデンスの検証を通じて、効果的な学習・授業のあり方や理論が追求されていく。

そのとき、教育・授業実践を合理的に統制可能な実験として位置づけようとすれば、学習や教育の諸特徴や諸原理は、たとえば一定の「授業の型」（「知識構成型ジグソー法」）に還元せざるをえない。そのため知識論や学習論レベルではデカルトの心身二元論を批判しても、介入研究としてはデカルト由来の要素還元論に依拠するという矛盾した事態が生じる[19]。そのような授業でも実態としては、子どもたちの参加や活動は促されるし、一人ひとりの声にも耳は傾けられる。けれども、研究する側から見た子どもたちは、予め入念にデザインされた授業の設計図に従った介入実験の成否を左右する要因でしかない。そこで追求されるのはあくまでも、個々の状況や子どもたちの特質に関係なく適用可能な学習活動や指導の仕方なのである。

結局のところ、そのような介入研究は、医療や経済など他の分野の介入研究と同様に、目標―手段という骨組みに従う。しかし、その最小限の骨組みこそがいわば定項であって、その内部を埋める諸要素はいずれも変項にすぎない。近代教育の骨格といえる目標―手段図式の内部に、近代哲学批判や近代学校批判のさまざまな成果を盛り込んでいる点ではポストモダンだが、目標―手段図式と要素還元主義を徹底させる点ではハイパーモダンなのである。

このような介入研究は、外部資金獲得やグローバルな共同研究では有利にはたらき、理系研究者並みの研究成果＝エビデンスも望めるので、教育・学習・授業の研究者の生き残りにとっては非常に都合がよい。しかしながら、人間の全体や個々の状況を見据え、固有の論理に従って人に働きかけることとしての教育はもはやそこにはない。ここでもまた、近代教育批判は皮肉な形で成就しつつあるといえるのである。

(二)　未決の未来

教育の栄光と死がメビウスの環のように一つにつながり、その環が複雑に絡み合っているとき、教育学が近代教育を批判しつつ、教育を再生させるための手がかりはどこにあるのだろうか。教育と教育学のフェイズの出現過程が示しているように、教育の変容は国家をはじめとする現実社会の変化に促されるようにして生じる。近代教育が社会現実の分厚い土台に支えられている限り、その教育を理念的に批判するだけでは、教育跳梁の趨勢は押し戻せない。だからこそ、フェイズⅢの教育学による近代教育批判は、社会に届かないか、部分的かつ屈折した形でしか実現しなかったのだ。

けれども、だからといって近代教育批判は無力だというわけではない。教育は一定の方向に避けがたく変化していくのではなく、その進む先はつねに複数の可能性に開かれている。近代教育批判が現実的な効力をもつとしたら、その力は諸可能性が実現する前の分岐点でこそ発揮されるであろう。社会現実の圧倒的な力に支えられた教育が破綻しつつあるところで、教育を求めるその力を踏み台にしながら別様の〝教育〟の可能性を開示することが、近代教育批判を活かし、教育学が教育を取り戻すきっかけになるということだ。

グローバル化に伴う国民国家の揺らぎが今後どこに向かうのか、現時点では不明である。現在は、先述の（a）経済成長を促すための国家の要求や、（b）生きる力を身につけることへの個人のニーズが圧倒的に強力であり、それが教育のあり方を強く拘束している。ところが、もし経済成長が大きくＡＩや移民に委ねられる時代が来れば、（a）の要求は必然的に弱まるか限定的になろう。そのとき（b）がそのままであれば深刻な問題が生じるだろうが、もしベーシックインカム制度が導入されるなら、生存に対する国民の不安は和らぎ、（b）のニーズも弱まるか限定的になるだろう。その結果として、国民が労働力としても政治的主体としても期待されなくなれば、（養育の共同化のための学校は存続しても）国家による公教育の根拠は不明になり、制度化された学問としての教育学も不要になりかねない。しかし、ベーシックインカム制度が公共世界への市民参加と結びつけられるならば、労働と公教育が切り離されて、（c）の市民教育が公教育の重要な任務としてせり上がってくる可能性がある。その場合には、近代の教育は社会現実の要請にそぐわなくなり、現実の大きな力に促されるようにして、別の教育のあり方が探究されるようになろう。

このような社会が実現する見通しが現在の日本にあるわけではない。しかしながら、そのような可能性が名指しされ、その実現可能性が模索されるだけで、教育は変わっていく可能性がある。そのような社会に対応できる人間の教育について探究が始まるからだ。未知の社会問題に立ち向かえる市民は、未知の社会への移行に対応できる人間でもある。そのような人間を育成する教育は、未来社会が求める能力や知識や態度を仮定して、それを満たす人材を育成することではない。先行きが定まっていない社会の変化そのものに対応できる柔軟で創造的な知性、時代や社会の刹那の求めを俯瞰するための教養、世界の絶えざる変化への開かれた構えをもった人間を育てる教育こそが、そこでは必要になる。

(三)　教育の再建に向かう教育学

そのとき、教育の本質は近代教育とは大きく異ならざるをえない。むしろ狩猟社会から農耕社会を経て工業化社会を築いてきた現生人類《ホモ・サピエンス》が本来もっている適応能力に目を向け、能動的適応を可能にしてきた創造性や柔軟性、協働性と個性を賦活するような教育になろう。そのような教育の探究においては、近代教育が導入される以前のいわばフェイズ０の〝教育〟が重要な手がかりになると思われる。すなわち霊長類とも部分的に共通する人間特有の学びを土台に据えながら、近代以前の社会で深く浸透し、学校教育以外の場を中心に今でもかろうじて残っている広義の教育を新しい時代・社会にふさわしい形で再生させ、それらを教育の基本原理にするのである。目標－手段図式に代えて、そのような学びや広義の教育を教育の骨格に据えるならば、その枠組みの内部で近代社会や近代教育の原理も適宜活かしていくことができよう[20]。

行方が定まらぬ社会、経済成長期とは異なり一元的な価値を受け入れない社会、たえず変化していく状況を想定した教育は、現時点においても大きな力を発揮すると思われる。今後大きく変化するであろう経済情勢に対応できる能力や、ＡＩを超えた人間特有の能力や、正解のない未知の社会的問題を解決する能力が国家にも個人にも必要とされているとき、個人が生き抜くためにも、国家だけでなく諸々の共同体や地球社会が存続していくためにも、そのような教育は好都合だと考えられるからである。

一方、このような教育と比較すると近代教育は、先に述べた教育の貧困化とは別の重大な問題を抱え込むことになる。未来社会が不透明なとき、そこで必要になる能力の中身はたえず揺れ動き、特定困難になる(二・(二))。ところが近代教育の考え方に従うならば、一定の社会像を確定的なものとして描きだし、そこで必要となる能力の獲得を教育目的とした上で、それを実現するための処方箋を教育方法として提示する必要がある。実際にも新学習指導要領では、先の(a)と(b)については現状のままという前提の下で、OECDの教育政策(Education 2030)に追従しつつ二〇三〇年の近未来社会を想定し、そこから演繹的に必要な人材像を導きだし、その育成をめざして教育を構想している[21]。だが二〇三〇年頃といえば、この指導要領が本格実施される二〇一八年に小学校に入学した子どもがようやく二十歳を迎える頃である。だとすれば、実際に実現した社会が幸い設計図通りであったとしても、変化の激しい社会ではその教育は、社会人になる頃までしか通用しえない。「生涯学び続ける」必要性を説いてその問題から逃げるばかりで、その後の人生については関知しない、無責任な公教育ということになる。この致命的な欠陥――行政府が子どもや保護者を食い物にして生き残ろうとすること(三・(二))から生まれる詐術――があからさまになれば、先の(a)や(b)をめぐる社会構造が大きく変わるずっと手前で、目的－方法図式に縛られた近代教育に代わる別の教育が模索されるようになる可能性も十分に考えられるのである。

国家・社会の変化が近代教育とは原理的に異なる教育を求めるようになるとき、その別種の教育を探究する教育学が新たに生まれるならば――そこまで教育学が自律的な学問として生きながらえていれば――、それこそがフェイズⅣの教育学となろう。国民国家が排除・抑圧してきたものを、フェイズⅡの教育学のように教育の中に組み込むのではなく、教育の概念を組みかえるものとして用いるその教育学では、「教育とは何か」が改めて根本から問い直される。これまでの教育学の諸成果だけでなく、哲学、歴史学、社会学、経済学、政治学、生物学、人類学、等々さまざまな学問の成果も踏まえながら。そのうえで、他者はもちろん自己であってもコントロールしえぬ人間の誕生・成長・死の不思議と向き合いつつ、社会の中で生きることを支援するとき、教育学は謙虚にして固有の輝きを放つようになるであろう。

註

1　すでにアメリカ人・人類学者にとっても近代西洋（Western, Educated, Industrialized, Rich, and Democratic）社会の教育は「おかしな」（weird）教育として映っている（J・ダイアモンド［倉骨彰訳］『昨日までの世界（上）――文明の源流と人類の未来』日本経済新聞出版社、二〇一三年、二四頁、三〇一頁）。

2　ここでいうフェイズは時間の経過とともに現れるが、ステージのように過去の段階が乗り越えられていくわけではない。旧いフェイズの上に新しいフェイズが折り重なっていき、状況に応じてそれぞれが前景に浮上したり後景に退いたりする。

3　B・アンダーソン（白石さや・白石隆訳）『増補 想像の共同体――ナショナリズムの起原と流行』NTT出版、一九七七年。

4　この困難な状況が日本の道徳教育に与えた負の影響については、松下良平「道徳教育――ナショナリズム／教育勅語がもたらす自己否定」森田尚人・森田伸子編『教育思想史で読む現代教育』（勁草書房、二〇一三年）を参照のこと。

5　A・ギデンズ（松尾精文・小幡正敏訳）『近代とはいかなる時代か？――モダニティの帰結』而立書房、一九九三年。

6　田中智志・橋本美保『プロジェクト活動――知と生を結ぶ学び』東京大学出版会、二〇一二年。田中智志・橋本美保編『大正新教育の思想――生命の躍動』東信堂、二〇一五年。

7　「経済成長」と「発達」をめぐる問題をめぐっては、今井康雄『メディアの教育学――「教育」の再定義のために』（東京大学出版会、二〇〇四年）、一章を参考のこと。

8　フェイズⅢの教育学による「戦後教育学」への批判の詳細は、下司晶『教育思想のポストモダン――戦後教育学を超えて』（勁草書房、二〇一六年）を参照のこと。

9　広田照幸『教育には何ができないか――教育神話の解体と再生の試み』春秋社、二〇〇三年。

10　下司のいう「教育人間学」（下司晶、前掲書、特に第三章・三）やその影響下にある論者に、とりわけそのような傾向が顕著だといえよう。

11　この場合の「期待に応じる」とは、諸問題の解決をことごとく教育に委ねようとする社会の期待を受け入れるという意味ではない。「教育」が前提とする目的合理性の論理を拒否しながら、しかし社会的・経済的有用性への期待には（直接めざすことなく逆説的に）応えるという意味である。

12　中央教育審議会「幼稚園、小学校、中学校、高等学校及び特別支援学校の学習指導要領等の改善及び必要な方策等について（答申）」二〇一六年一二月二一日。

13　この教育をめぐる批判的考察としては、さしあたり『教育学研究』（第八二巻二号、二〇一五年）の「教育研究にとってのエビデンス」特集の諸論考を参照のこと。

14　「まじめな教師」の問題については、松下良平「まじめな教師の罪と罰――教師が教師であるために必要なこと」グループ・ディダクティカ編『教師になること、教師であり続けること――困難の中の希望』（勁草書房、二〇一二年）を参照。

15　教育の形骸化と空洞化の実態と背景については、松下良平「エビデンスに基づく教育の逆説――教育の失調から教育学の廃棄へ」『教育学研究』（第八二巻二号、二〇一五年）も参照のこと。

16　松下良平「『主体的・対話的で深い学び』の計り知れない困難――見失われた可能性を求めて」グループ・ディダクティカ編『深い学びを紡ぎだす――教科と子どもの視点から』勁草書房、二〇一九年。

17　松下良平「学ぶことの二つの系譜」佐伯胖監修・渡部信一編『「学び」の認知科学事典』（大修館書店、二〇一〇年）をさしあたり参照のこと。

18　中教審「第三期教育振興基本計画について（答申）」二〇一八年三月八日。

19　白水始「学びをめぐる理論的視座の転換」佐藤学ほか編『岩波講座　教育変革への展望5学びとカリキュラム』岩波書店、二〇一七年、特に三〇頁。

20　このような教育観の探究を、私はデューイの教育論を手がかりに行ったことがある（松下良平「教育と民主主義の再建のために――現代社会の危機とデューイの学習哲学」『教育思想のデューイ――往還する経験』東信堂、近刊）。

21　中央教育審議会「幼稚園、小学校、中学校、高等学校及び特別支援学校の学習指導要領等の改善及び必要な方策等について（答申）」。

第6章　記憶の制度としての教育
――メモリー・ペダゴジーの方へ

山名　淳

一　記憶の制度への視角と理論への問い

(一)　もう一つの「メモリー・ペダゴジー」

「記憶」が教育にとって重要であることは言を俟たない。たとえば、学校の場面を思い起こしてみよう。学齢期の児童・生徒たちが、教育を専門的な機能とする学校という施設において、教科書をはじめとする教材を脇に置きながら、教師の話に耳を傾け、板書に注意を向け、その重要ポイントをノートに書き写す。自宅に帰り、その日に学んだ内容を復習し、あるいは次の日に学ぶ内容を予習する。人生のある一定期間、ほぼ毎日繰り返される(少なくとも繰り返されることが期待される)このルーティーンのねらいはさまざまに定められるだろうが、そのうちには知識の獲得と運用が含まれ、またそこには記憶の定着が付随するにちがいない。教育観の変化や学習教材・メディアの進化によってそうしたルーティーンの在り方が変わったとしても、教育が以上のような意味で記憶と密接に関わり続けることは疑いがないだろう。

ところで、上述のように語られる場合の記憶は、基本的に個人に属するものとして想定されている。だが、私たちは上述の場面に対して、それとは別様の記憶についても語ることができる。記憶が個人の内側にではなく、その外側に、つまり社会や文化と呼ばれるものとのかかわりで想定される場合が、それである。人類によって蓄積されてきた意味や知識の体系が広義の記憶とみなされる場合、学齢期における学びのルーティーンは、学校という施設において、教材を手がかりとして、教師の語りや振る舞いを通して、あるいは学習者自身の身体を用いつつ、個人を通して、だが同時に個人を超えて、そのような意味を文化のうちに記銘し、保持し、そして想起する営みとしての性質を帯びる。その際、個人は記憶の持ち主としてというよりは、むしろその媒介者として、そうした過程のうちにある。むろん、個人を超えたところに想定される記憶――一般に「集合的記憶」というキーワードとともに語られる記憶――の「再生」は、オリジナルの完全な複写ではありえない。世代を超えて記憶は分有されつつ、時代の経過とともにゆっくりと変化していくものとみなされる。

二様の意味における記憶――個人的な記憶と集合的な記憶――との密接な関わりという特徴は、学校教育にのみ当てはまるわけではない。教育の場所、対象、またメディアなどの範囲を拡大すれば、家庭における親子のコミュニケーション、図書館・情報センターにおける伝達、ミュージアムにおける学び、地域における儀礼や祝祭、あるいは都市の構造やその構成要素であるモニュメントによる人間形成への作用など、実に多くのことが視野に入ってくるだろう。教育の内容に関しても、学問（教科）による知識体系のみならず、ある共同体への帰属意識とアイデンティティー、ハビトゥス、ジェンダーなどに多様にかかわる可能性がある。

個人の記憶にかかわる教育について考える領域をさしあたりメモリー・ペダゴジーと呼ぶとすれば[1]、個人を超えた記憶について考察するような領域は「もう一つのメモリー・ペダゴジー」とでも形容されてよいだろう。両者を包括するより広義のメモリー・ペダゴジーが構想されてよいが、現状においては、教育学はとりわけその前提となる「もう一つのメモリー・ペダゴジー」に関する理論的基礎を欠いているといわざるをえない[2]。

（二）　理論的基盤の模索

たしかに、教育学に隣接する諸学問において、記憶や想起に関する研究が活発に進められており、それらが教育や人間形成に関する考察と結びついている場合も少なくない。たとえば、心理学における個人の記憶に関する研究、歴史学における戦争の記憶をめぐる考察、また社会学における家族や世代間の想起問題の検討などは、そのようなことに属する。また、「記憶の哲学」に関するアンソロジーが示唆しているとおり、哲学や思想の領域では、古代ギリシャから現代に至るまで、実に多くの思想家が多様な観点から記憶と想起をめぐる議論を展開している[3]。私たちは、教育学への示唆をそこから汲み取ることもできるだろう。とはいえ、そうした関連文献の豊富さにもかかわらず、記憶と想起をキーワードとしてそれらを包括的に眺めたときに、理論的な非体系性や不整合性が生じていることは否めない。それぞれの論者が注目する文化圏や依拠する専門領域によって、問題構成の立て方や概念の使用法が往々にして異なっており、場合によっては、一つの術語が異なる意味で用いられることさえある（たとえば、後述するように「文化的記憶」はその一例である）。記憶と想起に関するそのような理論的な問題の不整合性について検討を施した後ではじめて、教育や人間形成に関する考察をそのような理論とのかかわりにおいて打ち立てることが、可能になるのではないだろうか。

本章では、以上のような問題状況を意識しつつ、目下のところ記憶と想起に関して最も活発に議論を展開している文化科学の領域に注目する。ここでいう「文化科学（Kulturwissenschaft）」とは、人間が生み出した文化における物的および象徴的な意味に関する諸事象を研究対象とする人文科学と社会科学の総合的なジャンルとして理解される。文化科学の重要な源が「精神科学（Geisteswissenschaft）」の伝統、とくにゲオルグ・ジンメルらの文化哲学に遡ることができることに示唆されるとおり、人間の外部にある文化の問題は、必然的にそれを生み出した人間との相互関係の問題と連動する。文化科学の問題領域のうちに、人間と人間を取り巻く環境との間に生じる力動性の問題との連なり、すなわち教育学において重要な主題であり続けてきた「ビルドゥング（Bildung）」の問題（第三節を参照）との連なりが十分に予感されるのである[4]。ここで焦点を当ててみたいのは、そうした文化科学における記憶と想起に関する考察、いわゆる「メモリー・スタディーズ」の問題構成である。

以下では、ここでいう「メモリー・スタディーズ」とは何かを最初に確認し、合わせてこの領域において概念上の整理を施しつつ生産的な研究活動を続けているアストリッド・エアル（Astrid Erll, 1972-）が果たしている役割について論じたい（第二節第一項）。その後、「集合的記憶」論の問題構成およびそれと関連する重要な諸概念をエアルがどのように整理しようとしているかを紹介し、その内容について検討する（第二節第二項および第三項）。ところで、教育や人間形成との関連で記憶や想起を主題化するためには、文化科学における問題構成をそのまま提示するだけでは十分ではない。教育学的な変奏とそれにともなう理論的な補完が必要となる。ここでは、「ビルドゥング」概念を軸にしてメモリー・スタディーズにおける記憶研究に教育学が接近可能であることを示唆しつつ（第三節第一項）、エアルが提示する「想起文化」の文化記号論モデルが「ビルドゥング」論に対して有する意義について考える（第三節第二項）。最後に、「メモリー・スタディーズ」の一部であると同時にその延長線上に位置づけられるものでもあるような「メモリー・ペダゴジー」の可能性と課題について若干の注釈を試みたい（第五章）。

二　文化科学における「集合的記憶」論の構図

（一）「メモリー・スタディーズ」

二〇世紀における最後の四半世紀辺りから「記憶ブーム（memory-boom）」（Huyssen 1995）とでも呼ぶべき状況があると指摘されて久しいが、その傾向は今日に至るまで続いているといえる。グローバル化社会において「境界線を越える」ことが試みられる機会が増加すると同時に、〈他者〉と居合わせることがますます増えているようにみえる現在、これまで社会や歴史の「真実」とみなされてきたものを、特定の立地点からの「記憶」として相対化して捉えようとする試みが、さまざまな理論領域や実践領域でなされている。また、個人や社会の記憶に影響を与える情報メディアの飛躍的な発展や操作技術の進化によって、そのような傾向はさらに強まっているように思われる。

議論の活況にもかかわらず、記憶と想起の問題に関する多岐にわたる分野を横断しつつ検討するための基礎理論はいまだ十分に示されていない。そのような欠如診断をもとにして理論的な礎石を築くことを試みているのが、文化科学における記憶研究者のエアルである[5]。今日の記憶研究、なかでも個人の記憶を超えて社会のうちに生じていると想定されるような「集合的記憶」に関する研究が「パラダイム不在の、異学問間の、中心を欠いた企て」（Olick/Robbins 1998: 106）と化しており、「それぞれの学問ディシプリン間で考察対象が非常に似通っているにもかかわらず、その方法や問題設定が相互にかけ離れている」（Pethes/Ruchatz 2001: 5）といった嘆きに、エアルは耳を傾ける。彼女のねらいは、個人的記憶および集合的記憶に関する研究からさまざまな理論、術語、方法を抽出して関連づけることによって、もはや見通し難いほどに進展した学際的かつ国際的な記憶研究の領野をマッピングし、「記憶」と「想起」を論じる際に有用な分析カテゴリーを提供することにある。

エアルは、フランクフルト大学教授で、英米文学および文化科学を専門としている。集合的記憶と想起の文化に関する研究分野をリードする人物の一人である。フランクフルト大学に集合的記憶に関する研究に関する国際的ネットワーク「メモリー・スタディーズ・プラットフォーム」を創設し、この分野における学術交流の活性化を試みている。彼女によれば、『記憶』とは、何にもまして[他の要素どうしを]結びつけるテーマ」(Erll 2017: 1, [] 内は筆者による補足)であるという。彼女の時代観察によれば、「二〇・二一世紀転換期において、想起の実践および想起に関する省察は、あらゆる文化を包括するような、また学際的かつ国際的な現象となった」(Erll 2017: 2)。記憶概念は、理論的な構想の次元においても、また記憶の生起に関する実践の次元においても、多くの文化領域、学問ディシプリン、また国家の境界線を超えていく性質を有しているがゆえに「対話を可能にし、またそれを要請する」のだという[6]。そこにエアルは、記憶と想起に関する研究の困難性を認め、また同時にその有効性を看取している(本章第三節を参照)。

なお、ここでいう「メモリー・スタディーズ」とは、広く文化一般にわたって「記憶」概念に関わる分析を行う研究の総称である[7]。二〇〇八年にアンドリュー・ホスキンス(Andrew Hoskins)によって雑誌『メモリー・スタディーズ(Memory Studies)』が創刊されて以降[8]、この名は徐々に国際的にも人口に膾炙するものとなり、「集合的記憶」およびそれとかかわる諸現象を扱う研究領域を表すものとして世に認知されるようになった。「メモリー・スタディーズ」に関する研究機関は二〇〇〇年代以降に増加している。また、この領域における学士・修士課程を設立する大学も出てきている。関連するハンドブックや事典・辞典類、また著作や論文が増加しているのみならず、制度・組織の次元においても一つの学際的な研究領域としての地盤を固めつつある[9]。

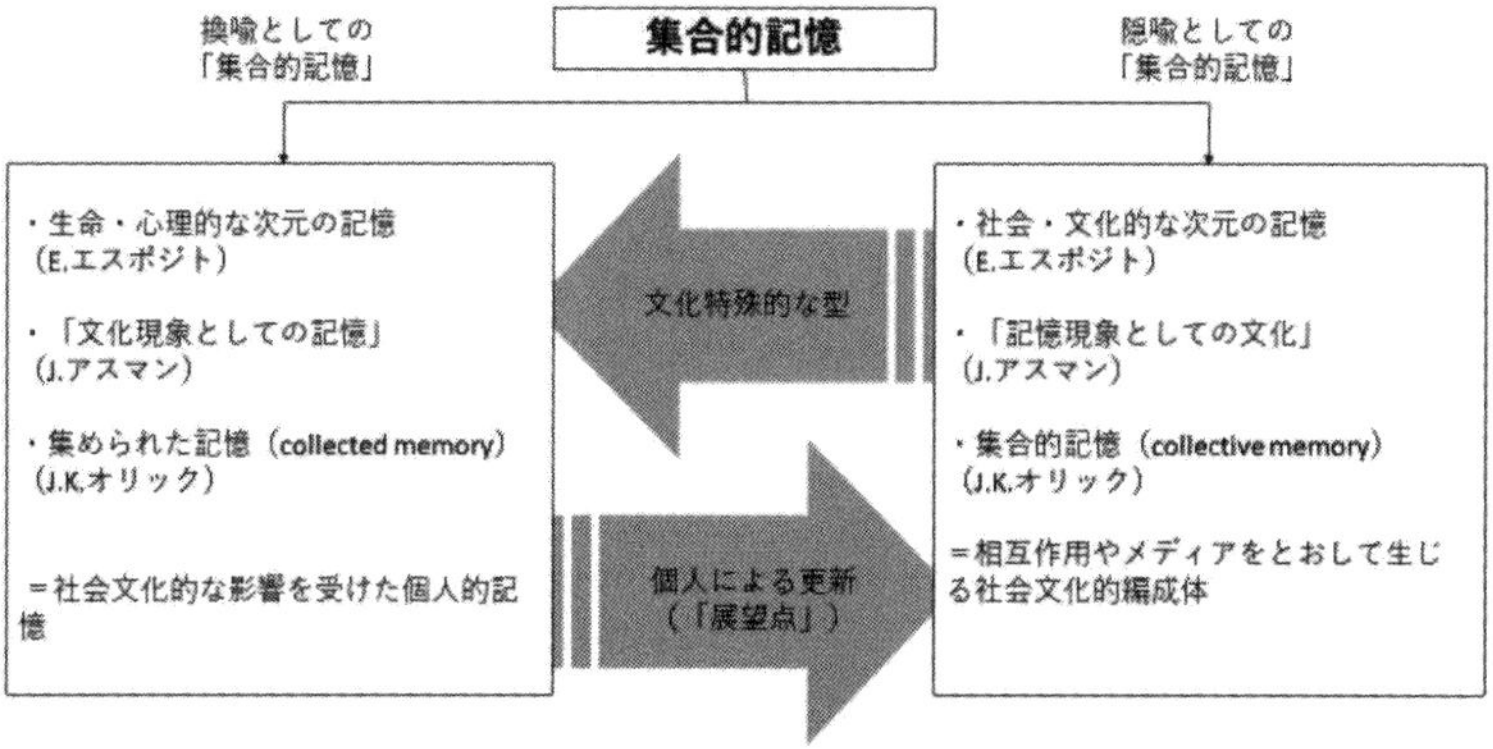

図1　「集合的記憶」概念における二通りの使用

注）Erll 2017:96 にもとづいて作成。各キーワードに関連する人名は作者が補足した。

（二）「集合的記憶」概念に関する比喩論的なモデル

私たちが個人の記憶を超えて集合的な記憶について語ろうとするとき、今日の議論において主要概念として最も用いられてきたのは、モーリス・アルヴァックス（Maurice Halbeachs）による「集合的記憶（mémoire collective, collective memory, Kollektives Gedäichtnis）」であろう。エアルは、「集合的記憶」理論の俯瞰図を提示することを試みている。**図1**は彼女が提示する複数の図式のうちでも、最も基礎的なものとして位置づけられているものである。筆者の観点から重要と思われるポイントをいくつかに絞り、この図の特徴について整理しておこう。

エアルは「集合的記憶」概念に対しておそらく多くの人びとによって最初に抱かれる問いに答えることから、考察を始めている。それは、「そもそも私たちが語ろうとしている個人を超えた記憶などというものはあるのかどうか」という根本的な問題である。アルヴァックスの議論に対して、すでに同時代のマルク・ブロック（Marc Bloch）が批判を展開したときに、個人に関する諸認識を社会文化的で集合的な現象に転用するために「集合的な」という語を「記憶」、「想起」、「忘却」と接合して術語化することに、疑念のまなざしが向けられていた（cf. Erll 2017: 94）。

「集合的記憶」概念をめぐるこの根本的な問いに対するエアルの回答は次のようなものだ。もしも個人の意識の外部に個人を超えた想起や忘却を司る意識を想定するということを「集合的記憶」が意味しているのであれば、それは明らかに妥当なことではない。ただし、これまで多くの論者が強調してきたとおり、「集合的記憶」が比喩的な表現であることが自覚されるかぎりにおいて、この語の使用は承認されるべきである、と。そもそもプラトンやアリストテレス以来、「記憶」そのものが比喩によって、また比喩として語られてきた。エアルは、「メモリア［＝記憶を意味するラテン語］のような対象を比喩に拠ることなく思考することなど不可能である」(Weinrich 1976: 294) というハラルド・ヴァインリッヒ (Harald Weinrich) の文章を引用しつつ、その延長線上に位置づく仮説的な思考モデルとしての「集合的記憶」論を承認するのである。

「集合的記憶」概念に対して向けられる典型的なもう一つの批判は、この概念が曖昧さをともなっているというものである[10]。エアルは、この点について比喩としての「集合的記憶」には大きく二種類の転義が混在していることを看破し、それらの関係性を明示することによって概念上の混乱を解消しようとしている。彼女によれば、文化科学的な研究においては、基本的に換喩 (Metomynie) としての「集合的記憶」と隠喩 (Metapher) としての「集合的記憶」が区別されるというのである (Erll 2017: 94ff.)。いったい、どういうことか。

「集合的記憶」という言葉は、社会的かつ文化的な影響を受けた個人の記憶を言い表すために用いられることがある。その個人が属するとされる文化に特有のそれぞれの型 (Schemata) や集合的に分与された価値・規範に従って想起が促され、そのことによって自分以外の者の経験を自らの経験蓄積のうちに統合していく、といった作用が想定されているのである。この場合、個人に関する「記憶」概念がそのまま集団との関係において援用されていることになる (社会心理学の成果はこの種の記憶に関するものである)。エアルは、これを記憶の換喩的使用と呼ぶ。

それに対して、「文化の記憶」や「文学や芸術の記憶」について語られる場合には、「記憶」概念は隠喩として用いられている。このケースでは、個人の記憶との直接のかかわりが示唆されているわけではなく、資史料や物品の組織的な保管・展示、公的な記念行事や儀礼、また既存の芸術の活用による想起を促す仕組みなどが意味されている。それらは、ある社会において意味づけられた過去に関するシンボル、メディア、社会的機関・施設、またそれらと結びつく諸実践として立ち現れる。歴史学、社会学、文学における多くの研究成果は、そのような隠喩的な語の使用法における「集合的記憶」に関するものである。

エアルは、以上のように換喩としての「集合的記憶」と隠喩としての「集合的記憶」とを区別したうえで、記憶と想起に関する重要な論者たちの主張もまた、おおよそこの図式に則って整理することができるとしている。ジェフリー・オリック（Jeffrey K. Olick）における「集められた記憶（collected memory）」（Olick 1999）と「集合的記憶（collective memory）」、ヤン・アスマン（Jan Assmann）における「文化現象としての記憶」（Assmann 2002）と「記憶現象としての文化」、エレーナ・エスポジト（Elena Esposito）における「心理的次元の記憶」（Esposito 2002）と「社会的記次元の記憶」などがそれに当たる。アライダ・アスマンがヤン・アスマンとともに重点的に検討を行っている「文化的記憶（kulturelles Gedächtnis）」（モノや空間構成、また儀礼などのさまざまな媒介物をとおして記憶の共有が促される仕組み）は、後者に、すなわち隠喩としての「集合的記憶」に属する[11]。こうした図式化によって、互いに関連し合いながらもその照合関係が必ずしも明確でなかった術語どうしの布置状況が可視化されることになる[12]。

(三)　諸概念の錯綜

ところで、図1を概観することによってあらためて気づかされるのは、いくつかのキーワードがこの図式のなかで錯綜しがちであるということである。最も気をつけるべきは、その基幹となっている「集合的記憶」概念そのものだ。すでに述べたとおり、図1における「集合的記憶」は、この種の問題群における上位概念に位置しており、そこから二つの下位概念に分岐している。オリックのような英語圏の研究者においては、こうした下位概念の一方（エアルのいう「隠喩としての集合的記憶」）に「集合的記憶（collective memory）」という語が当てられており、もう一方の「集められた記憶（collected memory）」（エアルによる「換喩としての集合的記憶」）と区別されている。ドイツ語圏における術語においては、こうした区別の使用は、目下のところ必ずしも一般的ではない[13]。

ドイツ語圏における語の使用と英語圏におけるそれとの対照を行うことによって明らかとなる術語のねじれは、たとえば「文化的記憶」にもみられる。英語圏においては、上位概念としての「集合的記憶」を言い当てるために、「文化的記憶（cultural memory）」という語が用いられることがある（それによって下位概念における「集合的記憶（collective memory）」とその上位概念とが、語の外形上でも区別されるようになる）。ところが、ドイツ語圏における「文化的記憶（kollektives Gedächtnis）」は、先述したアスマンの鍵概念としての、すなわち「隠喩としての集合的記憶」の一部としての意味を一般に帯びる。「社会的記憶」もまた、英語圏とドイツ語圏において意味が異なるケースがある。英語圏においては、「文化的記憶」と同様に、上位概念としての「集合的記憶」に代えて「社会的記憶（social memory）」が用いられることがある。それに対して、ドイツ語圏ではハラルド・ヴァルツアー（Harald Walzer）の「社会的記憶（Soziales Gedächtnis）」（Walzer 2002）が念頭に置かれ、非公的かつ非意図的な想起活動において出現する過去意識（したがって「文化手続的記憶」の一部として位置づけられるような「集合的記憶」）を意味する語として用いられることがある。

日本では、記憶と想起に関する人文・社会科学的研究がドイツ語圏と英語圏の双方の影響を受けて進展しているために、両言語の各術語が邦訳されて示される場合には、いったいどのような意味においてその語が用いられているかが判別しがたいことが少なくない。術語上のねじれを解消するために将来的には、訳出上のルールについて検討することの必要を感じるが、いずれにしても「集合的記憶」およびそれに隣接する術語を使用する場合には、どのような意味でそれを用いるかということに敏感でなければならないだろう[14]。

三　「ビルドゥング」を可視化する「想起の文化」論

（一）　メモリー・スタディーズと「ビルドゥング」論との接点

以上で確認したように、エアルは、「集合的記憶」論における「記憶」概念が比喩であることを前提にしつつ、比喩論を援用することによって錯綜した複数の「集合的記憶」論を体系化して理解することを試みている。ただし、際限のない「記憶」概念の拡張には注意が必要である。エアルもまたこのことに意識的で、「記憶の喩えによって個人の心理に関する概念論理がすべて文化に関連づけられる場合には、記憶の喩えは完全に誤ってしまう」（Erll 2017: 97）と述べ、「脳や意識における機能の仕方から社会における機能の仕方は推論されえない」（Esposito 2002: 18）とするエスポジトの主張を支持している[15]。

そのような懸念にもかかわらず、それでもエアルが「集合的記憶」という広範な概念に期待するのは、その「統合力」（Erll 2017: 96）ゆえのことである。本来は次元を異にしている数多くの文化的、社会的、心理的、生体的な現象――伝統、歴史的意識、文書、聖典、記念碑、顕彰・記念行為にかかわる儀礼、親密圏のコミュニケーション、人生経験、神経ネットワーク――を機能的に連関し合うものとして把握し、かつては切り離されて考察されてきたことを接続することを、またそれゆえ学際的な共同活動の場を開いていくことを、「集合的記憶」概念は可能にするのだというのである。「記憶」をキーワードとして文化を解釈することの重要性を説くアライダ・アスマンは、記憶研究が「以前には不一致しか認められなかった地点において新たな問題連関を可視化する」(Assmann 2002: 40) 卓越した戦略であることを強調する。エアルは、こうしたアスマンの「楽観主義的」な立場の方に賛同を示し、「記憶」概念における理論的な接続能力に期待を寄せている。

「集合的記憶」論の統合力が及ぶ磁場のうちに教育という主題を引き込んで、文化科学におけるメモリー・スタディーズと教育学とを接続することは可能だろうか。教育について考えるうえで重視されてきた「ビルドゥング」概念は、そのような両者の結節点となりうるように思われる。

「集合的記憶」に関する包括的な議論が展開される場としての文化科学は、文字通り広義の「文化 (Kultur)」を考察対象としている。「文化」は「ビルドゥング (Bildung)」と相互に意味の重なりを有している[16]。今日の教育哲学的議論における「ビルドゥング」概念の根幹にあるとされるその意味内容は、自己と世界との相互作用によって生み出される両者の同時的な生成である (cf. Dörpinghaus/Poenitsch/Wigger 2016)。この概念は個人の変容過程とその成果の双方を包含する概念であり、それが用いられる文脈に応じて、意味の重点が変化する。日本語の場合、自己変容の過程が重視される場合には「陶冶」もしくは「(人間) 形成」という訳語が当てられることが多い。また自己変容の過程に対する外部からの介入を意味する場合には「教育」となる。自己変容の成果に関していえば、自己の内部に生み出されると想定される要素は「教養」と呼ばれ、世界のうちに外化された精神の創造物は「文化」となる。その一方で、「文化」の方は、同時に自己を高める研鑽をも言い表すことがあり、したがって自己形成としての「ビルドゥング」の意味をも合わせ持つ。「ビルドゥング」は「文化」を、「文化」は「ビルドゥング」を、自らに内包しているのである。とはいえ、「ビルドゥング」概念では個人の方に、「文化」概念では個人が自らの外部の世界に生み出した生産物の方に、その力点が認められる。

「ビルドゥング」を個人と世界の相互作用として理解する場合、「世界」ということで言い表そうとすることのうちには「文化」もまた組み入れられていることになるだろう。メモリー・スタディーズは、そうした世界の一部としての「文化」を、「記憶」という観点から再解釈ようとする試みとして、眺めることもできるのではないか。エアルの図式に即していえば、二つの「集合的記憶」――社会に規定される個人の記憶（換喩としての「集合的記憶」）とメディアや機関・施設として構成された共同体の記憶（隠喩としての「集合的記憶」）――の相互作用として「ビルドゥング」を捉え直す契機が、メモリー・スタディーズに包含されている、と筆者は考える。

（二）「想起の文化」の文化記号論モデル

「ビルドゥング」（自己と世界との相互作用）を二つの「集合的記憶」の相互作用として読み換えるとしても、極めて抽象的にイメージされるそうした相互作用は、いかにして把握可能になるのだろうか。「集合的記憶」が目にみえるかたちで展開する具体的な現場としてエアルが注目するのは、「想起の文化（Erinnerungskultur）」である。「想起の文化」とは、ある集団や社会において過ぎ去った出来事を思い起こすことを促す仕組みおよび行動様式の総体を指す。エアルによれば、「想起の文化」は、文化をコードとテクストの連関とみなす文化記号論に依拠することによって、三つの（物的な、社会的な、心的な）次元を包含する記号システムとして理解される（図2）。「集合的記憶」の在り方が――したがって、私たちの関心にもとづいて言い換えれば、二つの「集合的記憶」の相互作用としての「ビルドゥング」が――分析可能なものとして具体的に立ち現れることが期待されるのは、そのような「想起の文化」の文化記号

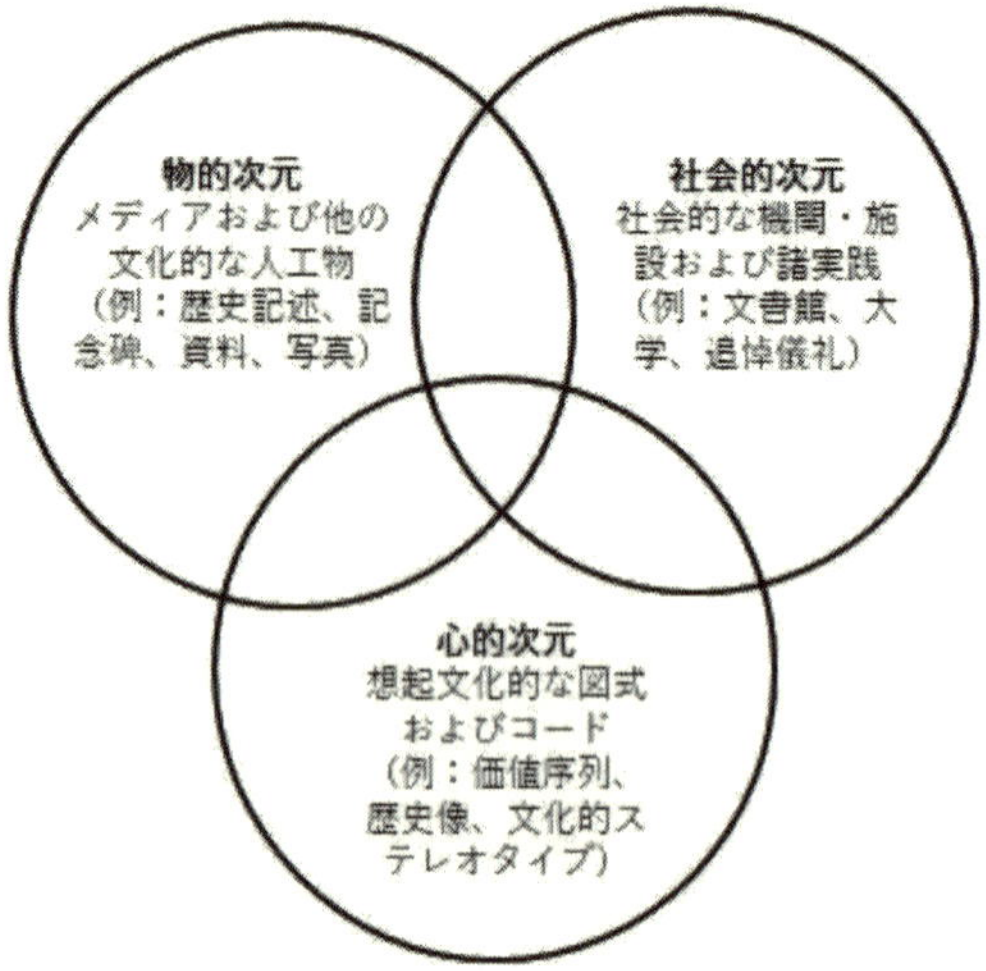

図２　「想起の文化」の文化記号論モデル（Erll 2017: 100 にもとづいて作成。）

論モデルにおいてである。

　この図式を構成しているのは、第一に、「想起の文化」の物的次元である。それは、「集合的記憶」のメディアと呼びうるもので、具体的には、物体、（狭義の）テクスト、モニュメント、儀礼などのかたちをとる。第二に、「想起の文化」の社会的次元に属すると想定されるのは、過去に関する知識を産出し、蓄積し、引き出すことができるような社会の諸機関・施設である。第三に、「想起の文化」の心的次元にあるのは、「象徴を媒介として共同の想起を可能にし、特徴づけるようなあらゆる文化特殊的な図式や集合的なコード」（Erll 2017: 99f.）である。その具体例として、価値序列や文化的ステレオタイプなどが挙げられる。

　以上の三つの次元は、むろん独立したものではなく、相互に連関し合う。「想起の文化」の物的次元におけるモノは社会的次元の構成要素となり、また両次元にあるモノやその配置状況は心的次元における図式やコードのもとで初めて意味あるものとして把握される。逆に、心的次元における図式やコードの在り方は、モノの選択やそれらの配置を規定しうる。以上のことを踏まえれば、「想起の文化」は、つねに三者の力動的な連関性として観察されなければならない。

「想起の文化」について考察する際に肝要であるもう一つの点は、当然ながらそれが文化的背景によって異なるものであるということを押さえておくことであろう。エアルが「想起の文化」を語るとき、基本的に複数形の“Erinnerungskulturen”を用いていることはそのことを示唆している。「私たちはけっして、最も同質性の高い社会を想定する場合でさえ、集合的記憶のただ一つの形態だけを扱うなどということはない」（Erll 2017: 100）し、それどころか、「それぞれの社会には、共存し、そしてしばしば葛藤を含むような複数の想起共同体が存在する」という想定のもとにある。

「集合的記憶」に関連するさまざまな学問ディシプリンは、これまで必ずしも三つの次元の連関をバランスよく捉えようとしてきたわけではない。むしろ、「各学問の代表者たちは上述した三つの次元の一つを強調し、それを絶対化しようとする傾向」（Erll 2017: 99）があった、とエアルはいう。社会学をはじめとする社会科学的な「集合的記憶」論者たちは、アルヴァックスがそうであったように、先の図式（図2）における社会的次元を前面に押し出すような構想を展開しがちであった。それに対して、芸術や文学の研究者たちは、ヴァールブルク以来、「想起の文化」における物的な次元、とりわけ絵画や文学テクストに考察の焦点を当てる傾向にあった。「想起の文化」の心的次元に注目してきたのは、歴史学における心性史研究であり、また心理学であった。各学問分野の守備範囲に合わせてそれらの考察が分断されたままでは、複雑に入り組んだ文化的な記号過程としての「想起の文化」は十分に捉えられない。「集合的記憶」が発生する現場が考察対象として浮き上がってくるのは、「想起の文化」の文化記号論モデルの全体像が眺められる場合であろう。

四　教育という記憶の制度とその両義性

（一）「ビルドゥング」への介入としての教育

「ビルドゥング」（自己と世界との相互作用）を二つの「集合的記憶」の相互作用として読み換えたうえで、「想起の文化」の文化記号論モデルに依拠することによってその相互作用を観察することができるのではないか、ということを以上で提案した。あらためて強調すべきは、「ビルドゥング」への意図的介入としての教育の重要な位置についてであろう。教育は、二つの「集合的記憶」の交点に位置している実践である。さまざまな相互作用やメディアによって構成される文化的仕組みへの接近を促し、それらが与えるある文化に特有の想起の傾向（エアルのいう「文化特殊的な型」）を通して個人の記憶に影響を与える、もしくは与えようとする営みとしての側面を、教育は有している。そして、教育の成果として培われた個人の記憶は、想起を促す社会的な仕組みの再生産および更新に寄与していく、というふうに広義の「集合的記憶」の循環運動のうちにある。

教育について論じるためには、エアルが示した「集合的記憶」に関するモデルだけではもちろん十分ではない。彼女のモデルに対するある種の教育学的な翻訳が必要となる。たとえば、教育が「ビルドゥング」への意図的な介入であることに鑑みれば、「集合的記憶」の文化記号論モデルによって示唆された三次元の諸要素は、介入への意図の強弱にもとづいて区分けされてよい。社会的次元を例にとるならば、そのような意図が最も強い機関・施設として学校があり、それよりも緩やかに「ビルドゥング」に関与するミュージアムや図書館などがある。モニュメントや記念公園などのような都市の構成要素、あるいはそれらが織り成す景観そのものが、さらにその外部に位置している、といったように。

「集合的記憶」モデルのそうした教育学的な翻訳は、メモリー・スタディーズにおける他の重要な観点——コミュニケーション、コード化、メディアなど——との関連においてもなされなければならない。また、今回はとりあげられなかったメモリー・スタディーズが提起する論点——たとえば、コマーシャリズムやツーリズムとの関係、記憶と想起のポリティクス（何かのために利用される「集合的記憶」の仕組み）の問題、想起と表裏一体の忘却というテーマ、想起を喚起するパトスおよびその表象形態としての芸術への問いなど——が教育とのかかわりにおいてもまた、あらためて包括的に検討されねばならないであろう。さらに、エアルが提示する「集合的記憶」論モデルにおいてなお何が欠如しているかが、あらためて考察される必要もある。とりわけ教育のように具体的な人と人との関係性が重要な領域においては、二つの「集合的記憶」の交点にさまざまな場面において立つ者（学校における教師と児童・生徒、証言活動における語り手と聴き手、家庭における親と子など）に対する洞察が不可欠であるが、文学研究を専門とするエアルの視点と方法においては、必ずしもそこに力点が置かれていない。そのような理論的な検討をさらに継続して行うためには、稿を改めざるをえない。また、そのことを遂行するに際しては、具体的な教育の諸事象および諸実践について考察するなかで、「集合的記憶」を中心に置く文化科学の妥当性が問われなければならないであろう。

以上のような今後の課題が残されているにもかかわらず、いずれにしてもエアルが提示した「集合的記憶」論のモデルが教育学にとってすでに有意義であるということは、筆者にとっては疑いがない。すでに強調したように、エアルの「集合的記憶」論モデルが重要である理由として、概念上の整理を行ううえで有益であることがまず挙げられる。それのみならず、教育学内外において関連し合う諸研究を接続可能に、また比較可能にするためのさしあたりの見取り図としての意義を、この「集合的記憶」論モデルは有している。エアルの図式に対して教育学的な翻訳を施すことによって、学校から都市の景観に至るまでのさまざまな対象を考察する諸研究を一つのジャンルとしてみなすことが可能になる。あるいは、想起を促す社会の編成体としての「集合的記憶」の在り方について、相互の連関が必ずしも十分に示されてこなかった諸実践を関連づけながら理解することができる。戦争の記憶に関することを例にするならば、文化自伝的記憶（体験者の証言にふれる）、文化意味的記憶（歴史の授業を通して史実を学ぶ）、文化手続的記憶（記念式典に参加する）を区別し、また相互に関連づけることができる。この「集合的記憶」論モデルを通して、学際的にも分野を異にする諸研究の接続が容易になることが期待され、また国際的にもさまざまな国と地域の諸対象を比較検討する際の理論基盤となることが望まれる[17]。

教育をもその重要な要素として包含している「集合的記憶」の相互連関および「想起文化」の総体は、記憶の制度と呼びうるであろう。むろん、この場合の「制度」とは、たとえばある国家や団体ないしはそこに所属する者の関係や行動を規定する仕組み――たとえば「教育制度」ということで私たちがイメージする「制度」――という意味も含みつつ、とはいえむしろアーノルド・ゲーレンにおけるそれのように広義のものとして理解される（ゲーレン 1970, cf.岡谷 一九九五）。それは、「欠如的存在」としての人間を保護するような仕組みとしての文化一般である。そのような仕組みにより、人間の「欠如」は埋め合わされ[18]、記憶と忘却に関する人間の「負担免除」がなされ、その安定性と持続性を獲得することができる。ゲーレンからみれば、人間自身もまたそうした制度が生み出す「人格」という制度としての側面を有しているとされる。だが、記憶と想起に関していえば、すでにみたように一方的に制度が人間を規定するわけではない。両者は、相互に影響し合う関係にあるものとして観察される。

あらゆる制度と同様に、記憶の制度としての教育は、両義的な性質を有するものとして観察されなければならない。最後に、文化科学における記憶と想起の理論を基盤として教育を考察しようとする際に見落とされがちな重要な視点があることについて、ある小説に注目することによって示唆することで、本章を締めくくりたい。メモリー・ペダゴジーの方へ向かうために。

（二）記憶をめぐる教育化と脱教育化

小川洋子の小説『琥珀のまたたき』（二〇一五）に描かれている家族には、「集合的記憶」の在り方が、少なくともその重要な部分のいくらかが、教育とのかかわりで暗示されている。三人の子どもたちをつれて新しい家へ引っ越しをしてきた「ママ」は、子ども部屋の一切の壁をさまざまな図柄の切り抜きで埋め尽くそうとする。主人公の男の子「琥珀」は、姉の「オパール」と弟の「瑪瑙」とともに、「ママ」によるこの作業を手伝う。

「ママは二階の一番広い部屋を三人の子ども部屋にした。まず殺風景な壁を飾るため、絵はがきや雑誌やポスターからお気に入りの図柄を切り抜いて、一面に貼り付けるところからはじめた。リス、お城、スズラン、フランス人形、馬車、野うさぎ、蝶々、きのこ、宝石箱……。さまざまな可愛らしいものたちで、部屋は埋め尽くされていった。」（小川 二〇一五：二九―三〇）

そこにできあがったのは、「貼る場所がどこにも見つからなくなった」閉ざされた空間であった。それは「寄せ集めの材料で編まれた鳥の巣のように、居心地のいい部屋」でもあった。隙間のないこの空間では、壁に貼られた「天使か小人か牧神か、何かが常に子どもたちを見守っていた」。子どもたちはこの部屋に住まうことになった。「琥珀」たちの館は、唐松林に被われて隣家から遠く離れた場所にある。庭は、煉瓦の壁に囲まれている。外界に通じる門は、「ママ」によって子どもの力では回せないほど頑丈な鍵によって閉ざされている。やがて、子どもたちは、「外の世界で過ごした記憶を無意識に心の底に沈め、生まれた時からずっとここにこうしているのだと錯覚」するようになる。「ママ」とともにあるこの想起（および忘却）の共同体を裏側で支えているのは、かけがえのないもの――それが何かをここでは言わないでおこう――の喪失とそれにともなう悲しみだ。「琥珀」たちは、この空間によってこの悲しみから守られつつ、そして守られながら喪失したものを彼らの中心にある空白によって思い起こす。

何重かのベールによって保護されながら想起が促され、共同体がそこに生起する。「ママ」が「琥珀」たちのためにしつらえた空間の延長線上には、家庭一般があり、学校があり、ミュージアムがあり、都市空間があり、また国民国家があるのではないか。社会はそのような想起に関するいくつもの広義の制度によって覆われているのではないか。そのような制度が人間形成と共同体の生成という目的と結びつけられる場合、そこには保護する者と保護される者との問題領域が、つまりは教育という営みの問題領域が浮上するのではないだろうか。

「琥珀」たちの館と教育一般とを同一視することには、おそらく多くの人が抵抗を感じるかもしれない。『琥珀のまたたき』は軟禁の物語であることは疑いないからだ。子どもたちは、「ママ」の禁止事項を心に刻み、それを侵さない。彼らは、大声を出さず、大きな物音をさせることがない。また、庭の境界線を一歩たりとも踏み越えることがない。なぜなら、壁の向こう側には子どもたちをいつでも待ち構えている「魔犬」がいると、「ママ」から教わっていたからだ。

私たちは、「琥珀」たちとは異なって、何かを共同に想起・忘却するためにどこかに止まることを強要されているわけではない。だが、「琥珀」たちの共同体と私たちのそれとを分け隔てる決定的な条件は何かと問われれば、それに答えることはそう容易ではないことに気づかされる。「琥珀」たちが軟禁されていたという判断は外部からの観察によるものである。彼ら自身は、子ども部屋の装飾や庭の壁に閉ざされたなかで、秩序と安寧を感じ、退屈もせず、そして「ママ」との一体感のうちにあった。「琥珀」は、生涯に渡って彼の記憶の中で保持されるその共同体のうちに安住している。ある想起の制度内部にいる者が何の圧迫も感じることなく時を過ごしていたとしても、その者が「琥珀」ではない、という保障はない。

「琥珀」たちの子ども部屋がそうであったように、記憶の制度はその内側に属する者に対してあたかも見守られるかのような被護性の感覚を与えてくれる。そのような被護性は、教育にとって重要な要素である。だが、まさにそれゆえに、この制度は内部と外部の境界線を自明化し、内部を正当化して外部を否定する見方を生起させ、他者を異質なものとして実体化してしまいかねない。記憶の制度としての教育は、つねにこの力学と緊張関係のうちにある。教育によって「想起の文化」の物的、社会的、心的次元の緊密な関連づけを通して過去から現在への連なりを意味づけることを共同想起の「教育化」と呼ぶとすれば、「琥珀」たちの館はほぼ隙間のないそうした「教育化」の空間であったのではないだろうか。だが、私たちがこの空間に対して忌避感を催す理由もまた、まさにそこにある。「健全な」教育というものがあるとすれば、それは意味づけの過程としての「教育化」とは別の、「脱教育化」とでも呼ぶべき過程の可能性をも備えていることをその条件とするのではないだろうか[19]。「想起の文化」の物的、社会的、心的次元が滞りなく循環していく機能性を促すこととは別に、そうした循環性を揺るがせるような動きを許容することもまた、広義の教育は自らの条件とするのではないか。

幸運なことに、子どもたちは、「ママ」に導かれてほぼ完璧につくられたとおぼしき共同想起の館にあっても、「教育化」の世界から逃れるすべを身につけていた。姉の「オパール」だけは、弟たちが館の外に葬り去って忘れてしまった思い出をひっそりと胸に抱え、ときおり「琥珀」や「瑪瑙」にそっとお話をした。幼い「瑪瑙」は、想像力を即興の歌に乗せて、煉瓦の壁の向こう側に飛び越えさせることができた。「オパール」は、宝石たちが放つ光に自分たちをなぞらえながら、閉ざされた想起の館の外部に思いを馳せて次のように心でつぶやく。

「琥珀と瑪瑙と一緒にベッドに入る時、もしかしたら自分たちも眠っている間に光っているのだろうか、と考えたりもします。……光ならばママの禁止事項を破ることなく、静かに、しかしとても遠くまで行くことができるからです。」（小川 二〇一五：三七）

記憶の制度としての教育は、その確立を目指しつつ、アイロニカルなことではあるが、その綻びをも求めている。だが、それはいかにして可能となるだろうか[20]。このことをさらに検討する適切な理論立てを、教育学はまだ十分に持ち合わせていない。

註

1　教育が知識の獲得と運用にいかにかかわるかを解明することは、個人の記憶を対象とするメモリー・ペダゴジーの中心的な課題であろう。この課題に対しては認知科学にもとづく教育心理学の貢献が期待される（齊藤 二〇一八、湯浅・湯澤 二〇一四）。それとは別に、教育哲学・思想史あるいは臨床教育学の分野で構想されるメモリー・ペダゴジーも考えられる。丸山恭司は、「教育されてきた過程を一つの記憶問題と見るアプローチ」（丸山 二〇一七：一一二）もあることに注意を向け、教育に関する思い出がその後の生活に与える影響（抑圧作用も含む）について考察することの可能性について言及している。その際、もはや記憶が正しいかどうかが議論の焦点となるわけではない。むしろ記憶間違いも含みながら「長い間に変更・再構成された記憶が人格を決定する一要素となっている」ような人間の在り方が問われるのである。人間形成のビオグラフィー研究（ヴィガー二〇一四、鳥光・中西・藤井二〇一五）なども、ここに接続する教育学研究の主要ジャンルであろう。本章では、そのような個人の記憶に関する教育学と密接に結びつくような、とはいえそこに完全に包摂されるわけではない「集合的記憶」の教育学の可能性に関心を向けるものである。

2　「集合的記憶」に関する筆者の関心は、直接には災害と厄災に関する記憶を伝えるとはどのようなことかをめぐる共同研究を契機として強まっていった（山名・矢野二〇一七）。また、戦争の記憶に関する教育学的研究、とりわけドイツにおける「記憶空間の教育学（追悼施設教育学）」に対する取り組みにより（山名二〇一一）、記憶と想起の問題に筆者の関心は引き寄せられていった。

3　記憶の哲学に関するアンソロジーとして、たとえばRossington/Whitehead 2007を参照。そこでは、さまざまな記憶論（プラトン、アリストテレス、キケロ、J. ロック、D. ヒューム、G. W. F. ヘーゲル、K. マルクス、Fr. ニーチェ、S. フロイト、W. ベンヤミン、H. ベルクソン、M. アルヴァックス、P. ノラ、J. E. ヤング、B. アンダーソン、É. バリバール、E. サイードなど）が視野に収められており、主題も記憶術、忘却論、歴史／記憶論、トラウマ論、ジェンダー論、人種・国家論、ディアスポラ論と幅広い。「もう一つのメモリー・ペダゴジー」においても、これらの哲学から学ぶことは多い。今後、詳細な検討を必要とする。

4　メモリー・ペダゴジー構想の背景には、あまりにも素朴に過ぎる実在論（ある確実な知や意味の体系を再現する試みとしての教育というイメージ）と、急進的な観念論（恣意的な観念上の構成物を何の根拠もなく生み出す営みとしての教育というイメージ）という、双方の陥穽を避けて教育について論じる方途を探ろうとする筆者の思惑がある。

5　エアルの数ある著作のなかでもここで注目するのは、『集合的記憶と想起文化』（Erll 2017）である。この著作の初版は二〇〇五年であるが、その後、メモリー・スタディーズの新たな情報を盛り込みつつ、二〇一一年に第二版が、また二〇一七年に第三版が刊行されている。本章では、最新の第三版を参照した。なお、本書の英語版も公にされており（Erll 2011）、ドイツ語圏と英語圏における術語の相違を検討するうえで重要な役割を果たしている。筆者は」、京都大学大学院教育学研究科の「教育学外国語文献講読演習Ⅰ・Ⅱ」（二〇一六年度）、東京大学大学院教育学研究科の「教育哲学演習Ⅱ」（二〇一七年度）において、エアルの著作を受講生とともにドイツ語、英語、日本語のあいだを行き来しながら検討を行い、また同上研究科の「教育哲学演習Ⅰ」（二〇一八年度）において、その延長線上で哲学における記憶論を主題として考察を試みた。上記授業に参加し、刺激的な議論を交わしてくれた院生・学部生諸氏にこの場を借りて感謝申し上げたい。

6　記憶というテーマの越境的性質を示す事例としてエアルが挙げているのは、ベルリンのブランデンブルク門近くに二〇〇五年につくられた「ヨーロッパの虐殺されたユダヤ人のための警告碑」である。犠牲者のための想起を促し、また人間の愚かさに警鐘を鳴らすこの巨大なモニュメント群は、追悼の公園とミュージアムとしての機能をも兼ね備えている。エアルによれば、この施設は「(国際的な)政治、学問、芸術、そして世論の間で繰り広げられる対話とも結びつく」(Erll 2017: 2)。

7 「メモリー・スタディーズ」については、日本においてもすでに紹介がなされている。たとえば、関沢二〇一〇、とりわけその巻末に収められている「討論　戦争体験の記憶と語り」(二五〇―二七七)、また同論集に収められた粟津二〇一〇を参照。

8 この雑誌は、「集合的記憶」に関する国際的および学際的な対話の場となっている。セージ社における以下のウェブサイトにおいて創刊号以降の目次および要約が確認できる。http://journals.sagepub.com/loi/mss（最終閲覧日：二〇一八年六月一〇日)。二〇〇九年からは、同名の著作シリーズがマクミラン出版社から刊行されている。

9 多様な方向性に富む「メモリー・スタディーズ」を概観するうえで有用なハンドブックおよび事典としては、たとえばPethes/Ruchatz 2001, Erll/Nünning 2008, Gudehus/Eichenberg/Welzer 2010などがある。

10 エアルは、今日の記憶研究に対する定番となっている批判の一つとして、「記憶」概念が許容しがたいほどに拡張されており、したがって「何でもありのカテゴリー(catch-all category)」(Zeiler 1995: 235)に陥る危険性を有しているのではないか、という疑義が呈されていることを紹介している(Erll 2017: 5)。個人の意識過程、神話、建築物、記念碑論争、自伝、親族における写真など、多岐にわたる対象をすべて「記憶」を鍵として分析することには無理があるのではないか、というわけである。

11 アスマン夫妻の「文化的記憶」論については、たとえばAssmann 1999=2007、また安川二〇〇七を参照。

12 各論者のキーワードの意味内容は完全に合致しているわけではないが、少なくともそれらが他の論者におけるどのキーワードと等価であるか、もしくは類似しているか、ということが示唆される。それゆえ、この図はさらに詳細な検討をおこなう際の足場を提供しているといえよう。

13 筆者においては、そのような術語上のねじれは、エアルによる著作のドイツ語版(Erll 2017)と英語版(Erll 2011)を照合することによって、明瞭に意識されるようになった。

14 本章では、とくにことわりのないかぎり、基本的にドイツ語圏における語の使用法にもとづいている。

15 エアルがとりわけ慎重であるのは、精神分析的な概念に引きつけて「集合的記憶」を語ることに対してである。「抑圧によって、個人の生体はおそらく病むことになるが、社会は必ずしもそのようにはならない」(Erll 2017: 97)として、たとえば「文化的トラウマ」といった語の使用には懐疑が示されている。

16　「ビルドゥング」概念に関する筆者の理解については、たとえば山名二〇一七ｃを参照。行論の都合上、同論文における「ビルドゥング」に関する説明を本章において一部再掲している。「ビルドゥング」概念については、本論集の森田論文も参照のこと。

17　広島の原爆投下に関する筆者個人の研究を例にしていえば、広島平和記念公園を中心とした広島市の都市空間構成に関する考察（Yamana 2017）、学校教育内外におけるコミュニケーション的記憶の仕組みと実践に関する考察（山名二〇一九）、原爆が引き起こしたカタストロフィーと教育をめぐる哲学・思想史的考察（山名二〇一七ｂ）、またカタストロフィーと教育との関係について論じる際の問題視角および問題構成の検討（山名二〇一七ａ）など、外見上は別々にみえるそれぞれの試みが、「集合的記憶」論モデルを基盤とすることによって一つの統合的な像を有するものとして眺められる。

18　他の動物に比べて人間がすぐれて想起する能力を有することを「欠陥」や「欠如」とみなすべきかどうかについては議論を必要とするが、少なくとも記憶を不幸の根源とみなしたニーチェの視点からすれば（Nietzsche 1988 [Original 1874], cf. Rossington/Whitehead 2007: 93）、やはり想起する能力を備えてしまった人間の「不幸」を何らかの人為によって埋め合わせていかねばならないという運命にあるという意味において、記憶の制度はゲーレン的な「制度」であるといえるのではないか。

19　「脱教育化」については、山名二〇一七ａも参照。

20　記憶の制度に綻びを人為的に組み込むことで問題が解決される、というような単純な話でもないこともまた意識しておきたい。文脈は異なるが、制度の綻びとしても解釈しうる「アジール」の両義性に関する考察（山名二〇一五、とりわけその第四章）を参照。

参考文献

Assmann, A. 1999 *Erinnerungsräume. Formen und Wandlungen der kulturellen Gedächtnisses*, München: Verlag C.H. Beck. ＝アスマン、A. 二〇〇七『想起の空間――文化的記憶の形態と変遷』（安川晴基訳）水声社

Assmann, A. 2002 >>Zum Geleit<<, Echterhoff, G./Saar, M. (Hrsg.), *Kontext und Kulturen des Erinnerns. Maurice Halbwachs und das Paradigma des kollektiven Gedächtnisses*. Konstanz: UVK, S.7-11.

Dörpinghaus, A./Poenitsch, A./Wigger, L. 2016 *Einführung in die Theorie der Bildung*. Darmstadt: Wissenschaftliche Buchgesellschaft. 5. Aufl.Erll, A.

2017 *Kollektives Gedächtnis und Erinnerungskulturen. Eine Einführung* (3., aktualisierte und erweiterte Aufl.), Stuttgart: J.B.Metzler Verlag.

Erll, A. 2011 *Memory in Culture*, translated by Sara B. Young, Hampshire: Palgrave Macmillan.

Erll, A./ Nünning, A. (ed.) 2008 *Cultural Memory Studies. An International and Interdisciplinary Handbook*. Unter Mitarbeit von Sara B. Young. Berlin/ New York: de Gruyter.

Esposito, E. 2002 *Soziales Vergessen. Formen und Medien des Gedächtnisses der Gesellschaft*. Frankfurt a.M.: Suhrkamp.

Gudehus, Ch./ Ariane Eichenberg, A./ Welzer, H. (Hrsg.) 2010, *Gedächtnis und Erinnerung: Ein interdisziplinäres Handbuch*. Stuttgart/Weimar: Metzler.

Halbwachs, M 1991 *Das kollektives Gedächtnis*. Frankfurt a.M.: Fischer. orig: 1950, *La mémoire collective*. Paris: Presses universitaires de France) ＝ アルヴァックス、M．一九八九『集合的記憶』（小関藤一郎訳）行路社

Huyssen, A. 1995 *Twilight Memories. Marking Time in a Culture of Amnesia*. New York: Routledge.

Nietzsche, Fr. 2009 [Original 1874]), *Vom Nutzen und Nachtheil der Historie für das Leben*, hrsg.v. Figal, G., Reipzig: Reclam.

Olick, J.K./Robbins, J. 1998 Social Memory Studies. From >Collective Memory< to the Historical Sociology of Mnemonic Practices, *Annual Review of Sociology*, 24, pp.105-140.

Olick, J.K. 1999 Collective Memory. The Two Cultures, *Sociologial Theory*, 17(3), pp.333-348.

Pethes, N./ Ruchatz, J. (Hrsg.) 2001 *Gedächtnis und Erinnerung. Ein interdisziplinäres Lexikon*. Reinbek: Rowohlt.

Rossington,M./Whitehead, A. (eds.) 2007 *Theories of Memory. A Reader*, Baltimore, The Johns Hopkins University Press.

Walzer, H. 2002 *Das kommnikatives Gedächtnis. Eine Theorie der Erinnerung*. München.

Weinrich, H. 1976 *Soprache in Texten*. Stuttgart: Klett.

Yamana, J. 2017 Hiroshima als architektonischer Raum der Erinnerung: Zur Problematik der Pädagogisierung eines geschichtlichen Ortes, *Jahrbuch für Historische Bildungsforschung*, 22, S.61-79.

Zeiler, B. 1995 Reading the Past against the Grain: The Shape of Memory Studies, *Critical Studies in Mass Communication*, 12, pp.214-239.

粟津賢太　二〇一一「現在における『過去』の用法――集合的記憶研究における『語り』について」関沢まゆみ編　二〇一〇『戦争記憶論――忘却、変容そして継承』昭和堂、二二八―二四七頁

粟津賢太　二〇一五「慰霊・追悼研究の現在――想起の文化をめぐって」『思想』第1096号、八―二六頁

ヴィガー、L．二〇一四「ヘーゲルの人間形成論と現代の人間形成研究」ヴィガー、L．・山名淳・藤井佳世編『人間形成と承認』

北大路書房、四七―七〇頁
小川洋子　二〇一五『琥珀のまたたき』講談社
岡谷英明　一九九五「アーノルド・ゲーレン『制度の哲学』の教育学的意義」『教育哲学研究』第72号、一六―三〇頁
ゲーレン、A.　一九七〇「人間と制度」（古田惇二訳）。ゲーレン、A.『人間学の探究』亀井裕・滝浦静雄他訳　紀伊國屋書店
齊藤智　二〇一八「記憶と知識」楠見孝編『教育心理学』協同出版株式会社、五五―七四頁
関沢まゆみ編　二〇一〇『戦争記憶論――忘却、変容そして継承』昭和堂
鳥光美緒子・中西さやか・藤井佳世　二〇一五「人生の語りの解読の視点としての『人間形成』」『教育学論集』第57巻、四三―六八頁
ベン―アリ　二〇一〇「戦争体験の社会的記憶と語り」関沢まゆみ編　二〇一〇『戦争記憶論――忘却、変容そして継承』昭和堂、一―二二頁
丸山恭司　二〇一七「記憶」教育思想史学会編『教育思想事典［増補改訂版］』一二一―一二二頁
安川晴基　二〇〇七「文化的記憶のコンセプトについて――訳者あとがきに代えて」アスマン、A.『想起の空間――文化的記憶の形態と変遷』水声社、五五五―五七五頁
山名淳　二〇一一「追悼施設における『過去の克服』――〈第二次的抵抗〉としての「追悼施設教育学」について」對馬達雄編『ドイツ「過去の克服」と人間形成』昭和堂、二五三―二九三頁
山名淳　二〇一五『都市とアーキテクチャの教育思想』勁草書房
山名淳　二〇一七a「教育と厄災の記憶に教育がふれるとき」山名淳・矢野智司編　二〇一七『災害と厄災の記憶を伝える――教育学は何ができるのか』勁草書房、一―三〇頁
山名淳　二〇一七b「広島のアンダース」山名淳・矢野智司編　二〇一七『災害と厄災の記憶を伝える――教育学は何ができるのか』勁草書房、一二〇―一四〇頁
山名淳　二〇一七c「ビルドゥングとしての「PISA後の教育」――現代ドイツにおける教育哲学批判の可能性」『教育哲学研究』第116号、一〇一―一一八頁
山名淳・矢野智司編　二〇一七『災害と厄災の記憶を伝える――教育学は何ができるのか』勁草書房
湯浅正通・湯澤美紀編　二〇一四『ワーキングメモリと教育』北大路書房

第７章「国家と教育」における「政治的なるもの」の位置価
――教育に政治を再導入するために

小玉重夫

一　冷戦期リベラリズムと講座派マルクス主義

冷戦期の教育学研究は、表面上は、政府・文部省を中心とした保守勢力と、教員組合運動や民間教育運動を中心とした革新勢力との間の激しい政治的対立の磁場において展開されてきたように見える。しかし、実態は、一九五〇年代末以降、いわゆる革新系の教育学のなかで、勝田守一に代表されるような教育的価値の中立性に依拠したリベラルな教育学が台頭し、それが教育学や教育実践の非政治化を促していった面があった。その際に、教育的価値の中立性を担保する理論的鍵として位置づけられたのが「子どもの発達」という視点であった（小玉二〇一六）。

つまり、冷戦期教育学（田原一九九六）は一方におけるイデオロギー的対立と、他方における「子どもの発達」をかかげた教育的価値のリベラルな中立性という、二重の文脈のなかで展開してきたととらえることができる。この二重性の意味をどう考えたらいいのだろうか。

レオ・シュトラウス（Strauss 1959= 一九九二）の「公儀」と「秘儀」という議論をふまえれば、公儀とは、社会に対して学問の正統性を主張するために、「あらゆる読者に容易に近づきうる」仕方で公然と述べられる教説であり、戦後教育学はそのような公儀として、リベラリズムと、非政治的な「子どもの発達」を掲げてきたととらえることができる。これに対して、秘儀とは、学問研究に従事する当事者内部で共有され、「非常に注意深いよく訓練の行き届いた読者」しか知ることのできない教説であり、戦後教育学はそのような意味での秘儀として、「優等生的」マルクス主義＝講座派マルクス主義（松尾 二〇一二）に依拠した日本社会の政治的変革の構想を持っていたのではないだろうか。

つまり、冷戦期の教育学は表向きの（公儀としての）「子どもの発達」に依拠した非政治的リベラリズムと、隠された（秘儀としての）マルクス主義的政治性の二重性において、展開してきた面があった。しかし、一九六〇年代以降、公儀としての非政治性が前景化し、秘儀としての政治性の内実が十分に検討、吟味されることはなかった。その結果、本来批判的に再検討されるべき秘儀の政治性が、手をつけられることなく温存されてきた可能性を排除することはできない（小玉 二〇〇八）。

戦後教育学の成立が講座派マルクス主義の影響を強く受けていた点については、森田尚人が次のように述べている。

> 戦後教育学は、日教組運動を取り巻く政治状況を正確に反映して形成された。一九五二年六月、「逆コース」にタイミングをあわせるかのように刊行が開始された岩波講座『教育』全八巻は、教育の言説を冷戦の文脈のなかに埋め込むことによって、戦後教育学の原型をつくりだした。つまり、「民主的な進歩勢力対反動的な保守勢力」という対立図式を踏まえて教育の課題を論じる、戦後教育学に特有なスキームがここに定着

をみたのである。（森田二〇〇三：三〇）

従来の逆コース史観では、朝鮮戦争を境にして一連の民主的な改革が止まり、その後、逆コースになっていくといわれてきた。森田がいう「『民主的な進歩勢力対反動的な保守勢力』という対立図式を踏まえて教育の課題を論じる、戦後教育学に特有なスキーム」とは、まさにこうした逆コース史観にのった形で形成、確立していった。「国家と教育」という問題設定はまさにそうした戦後教育学の磁場のなかで、国家と教育を対立的に設定し、教育に政治を持ち込まないという議論の枠組みを作り上げていく。

他方、一九五七年に創設された教育哲学会は、このような戦後教育学の枠組みへのトラウマから、国家と教育という問題設定自体を回避することで、自らの議論の場を設定してきたとはいえないだろうか。そうだとすれば、いま必要なことは、かかる戦後的なトラウマから脱却し、逆コース史観をアンラーニングすることで、国家と教育における政治の位置価をあらためて再設定することであると考える。

二　未発の契機としての戦後の労農派再結集

森田尚人は前述の論文で、戦後教育学のパラダイムが講座派マルクス主義の強い影響のもとで形成されたことを明らかにするとともに、それへの対抗勢力として、一九五二年に「文化自由会議日本委員会」に結集した荒畑寒村、小堀甚二ら、冷戦的思考の枠組みから比較的自由なところで、ソ連＝コミンフォルムの世界支配戦略とその全体主義的性格を批判した労農派マルクス主義の一分派に着目している。

この荒畑、小堀らの思想は、戦後の労農派再結集と、そこでの新党構想（山川新党構想）のなかで練り上げられていったものだった。すなわち、一九四七年五月から、荒畑寒村らが呼びかけて「政治教育同盟準備会」が結成される。中心的なメンバーは荒畑寒村、向坂逸郎、山川菊栄、山川均、小堀甚二、平林たい子らである。その拠り所として同年八月に雑誌『前進』が創刊された（石河 二〇〇八：三四六）。この雑誌を見ると、戦後の労農派の世界認識の特徴が浮かび上がる。そこで見られるのは、冷戦構造形成期におけるコミンフォルムの世界支配への強い警戒である（小堀ほか 一九五〇：一五―一六、小堀 一九五〇：三二）。

『前進』はその後、非武装中立を主張する山川、向坂らと、人民軍の編成を主張する小堀、荒畑らとに分裂し、前者は社会主義協会（社会党左派）結成へ、後者は前述の文化自由会議日本委員会結成へ向かう。『前進』は一九五〇年九月号をもって廃刊となる（詳しくは、小玉 二〇一三aを参照）。

冷戦構造形成期に脱冷戦的な政治を目指そうとした動きは、こうして挫折し、結局冷戦的な対立構造へと回収されてしまった。

三　だれが「戦後」を忘れるのか？：ポスト冷戦期の教育における国家の役割の再定義

(一)二〇一〇年代の改憲論

以上でみてきたように、戦後的な枠組みにおいて、教育への国家関与は、それ自体が、冷戦期リベラリズムに対する敵対イデオロギー（保守反動）としてとらえられる傾向があった。それに対して二〇一〇年代には、教育における国家の役割を再定義することによって、冷戦期教育学の枠組みを組みかえる動きが顕在化しつつあるように見える。たとえば、批評家の宇野常寛は、以下のような発言をする。

軍事や外交、教育といった方面にもまず必要なのは、「戦後」を正しく忘れることだと思います。たとえば、僕はかつての戦争は明確に侵略戦争だったと思う。首相の靖国神社参拝にも、ぶっちゃけ天皇制にも反対ですが、その一方で軍隊は明確に必要で、改憲して自衛隊を国軍にしてもいいとすら思っている。（宇野・濱野二〇一二：一七四―一七五）

また、東浩紀らは「新日本国憲法」と題する憲法改正試案を公表し、冷戦期においてイデオロギー対立に還元される傾向が強かった改憲・護憲論争の枠組みを相対化し、「一九四七年施行の日本国憲法について、いままでのイデオロギー対立を離れ、まったく新しい観点と前提から再検討する」提案を、行っている（楠・境・白田・西田・東二〇一二）。

これら、宇野や東の主張には、戦後的な枠組みを解体する志向性を強く含んだ、挑発的な、したがってまたある意味では危険な含意を読み取ることができる。しかし同時に、こうした発言が、前節で検討した労農派の小堀らの議論と、その論理構造において驚くほど類似していること、そして、これらが共通して、改憲＝右派的保守、護憲＝左派的リベラルという二項対立図式に回収され得ないものを含んでいることも事実である。そこに、国家と教育をめぐる新しい枠組みを構想するてがかりを見つけることはできないだろうか。それは、諸個人の生や主体のありように介入する国家という国家観とは異なる国家のとらえ方を含んでいる。以下ではその点を、人間の生に対する国家権力の関わり方の転換という視点から見ていきたい。

（二）規律訓練権力から環境管理型権力へ

そこで、そうした諸個人の生や主体のありように介入する国家という国家観とは異なる国家のとらえ方を見ていくうえで注目したいのは、ポスト規律訓練権力論（ポスト・フーコー）の動向である。

近代の生－権力をフーコーは、二つの側面から特徴づけた。一つは人口に対する「生－政治」の側面であり、もう一つは身体に対する「解剖－政治」の側面である。このうち後者の「解剖－政治」の側面に対応するのが、監獄をモデルとした規律訓練権力である。具体的には、監獄中央の監視人の部屋と周縁の囚人の部屋との間にマジック・ミラーのようなスクリーンを設置して、監視人の側からは囚人が見えるけれども、囚人の側からは監視人が見えないという仕組みを想定する。フーコーは以下のように述べる。

> 〈一望監視装置〉は、見る＝見られるという一対の事態を切離す機械仕掛けであって、その円周状の建物の内部では人は完全に見られるが、決して見るわけにはいかず、中央部の塔のなかからは人はいっさいを見るが、けっして見られはしないのである。これは重要な装置だ、なぜならそれは権力を自動的なものにし、権力を没個人化するからである。その権力の本源は、或る人格のなかには存せず、身体・表面・光・視線などの慎重な配置のなかに、そして個々人が掌握される関係をその内的機構が生み出すそうした仕掛のなかに存している（Foucault 1975＝一九七七：二〇四）。

つまり、ここでフーコーが言うように、個人が自分自身を律することが出来るような非人格化、没個人化された権力の装置として開発されたのが一望監視装置である。それは、個人が自身で自身を律することによって、服従しつつ主体になる（subject）、主体化のメカニズムを保証するシステムである。

ところが、このような規律訓練権力は、二〇世紀の末以降、変わりつつあることが指摘されている。たとえば、ドゥルーズは、自分で自分を律する主体化＝服従化のメカニズムに依拠しない、人間の行動を直接コントロールする権力が拡大しつつあることを指摘している（ドゥルーズ 二〇〇七）。また、フーコーの影響を受けているフランスの歴史家ジャック・ドンズロは、新自由主義下における統治体制の変化が、主体のあり方に変容をもたらし、シティズンシップの形態に変化をもたらしていると述べている（Donzelot and Gordon 2008）。つまり、ポスト福祉国家段階に、規律訓練型の主体形成がうまくいかなくなり（動物化、難民化）、そのことが、新しい形での政治的市民の登場の潜在可能性を高めていると、ドンズロは見ている。

現代社会における権力は、法や規範によって個人を主体にして行く規律訓練権力から、法や規範を媒介とせずにアーキテクチャ（環境設計）によって個人が生きる環境をコントロールしていく環境管理型権力へと転換しているというのだ。かかる事態を、東浩紀は以下のように述べる。

規律訓練型権力は法と規範に宿る。管理型権力はアーキテクチャに宿る。前者は視線の内面化を必要とし、後者は必要としない。そして私たちの社会は、人々の行為を制限し、公共秩序を保つため、ますます後者の方法に依存し始めている（東 二〇〇七：四八）。

規律社会とは、主体化による包摂を目指し、規律訓練権力が作動する社会であり、学校は監獄の比喩でとらえられる。これに対して、環境管理型権力が作動する社会では、学校は、以下のアガンベンの議論に代表されるような、収容所の比喩でとらえられる。

アガンベンは「ホモ・サケル」という表象を用いて、ポスト国民国家、ポスト福祉国家段階における排除の構造を理論化しようとした。ここでホモ・サケルというのは、もともとは、古代ローマ法において登場する、殺害が処罰されず、同時に、犠牲も禁止され、それによって、刑法と宗教法の両方の適用の外におかれているような人のことである。アガンベンはこのホモ・サケルの表象を、ナチズムの強制収容所で虐殺された人々から、さらにはポスト国民国家段階における排除一般へと拡大適用しようとする（詳しくは、小玉二〇一三bなどを参照）。

本書の主人公は剥き出しの生である。すなわち、ホモ・サケルの、殺害可能かつ犠牲化不可能な生である。我々は、この生が近代の政治において果たしている本質的な働きを求めようとした。人間の生がもっぱらその排除（つまりその生の端的な殺害可能性）という形でのみ秩序に包含される、ローマの古法のこの不明瞭な形象は、このように、主権に関する数々のテクストの秘法、いや、一般的に政治権力の諸規準自体の秘法をあばくための鍵を与えてくれる。（Agamben 1998＝二〇〇三：一七）

ここでアガンベンは、人間の生を語る際、政治的な生（古代ギリシア語のビオス）と生物学的な生（古代ギリシア語のゾーエー）の区別に着目する。このように古代ギリシアの段階ではもともと区別されていた政治的な生と生物学的な生は、一九世紀に国民国家が成立し、それが二〇世紀に福祉国家として発展するなかで、同一視されるようになっていく。そして、このようなアガンベンの議論の背景には、前述のフーコーの「生−権力」論がある。すでにみてきたように、フーコーによれば、近代以前の権力は、生殺与奪の権力、死に対する権力であったが、近代の権力は、むしろ生かす権力である。生命をいかに効率よく活用するかが近代的権力の主要な関心事となったという。国家の国民になるということと、その人の生命が保障されるということが同じものとされるようになっていくのである。

これに対してアガンベンは、このフーコーの生−権力論をふまえつつ、むしろそれを逆手にとって、生−権力の生かさない側面に注目した論を展開する。すなわち、政治的な生と生物学的な生が一体化した生−権力において、人々を政治的に包含するために生かす権力が動員されるとすれば、逆に、人々を政治的に排除するためにはその人の政治的な生のみならず、生物学的な生をも否定しなければならなくなるはずだからである。このことが顕在化したのが、ナチスの収容所におけるユダヤ人虐殺であったと、アガンベンは見る。だからこそ、アガンベンにとって、近代性の範例をなすのは、制度でいえば、フーコーのように工場や学校ではなく、強制収容所となるのであり、対象でいえば、囚人や生徒ではなく難民となるのである。そして、このアガンベンの視線をふまえるならば、近代教育制度における学校という存在は、監獄モデルから収容所モデルになったといえるのではないだろうか。

このアガンベンの視点は、ポスト国民国家、ポスト福祉国家段階において、環境管理型権力が作動する排除の表象を端的に示している。つまり、ポスト国民国家、ポスト福祉国家段階における学校／子どもの表象は、フーコー的な監獄としての学校と、そこでの囚人としての子どもから、アガンベン的な難民収容所としての学校と、そこでの難民としての子どもへと、転換しつつあるということもできる。

ここでいう「難民」という言葉は、「排除」や「弱者」といった概念と似た言葉である。ただ、これは、アレントの思想においてそういうニュアンスがあるのだが、「排除」や「弱者」ということばよりも「難民」ということばの方が、単なる受け身の存在ではなく政治的な市民になる可能性を持った存在であるとい含意があり、その意味で、政治的に積極的なニュアンスが含まれている（Arendt 1943 ＝ 一九八九）。そのような意味を込めて、生徒の排除という言い方ではなく、生徒の難民化というとらえ方をしてみたい。

難民収容所は、監獄とは違って、囚人を更生させて世の中に送り出す機能を期待されていない。今の学校は、フーコーが描いたような監獄としての機能よりもむしろ、すべてではないにしても、ある意味において、アガンベンが描いたような難民収容所化している側面がある。

（三）脱福祉国家化と政治的人間の再興

以上で概観してきたようなフーコー的な規律訓練権力からアガンベン的な環境管理型権力への転換は、国家の人間の生に対する介入の様相を一変させる。すなわちそれは、国家の脱福祉国家化と、政治的人間の再興をもたらす条件を宿す可能性がある。以下ではその点を述べておきたい。

近代国民国家における国家と教育の関係は、主体化＝服従化のメカニズムを通じての国民形成という機制が基底にあった。主体化＝服従化のサイクルのなかに福祉国家的な、生への介入として国家と教育の関係が成立していた。そうした段階においては、国家との対抗関係において教育を戦略的に規定し、政治をそこから排除するリベラル派と、政治と教育の関係を国家＝国民形成との関係でより積極的に把握しようとする共和派との対抗関係には一定の意味があった。

しかし、主体形成の不可能性を内包する現代の環境管理型権力が作動する国家においては、国家と教育の関係は、脱福祉国家化、すなわち福祉国家的な生への介入を行わない（あるいはそれに対して禁欲的・制限的な）国家と、そうした国家を構成する政治的市民の関係として再定義される可能性がある。そうした、福祉国家的な生への介入に禁欲的な国家と市民の関係を示す一つの例として、ベーシックインカムをめぐる議論に注目してみたい。

ベーシックインカムとは、すべての人に最低限度の所得を保障する制度の総称である。フリードマン的な負の所得税からマルクス的な無条件の所得保障論まで、その幅は多岐にわたるが、共通しているのは、労働の対価としてではない形での所得保障を普遍的に行おうという発想である。

近年、このベーシックインカムの意義をアレントの思想と結びつけてとらえようとする流れが台頭しつつある。たとえばバードカレッジアレントセンターのロジャー・バーコウィッツは、ベーシックインカムを「アレントが賃仕事人（jobholder）の社会によってもたらされると診断した問題に対する処方箋を提供するもの」であると評価する。アレントは『人間の条件』のなかで、「生命を維持するのに必要な唯一の活動力である労働を中心とする」社会を「賃仕事人（jobholder）」の社会ととらえ、それが公的領域と政治の自律性を解体していると診断している。バーコウィッツによれば、ベーシックインカムはこのような労働を中心とする社会の改革に寄与するから、「アレント的なアイディアの実現する時代が到来した」と主張するのである（Berkowitz 2012）。

また、労働規範の相対化をめざすジグムント・バウマンのベーシックインカム論でも、ハンナ・アレントの議論が参照されている。バウマンのベーシックインカム論は、アレントの議論に依拠しつつ「共和主義的生活やシティズンシップの基礎的条件を維持ないし回復する必要性」という点からベーシックインカムの意義を説き起こし、その延長線上に「政治の発見」を見通そうとしている点に特徴がある（Bauman 1999:182＝二〇〇二：二六五）。それは、かつて永井陽之助がアレントを導入しつつ「公的なものと私的なもの」の二元的対立の緊張を基底において「政治的人間」の再興を企図したモチーフとも、通じ合う点がある（永井一九六八：九）。

以上のような、アレントとベーシックインカムをつなぐ一連の議論は、規律訓練権力から環境管理型権力への転換により福祉国家的な生への介入が縮小し難民的状況が普遍化していく現代において、生きることを目的ではなく手段的な価値におく政治的人間の再興可能性を示唆しているとはいえないだろうか。そこでは、生への介入を伴わない形での、バウマンやポーコック的な共和主義的市民形成の可能性が、その意味での、国家と教育の関係におけるる政治的なるものの積極的な意味づけの可能性があらわれる。ここに、ポスト福祉国家段階における政治的シティズンシップの存立条件がある（小玉二〇一二、二〇一六）。

四　一八歳選挙権と憲法制定権力

前節で見てきたように、国家の脱福祉国家化は、政治的人間の再興をもたらす可能性がある。そうしたポスト福祉国家段階における政治的シティズンシップの存立条件が現実化する契機となった一つの例として、公選法改正による二〇一六年からの選挙権年齢の一八歳以上への引き下げの問題を見ていきたい。一八歳選挙権の直接的な要因が、戦後タブー視されてきた改憲問題、すなわち国民投票法が国民投票年齢を一八歳に定めたということに起因していることは示唆的である。以下、この点について述べておきたい。

（一）出発点としての教育基本法第一四条

この問題を考える上での出発点は教育基本法の第一四条にある政治的教養の尊重ということと、第二項に書かれてある「特定の政党を支持し、または反対するための政治教育や政治活動」の禁止というこの二つの条項の関係をどう考えるか、という問題、いわゆる政治教育と党派教育の関係をめぐる問題である。政治教育を奨励しながら、党派教育を禁止するというこの二つの条項の関係をどうとらえるかという問題、これが戦後の七〇年の歴史の中で、政治教育そのものが学校の中で行われにくいような状況を形作ってきた。

このような政治教育の形骸化の一つの背景にあるのは、冷戦体制下のなかでのイデオロギー対立が教育現場に及ぼした負の影響という問題である。例えば一九五四年の旭丘中学事件、それから一九七四年の八鹿高校事件 などがある。五〇年代の旭丘中学事件についていうと、生徒会活動の延長線上で、高校生が政治集会、デモに参加していくという動きが、当時の時代状況の中で、生徒をイデオロギー的に動員したとみなされ、党派教育として批判された。旭丘での教育が果たして政治教育だったのか、それとも党派教育だったのかということが争われ、教育二法の制定につながっていく。それから八鹿高校事件があった七〇年代の問題でいうと、その前に高校紛争があり、その背景には大学紛争があり、高校生・大学生の政治活動がその一部分においては暴力的な活動とも結びついていく。そこことの関係で発出されたのが、後述する一九六九年の「高等学校における政治的教養と政治的活動について」という通達であった。こういう五〇年代と七〇年代という教育が先鋭的に政治化した時代の影響も受けつつ、第一四条の第一項が非常に狭められ、ないしは形骸化され、他方で、第二項が肥大化して影響力を持ってきた。本来党派教育を禁止する趣旨であった第二項が学校で政治を扱うことそのものにブレーキをかける方向で機能し、教室で政治的な問題を扱うことをタブー視する、あるいは学校現場を萎縮させるような空気というものが醸成されてきた。

一八歳選挙権が導入されることによって、それがどういうふうに変わっていくのかということが大きな論点になってきている。

（二）改憲問題と国民投票法

それでは、いったいなぜいま、一八歳選挙権なのか。直接的な要因としては、憲法改正の国民投票法が国民投票年齢を一八歳に定めたということから、今回の公選法の一八歳選挙権が出てきたということが指摘できる。つまりこれは改憲の動きと実は連動しているという問題がある。しかし同時にそのことの射程は、政権与党の思想やイデオロギーのみに帰することのできない広がりを含んでいることをも、同時に見ておく必要がある。つまり、戦後七〇年を経た日本社会の構造転換が大人と子どもの境界を二〇歳から一八歳に引き下げるという問題とリンクしながら、戦後民主主義の再定義、バージョンアップを要請しているという点である。

（三）立憲主義と憲法制定権力

そこでこの、憲法改正をめぐる国民投票や戦後民主主義の再定義、バージョンアップとの関連で触れておきたいのが、ハンナ・アレントのいう憲法制定権力の視点である。アレントは『革命について』というアメリカ独立革命を論じた本の中で、「彼らにとって主要な問題は、権力をどのように制限するかではなく、どのようにして権力を樹立するかであり、政府をどのように制限するかではなく、どのように新しい政府を創設するかということだったのである」と述べている(Arendt 1963: 148 = 一九九五：二三二)。つまり、アメリカ独立革命がフランス革命やロシア革命といった他の革命と違うのは権力の樹立ということを革命の主要な課題に据えていたということだ、とアレントは述べる。アメリカ独立革命において憲法制定会議というのが作られて憲法ができていくプロセスがある。そこでの主要な問題は権力の制限ではなくて権力の樹立にあった、政府の制限ではなく政府の創設にあった、というのである。

つまり、ここでのアレントの指摘に明瞭に示されているように、憲法には二つの側面があって、いわゆる立憲主義と呼ぶ場合の私たちの憲法の捉え方というものは、権力者や政府の恣意的な行動を制限するために憲法というのは存在するという捉え方である。これは立憲主義の考え方として国民的に共有されている議論で、特に憲法学者はこの考え方を強調する。他方で、政治学的に言うと、憲法にはもう一つの側面があって、権力を樹立し政府を創設するという側面がある。それは、コンスティテューション（constitution）という憲法を意味する英語の動詞形がコンスティテュート（constitute 構成する、創設する）であるということにまさに典型的に現われている。コンスティテュート（創設）するからコンスティテューション（憲法）があるわけで、コンスティテュートするのが誰なのか、という問題である。それは当然人民であり、国民であり、市民であるわけだが、この憲法制定権力の担い手である市民をどう位置付けていくのかという問題が、憲法をめぐるもう一つの問題としてある。この憲法制定権力の立論が、非常に空洞化してきたという問題と、教育基本法の第一四条第一項が空洞化したこととは、実は連動していたのではないか。その意味ではまさに、憲法制定権力をめぐる議論には、前述の東や宇野が提起していた、改憲＝右派的保守、護憲＝左派的リベラルという二項対立図式に回収され得ないものが含まれており、この点が、一八歳選挙権において顕在化をしたということができるだろう。

シティズンシップ教育を政治的な市民を育てるための教育として正面から位置づけていこう、という議論が政策サイドからも提起されるようになる背景にあるのも、そうした事情であると考えられる。その際にあらためて、二つの論点が浮上する。第一は、教育基本法第一四条第一項の政治教育をいかにして実質化していくかという論点である。第二は、第二項で禁止されている党派教育を政治教育からいかにして区別していくのかという論点である。

(四)具体的政治を扱うということ

第一の政治教育の実質化についてであるが、ここでは政治的リテラシーの概念が鍵となる。二〇一五年秋に総務省と文部科学省が作成した高校生向け副教材『私たちが拓く日本の未来』のなかに、政策の背景にあるこの政治的リテラシーの考え方を見ることができる。同書は、一八歳選挙権の成立を受けて、高等学校における政治教育の充実に資すべく編集されたものである。副教材は、解説編、実践編、参考編の三部構成から成り、さらに、活用のための指導資料が作成されている。全編を通じて、現実の具体的な政治的事象と向き合うようになるための工夫がなされているが、特に実践編において特徴的なことは、論争的問題を取り上げて、対立や争点を正面から位置づけようとしている点である。

たとえば、実践編第二章「話合い、討論の手法」では、話し合いの振り返りで「対立点は何だったのか」(三七)に留意がなされ、それにもとづいて、「ディベートで政策論争をしてみよう」という課題が設定されている(三八)。さらに、第三章「模擬選挙」では、実際に存在する政党の政策比較を、自分が関心のある政策について行えるワークシートが示される(六六―六七)。そしてその作業にもとづいて、複数の政策を座標軸のなかで位置づけ直し、そうした座標軸のなかに政党を位置づける作業が行えるようになっている(六八)。これは、現実の具体的な政治的事象において争われている争点を単なる二項対立のなかでではなく、複数の対立軸のなかにおいてとらえようとするもので、論争的問題を複眼的な視野で見ることをめざすものである。

このように、現実の具体的な政治的事象を論争的問題としてとらえようとする視点はこの副教材に顕著な特徴である。その背景にあるのは、「一般に政治は意見や信念、利害の対立状況から発生するものである」（指導資料：二一）とする政治観である。そのような意見や信念、利害の対立している場合に、論争的問題での争点をいかに理解するかという点にこの教材の焦点が据えられている。これは、イギリスでシティズンシップ教育を主導した政治学者バーナード・クリックのいう政治的リテラシーの核心とも軌を一にするものである。クリック・レポートの全体の構成のなかで、その最終章に位置しているのが「論争的問題をどう教えるか」という節であるのは、まさにこの点と深く関わっている（小玉 二〇一六）。よって、この副教材は、論争的問題の教育によって政治的リテラシーの涵養を行っていくという視点を有している。

もう一つ、この副教材には重要な特徴がある。それは、実質的にこの教材の作成を担った作成協力者のなかに、一八歳選挙権の実現と中高生や若者の政治参加の機会拡大を求めて長く活動してきたＮＰＯや市民運動のメンバーや教師たちが、数多く名を連ねている点である。これは、総務省や文科省が製作したこの種の教材としては、珍しい特徴である。このことは、今回の一八歳選挙権の実現とその後の教育政策の動きが、こういったＮＰＯや市民運動に関与してきた人たちの日頃からの実践の積み重ねのうえになされていることを示すものである。と同時に、この副教材が一定、そうした運動や実践の成果の上に立って作成されていることを示してもいる。

この副教材に関わっては、公職選挙法上の課題を含め、今後高校での政治教育を進めていくうえで検討すべき課題や懸念が指摘されていることも事実であるが、他方で、これまで政治から排除されてきた若い世代の政治参加拡大を求める運動と実践の一つの成果物であるという側面を有することもふまえておくことが重要である。

（五）新旧の通知をめぐる政治観の差異

次に、第二の教育基本法第一四条第二項で禁止されている党派教育を政治教育からいかにして区別していくのかという論点についてみておきたい。この点と関わって取り上げたいのは、二〇一五年一〇月二九日に文部科学省が出した通知「高等学校等における政治的教養の教育と高等学校等の生徒による政治的活動等について（通知）」（以下、新通知と表記）である。これは、前述の一九六九年に当時の文部省が出した通達「高等学校における政治的教養と政治的活動について」（以下、六九年通達と表記）を廃止しそれにかわるものとして出されたものである。

新通知の特徴は、六九年通達と比較することで明らかになる。六九年通達は、先鋭化していた当時の高校紛争への対応を念頭に、高校生の政治活動を禁止することを目的として出されたものであり、「生徒は未成年者であり、民事上、刑事上などにおいて成年者と異なつた扱いをされるとともに選挙権等の参政権が与えられていないことなどからも明らかであるように、国家・社会としては未成年者が政治的活動を行なうことを期待していないし、むしろ行なわないよう要請している」と書かれていた。これに対して新通知では、「一八歳以上の高等学校等の生徒は、有権者として選挙権を有し、また、選挙運動を行うことなどが認められることとなる。このような法改正は、未来の我が国を担っていく世代である若い人々の意見を、現在と未来の我が国の在り方を決める政治に反映させていくことが望ましいという意図に基づくものであり、今後は、高等学校等の生徒が、国家・社会の形成に主体的に参画していくことがより一層期待される」と述べられている。この、六九年通達の「期待していない」から、新通知の「期待される」への変更に、新通知が高校生を政治的主体として期待し、位置づける立場を読み取ることができる。そこには、福祉国家を前提とした保護主義的な子ども・青年把握から、ポスト福祉国家段階における社会参加、政治参加の主体としての子ども・青年把握への転換を促しているという側面があるとみることもできるだろう。

新通知のもう一つの特徴は、政治教育のとらえ方にある。六九年通達では、「政治的教養の教育は、生徒が、一般に成人とは異なつて、選挙権などの参政権を制限されており、また、将来、国家・社会の有為な形成者になるための教育を受けつつある立場にあることを前提として行なうこと」としたうえで、「現実の具体的な政治的事象についてては、特に次のような点に留意する必要がある」として、「現実の具体的な政治的事象」を取り扱うことについては慎重な記載であった。これに対して新通知では、「議会制民主主義など民主主義の意義、政策形成の仕組みや選挙の仕組みなどの政治や選挙の理解に加えて現実の具体的な政治的事象も取り扱い、生徒が国民投票の投票権や選挙権を有する者として自らの判断で権利を行使することができるよう、具体的かつ実践的な指導を行うことが重要です」と述べ、「現実の具体的な政治的事象」を取り上げることを積極的に推奨している。つまり、「現実の具体的な政治的事象」の位置づけが六九年通達における消極的なものから、新通知における積極的なものへと、転換している。以上のような背景のなかに、前述したような、政治的リテラシーの涵養をめざした副教材を位置づけることができる。

このように、新通知では論争的な課題を含む現実の具体的な政治的事象に焦点化した政治教育が推奨されている。しかし他方で新通知は、学校内における高校生の政治活動については厳しい制限をかけている。すなわち、「教科・科目等の授業のみならず、生徒会活動、部活動等の授業以外の教育活動も学校の教育活動の一環であり、生徒がその本来の目的を逸脱し、教育活動の場を利用して選挙運動や政治的活動を行うことについて、教育基本法第一四条第二項に基づき政治的中立性が確保されるよう、高等学校等は、これを禁止することが必要であること」と述べられる。さらに、教師の政治的主義主張については、「教員は個人的な主義主張を述べることは避け、公正かつ中立な立場で生徒を指導すること」と述べられる。

このように、新通知では、高校生を政治的主体として位置づけているにもかかわらず、校内での高校生の政治活動は禁止している。この問題をいかに考えればいいのか。たしかに、この通知によって高校生が自治的な活動のなかで政治問題を考えることや、教師がそうした活動を指導していくこと等を萎縮させるのではないか、という深刻な懸念が残る。

しかしながらこの新通知は高校生が校外で政治的活動を行うことを禁止しているわけではない。そうだとすれば、この新通知に示されている政治教育の推奨と校内での政治活動の禁止は、政治教育と党派教育を区別したうえで前者の政治教育を学校のなかに正当に位置づけていくものとして読む方向性も排除されてはいない。学校での政治教育が高校生を政治的主体として形成し、その高校生が学校の外で政治的活動を行っていく、そして、学校の外に高校生の自由なアソシエーションを作り出していく、そういう展望のもとに、生徒会や各教科において、党派教育ではない政治教育を行っていく、そういう実践構想を積極的に押し出していくことこそが求められている。それは同時に、ポスト福祉国家段階における学校の機能転換とも密接に関わっており、例えば近年の部活動の学校外委託をめぐる政策動向や議論なども、そうした背景のなかに位置づけてとらえることができるだろう。

五　まとめにかえて

本章で検討してきたように、改憲＝右派的保守、護憲＝左派的リベラルという二項対立図式に回収され得ない問題構図が、まさに一八歳選挙権の実現という局面において浮き彫りになった。つまり、戦後七〇年を経た日本社会の構造転換が大人と子どもの境界を二〇歳から一八歳に引き下げるという問題とリンクしながら、戦後民主主義の再定義、バージョンアップを要請しているということができる。

前節で述べたことをあらためて敷衍しておこう。すなわち、国家との対抗関係において教育を戦略的に規定し、政治をそこから排除するリベラル派は、憲法を権力者や政府の恣意的な行動を制限するものとみなす立憲主義の立場に立つ場合が多い。これに対して、政治と教育の関係を国家＝国民形成との関係でより積極的に把握しようとする共和派の立場からは、権力を樹立し政府を創設するという憲法の側面が注目される。それは、前述したコンスティテューション（constitution）という憲法を意味する英語の動詞形がコンスティテュート（constitute 構成する、創設する）であるということにまさに典型的に現われている。従来の護憲派的な憲法観からは憲法のこの側面が十分とらえられてはこなかった。

このように、戦後七〇年の歴史の中で日本の民主主義における立憲主義のベースになるこの憲法制定権力の立論が空洞化してきたという問題と、戦後教育において政治教育が空洞化してきたこととは、連動していたのではないか。この空洞化していた憲法制定権力をどのように位置づけ直すかがあらためて問われている、そういう大きな流れの中で一八歳選挙権の動きが出てきている。憲法体制を担っていく市民をどう作っていくのかという問題とリンクした形で一八歳選挙権の問題が出てきていることを見逃してはならない。政治教育において国家の位置づけを積極的に見なしていく条件はこの点と関わって存在していると言える（以上の点について詳細は、小玉 二〇一六を参照されたい）。戦後初期に労農派の一部によって構想されていた政治ビジョンが、ポスト福祉国家段階の今日において、あらためてその意義を獲得しつつあるのは以上のような背景のもとでである。そしてそこで、教育がきわめて重要な位置にあることは本論で明らかにしてきたとおりである。

付記

本章は、教育哲学会第五五回大会（二〇一二、九月一七日）課題研究「国家と教育――これまでの教育哲学、これからの教育学（2）――」で行った報告のうち、後半を中心にしてまとめ、『教育哲学研究』第一〇七号（二〇一三）に収録された同名の論稿を、その後の研究をふまえて改稿したものである。前半（講座派と労農派に関する部分）は、小玉（二〇一三a）でより詳しく論じた。また、規律訓練権力と環境管理型権力については、小玉（二〇一三c）で、一八歳選挙権以降の展開については小玉（二〇一六）で論じた。合わせて参照いただければ幸いである。

参考文献

Agamben,G. 1998 Homo Sacer, translated by Daniel Heller-Roazen, Stanford University Press（＝二〇〇三　高桑和巳訳『ホモ・サケル』以文社）
Arendt,H. 1943 “We Refugees”, in The Menorah Journal, vol.31（＝一九八九　寺島俊穂・藤原隆裕宜訳『パーリアとしてのユダヤ人』未来社）
Arendt,H. 1963 On Revolution, Penguin Books（＝一九九五　志水速雄訳『革命について』ちくま学芸文庫）
Bauman,Z. 1999 In Search of Politics, Polity（＝二〇〇二　中道寿一訳『政治の発見』日本経済評論社）
Berkowitz,R. 2012 “From the Arendt Center,15/Feb./2012”, Hannah Arendt Center, BardCollege,http://www.hannahardtcenter.org/?tag=basic-income-guarantee,（2012.12. access）
Jacques Donzelot and Colin Gordon 2008 “Governing Liberal Societies – the Foucault Effect in the English - speaking World”, Foucault Studies, No 5, pp. 48 - 62, January
Foucault, M., 1978 Naissance de la prison, Surveiller et punir（＝一九七七　田村俶訳『監獄の誕生』新潮社）
Strauss,L. 1959 What is Political Philosophy?, The University of Chicago Press（＝一九九二　石崎嘉彦訳『政治哲学とは何か』昭和堂）

東浩紀　二〇〇七「規律訓練から環境管理へ」『情報環境論集 東浩紀コレクションS』講談社
石河康国　二〇〇八『労農派マルクス主義――理論・ひと・歴史 上巻』社会評論社
宇野常寛・濱野智史　二〇一二『希望論』ＮＨＫ出版
楠正憲・境真良・白田秀彰・西田亮介・東浩紀　二〇一二「憲法2.0」『日本2.0 思想地図β vol.3』、株式会社ゲンロン
小堀甚二ほか　一九五〇「コミンフォルムと日本共産党（座談会）」『前進』第三二号
小堀甚二　一九五〇「方向転換後の日本共産党」『前進』第三二号
小玉重夫　二〇〇八「教育学における公儀と秘儀」教育哲学会『教育哲学研究』第九七号
小玉重夫　二〇一二「近代市民革命と国民国家の形成」森川輝紀・小玉重夫編著『教育史入門』放送大学教育振興会
小玉重夫　二〇一三ａ「政治－逆コース史観のアンラーニング」森田尚人・森田伸子編著『教育思想史で読む現代教育』勁草書房
小玉重夫　二〇一三ｂ『学力幻想』ちくま新書
小玉重夫　二〇一三ｃ『難民と市民の間で――ハンナ・アレント『人間の条件』を読み直す』現代書館
小玉重夫　二〇一六『教育政治学を拓く――一八歳選挙権の時代を見すえて』勁草書房
田原宏人　一九九六「規範的教育論の隘路」『札幌大学総合論叢』第二号
ドゥルーズ　二〇〇七『記号と事件』宮林寛訳河出書房新社
永井陽之助　一九六八「政治的人間」永井編『政治的人間』平凡社
松尾匡　二〇一二『新しい左翼入門――相克の運動史は超えられるか』講談社
森田尚人　二〇〇三「戦後日本の知識人と平和をめぐる教育政治――『戦後教育学』の成立と日教組運動――」森田尚人・森田伸子・今井康雄編『教育と政治――戦後教育史を読みなおす』勁草書房

第3部　教育の実践と技術と格闘する教育哲学

第8章　実践の表象から自己の省察へ
――教育哲学と教育実践、その関係性の転換

下司　晶

一　はじめに――教育哲学と教育実践の表象

「教育哲学は、テクストの読解に留まるのではなく、教育実践を研究対象とすべきだ」――教育哲学会では、このような主張が繰り返しなされてきたし、自らの学校現場との関わりを誇る会員も少なからず存在した。しかし、教育哲学に教育実践との関わりを求める際、あまりにも自明なものとして看過されてきた問いがある。それは「教育哲学者はいかなる立場から、どのような根拠をもって教育実践を語りうるのか」という根本的な問題である。

教育哲学者はなぜ、自らの常勤の場ではない学校教育現場について何事かを語り、時に指導することが可能であると信じられてきたのか。その最大の理由は、教育学者が国家の官僚制システムの一部をなしていたからであろう。教育学者と教育実践との関わりのうちに時に自生的なものがあったことは否定できないが、多くの場合は教育委員会や文部（科学）省と同じく教育学者も官僚制的な位階性のうちにあり、学校現場を指導する立場にあるとみなされてきた。この前提は、高等教育機関への進学がエリート層に限定されている段階では、階層差や文化差をも背景と

していた。戦後教育学は、国家による教員の統制とは異なるかたちで教師との協働を志したが、理論（教育学者）が教育実践を指導するという前提に揺るぎはない。竹内洋はそこに「進歩的教育学者による教師の啓蒙・支配」の構造を読み取っている（竹内二〇一一：一九三）。

　しかし、こうしたピラミッド状の位階構造は、高等教育への進学率がマス段階へと移行するにしたがって成立しがたくなる。例えば日本教育学会で一九八九年に行われたシンポジウム「教育学の教育現実への有効性を問う」において向山洋一は、一九六〇年代までの「大学から発進される一方通行のワンウェイ」の知識伝達は、一九八〇年代には「その役目を終えた」という（向山一九九〇：二七）。そして今や、理論が実践を指導しうるという前提はかなり失われてしまっている。

　このような転換を経て、教育学者の役割も大きく変容する。これを二つの知識人論からあきらかにしたい。

　第一に、E．サイードは、知識人の役割は恵まれぬ者の声にならぬ声を「普遍性の原則」に則って表象＝代理（represent）することであるという（Said 1994, pp.8-9 ＝一九九八：三七―三八）。自らはブルジョワ層に属しながら、プロレタリアートの声を表象《レプリゼント》＝代弁しようとするマルクス主義者はその典型であろう。また、「周縁」へのフィールドワークを行う一部の社会学者もその後継といえる。

　同様に学校現場の教育実践を表象《レプリゼント》＝代弁することを自らの役割と任ずる教育学者も少なくない。サイードの知識人論と教育学における理論―実践問題を重ね合わせてみれば、マスの言葉を表象《レプリゼント》＝代弁し、進むべき道を示すエリート＝大学教員、自らは言葉を持たず、示された道を実践するマス＝初等中等学校教員という位階構造が現代にも受け継がれていることがわかる。例えば、佐藤学は「学校改革を声高に議論し政策化する人々は、一度でも学校を訪問し教室をつぶさに観察して、教師の仕事と子どもの活動から学んだことがあっただろうか」と問う（佐藤二〇〇三…二四四)。ここには、トップダウン的な官僚制システムに「下から」異を唱えるため、教育実践の表象《レプリゼンテーション》を教育学者の主務とする姿勢が端的にうかがえる。しかし仮に、教育学者が表象＝代弁《レプリゼント》することに「現場の声」を外に伝える意義があるとしても、そこには教育学者と初等中等学校教員の主従関係を固定化する危険性があるし、そもそも研究者が教育実践を表象＝代弁《レプリゼント》するとして、その真理性は、何によって担保されるのかという問題が残される。

それに対して第二に、Z．バウマンは、知識人はモダンな社会では普遍的な規範を語る「立法者」であるが、ポストモダン社会では多様な現実の「解釈者」となるという(Bauman 1987＝一九九五)。高等教育がユニバーサル段階に入った現代では、知識人の役割を担うことは一部の特権者には限定されない。

この知識人観の転換は、旧来の理論／実践図式の再考をも迫る。以上の教育哲学と教育実践の関係性の転換を、教育哲学の役割の変化に即して「モノローグからダイアローグへ」、「表象＝代理《レプリゼント》から省察《リフレクション》へ」と整理することができる。かつて教育哲学は特権的な地位にあり、教育実践を表象＝代弁《レプリゼント》し、その進むべき道を示すことが出来た。しかしそのような近代的な知のありようは、二〇世紀後半に世界的に隆盛した近代批判やポストモダン思想によって、多様性や他者性を認めない狭隘なものであったとの反省を強いられることになる(下司 二〇一六)。また、古屋恵太(二〇〇七)が私たちの常識を代表して示したように、理論＝実践問題の再検討によって、大学の教員が理論を、初等中等学校の教員が現場を代表しているという前提も問いなおされている。そもそも、大学の教員も大学という現場で教育や研究に携わる実践者であるし、文芸批評のテクスト解釈論が示したように、文献の読解という理論的研究もそれ自体が一つの実践である(下司 二〇一六：二〇八)。そうして知の転換を経た現代の教育哲学は、かつての特権性を失ってしまった。代わって求められているのが、他者との対話であり、省察である。

本書第3部のもととなった教育哲学会第五六回大会課題研究の企画者が、そこまで意図していたわけではないだろうが、とはいえ筆者には、以下で検討する三人の教育学者が、教育哲学と教育実践との関係において起きた転換を典型的に示しているように思われた。与えられた論題は「永年にわたって教育の理論と実践の問題について研究されてきた会員の仕事をいくつか選び出し」、「その業績を比較対照しながら考察」し、「教育哲学研究のこれまでの歩みと今後の展望を具体的に論じること」であり、宇佐美寛、田中毎実、中田基昭の三氏の業績を検討するよう指定されていた（「企画趣旨」二〇一二年一一月）[1]。

分析哲学を応用して言語の厳密な使用を求めた宇佐美寛。現象学を援用し子どもや授業の理解を試みてきた中田基昭。教育人間学の系譜を臨床的人間形成論に発展させ大学改革も自らの現場とした田中毎実。もちろん、各研究者が生涯をかけた仕事を安易に発展図式におさめるべきではない。だがこの三者を比較検討すれば、教育哲学が徐々に他者との関係に開かれていく過程が理解できる。しかしそれは同時に、実践に対する理論の優位性が、いやむしろ理論／実践という二元的図式自体が崩壊していくことをも意味する。

では、知の特権性が失われた現在、教育哲学者はいかなる立場で何を表象＝代理するのか。そもそも、教育哲学者とは何者なのか。

先を急ぎすぎた。まずは三人の教育哲学者のしごとを検討することからはじめよう。

二　宇佐美寛、他者の不在——言語論的転回以前の分析哲学の限界

宇佐美寛の立場を本論では「言語論的転回以前の分析哲学」と呼びたい。宇佐美には、適切な言語使用によって

世界は正しく表象可能であるという前提がある。であるがゆえに宇佐美は、自らと異なる解釈コードを有する他者を容認できない。宇佐美理論には他者が存在しない。他者に自らのコードを強制する態度は、教育の暴力性、哲学の独善性を典型的に示している。

(二)言語の混乱を解決するために

それにしても、宇佐美ほど自らと教育実践の関わりを自ら積極的にアピールする教育哲学者は他にいないのではないか。千葉大学教育学部で道徳教育関連科目を中心に担当していた宇佐美だが、扱われる領域は、小中学校の国語科教育、社会科教育から、看護教育、大学での授業、大学院生の指導から専門学会への提言と多岐にわたる。その著作は膨大な量を誇るが、一冊の思想史的著作を除けば、論点には全く変化がない。それは明確な思考のためには、明確な言語使用が必要であるというものである。

> 明確な思考をするためには、明確な意味のことばで思考・伝達する必要がある。(中略)学校教育では、このような質の思考が訓練されるべきである(宇佐美 一九七六：二六〇)。

宇佐美の仕事をひと言で要約すれば、言語は世界を表象するという前提から表象の仕方の適切さを問うこととなろう。宇佐美によれば「教育とは、他者の記号的活動の統御の一種類」である(宇佐美 一九六八：九)。教授—学習過程は、記号の伝達—解釈(産出)過程である。ここで必須となる「なぜ、どこをどう解釈するか」に関する理論が「コード」すなわち「解釈規則」である。宇佐美によれば「授業とは、学習者のコードの修正、増加をもたらすための記号解釈をさせることである」（宇佐美二〇〇五：九七）。この過程は教師によってコントロールされる必要がある。しかしこの言明は単なる教育場面の説明には留まらない。以下で論じていくように、宇佐美の教育哲学、そして教育実践への関わり自体が他者の記号的活動の統御に他ならないからである。

宇佐美は、曖昧な言語使用によって混乱が生じている状況を「言語主義」と呼び批判する。これを解決すべく、宇佐美が英米の分析哲学の影響を受けて開発した手法は「言語分析」と呼ばれる（宇佐美一九六八、iii―vii）。言語分析は、教科書や副読本、実践記録や研究論文といったテクストを対象とし、その文章表現の不明瞭さを指摘するという構成をとる。その意味では、いかに宇佐美が教育実践との関わりを誇ろうが、彼の仕事は「教育実践の表象」（エクリチュール）への二次的な関与に過ぎないといえるかもしれない。

ともあれ、修辞学者の香西秀信への批判から言語分析の具体例を示そう。まず、検討対象たる香西の文章が引用される。

> 私は、優れた発問を教師の共有財産にしようとする「法則化」の精神には賛成する。が、そのような態度が、ときに、発問のための発問を生み出してしまう危険性も承知している（cf.宇佐美一九九四：四六）。

続いて宇佐美が文章を構成要素に分割し曖昧さを指摘する。

この二文を読んで、私は、「ああ、これは駄目だ。」と思った。この後の部分で非論理的・独善的な文章になるという予測をした。次のように、欠陥だらけの文体だからである。

1.「『法則化』の精神」……この「精神」は、いったいどこに有るのか。(中略)

2.「優れた発問を教師の共有財産にしようとする『法則化』の精神」……これが「法則化」の精神であるという証拠はどこにあるのか。(中略)

3.「が、そのような態度が、」……この初めの「が、」は何か。「が、」は破格で意味不明である。

4.「そのような態度」……「そのような」とは、どのようなか《ママ》(宇佐美 一九九四：四六—四七)。

宇佐美の執拗なこだわりの背後には、言語によって世界が正しく表象可能であるという前提がある。思考や伝達を明瞭にするためには「なるべく透明なことば」(宇佐美一九七四、七－八頁)、「誰が読んでも共通の解釈が成り立つという透明な言葉」(宇佐美 一九九四：四〇)が必要であり、言語分析はその理想に近づくための手段なのである。しかし、このように「分析」を重ねていくことで、はたして「透明な言語」にたどり着くのだろうか。宇佐美の主観にとってはそうなのだが、分析される相手にとってはもちろんそうではない。宇佐美に「分析」された香西は、端的に反論している。

自分で一方的に「原則」を作っておきながら、他人の文章がそれに違反しているからといって、「駄文」だの「粗雑な文体」だのと勝手なことを言ってはいけません。私は、宇佐美氏の指導を受けている千葉大の学生ではないのです。自分の鰯の頭を他人が拝まないからといって怒るのはお門違いでしょう(香西 一九九一：八四、s.a. 宇佐美 一九九四：五三)。

(二) 特権性の根拠

宇佐美の立場はいわば「言語論的転回以前の分析哲学」である。

周知のように「言語論的転回」は、ローティの編んだ論文集『言語論的転回』(Rorty 1967) によって広まった用語であり、当初はフレーゲ以降の分析哲学を指す用語として用いられたが、現在ではより広義に、ソシュール以後の構造主義やデリダらのポスト構造主義、ガダマーらの解釈学やハバーマスのコミュニケーション理論も含むものとして、二〇世紀哲学の主流をなす思考法と考えられている(岡本二〇一六)。世界が言語によって構成されるという観点自体は、古代ギリシャにも起源を求められるが(石黒 一九九三)、二〇世紀の言語論的転回以後は、言語が世界を透明に映し出す道具であるという発想は影を潜め、言語は世界や私たちと分かちがたく結びつき、むしろそれらを構成するという考え方が主流となっている。『岩波講座　現代思想　第四巻　言語論的転回』(新田他編 一九九三) に象徴されるように、この思考法は日本でも一九九〇年代には一般に知られるところとなっていた。

言語論的転回は教育哲学にも大きな変容を迫った。『教育哲学研究　一〇〇号記念特別号』(二〇〇九) で教育哲学会五〇年の蓄積を検討した論者の多くが、言語論的転回を教育哲学の転換軸の一つに据えている。『教育哲学研究』における言語論の展開を検討した北詰裕子によれば、言語の曖昧さを断罪しその透明性を求める宇佐美の立場は一九六〇年という教育哲学会創設期に表明されているが(『教育哲学研究』第二号)、すでに一九七〇年代よりボルノーに依拠して言語の曖昧さこそが言語の本質とする立場もみられた。さらに時代を下って一九九〇年代になると、ポストモダン思想や近代批判の影響から言語の不透明性が前提とされるようになる(北詰二〇〇九)。野平慎二は「言語論的転回」によって他者性と倫理、アイデンティティ論、教養論、身体論、文体論などの問題が喚起されたことを「九〇年代以降の所収論文の大きな特徴」だという(野平二〇〇九：七八―八一)。

言語論的転回は、教育哲学と教育実践の関係も根本的に変更した。西村拓生が示しているように、かつての教育哲学が教育実践と関わろうとする場合、「単に実践『現場』に赴き、『教育現実』と理解されている事柄を対象や素材として論じればよい」という前提があったが、言語論的転回以後は「その『教育現実』なるものの構成そのものを問いに付すことこそ教育哲学がなすべき仕事である」というように転換した（西村 二〇〇九：三五八）。

宇佐美は、言語の分析者を自認し「言語研究関係のものは比較的読んでおります」（宇佐美 二〇〇三：一七〇）とのべるが、以上で論じてきた言語論的転回以後の動向はフォローされていない。もちろん多くの研究者は若い頃に自己を形成するのだから、宇佐美が六〇年近くにも渡って同じ理論を武器とし続けていること自体は責められるべきではないかもしれない。むしろ問題は、その理論が必然的にある弊害を要請すること、そして宇佐美がそれに無自覚であることだ。

（三）他者なき世界のモノローグ

宇佐美に「分析」された香西は次のように問うている。「それにしても、宇佐美氏は、どうして人の文章を批判する時に、『駄文』だの『低い国語能力』だのといった表現を使いたがるのか」（香西 一九九一：八四、s.a.宇佐美 一九九四：五二）。ここに宇佐美理論の宿痾がある。

宇佐美理論には、他者が存在する余地がない。宇佐美は「透明な言語」を求める。そして自らが他の言語使用者よりもより正確に言語を使用していると信じる。それゆえに宇佐美は、異なる解釈コードを有する他者の存在を容認できない。そのような他者は、宇佐美の求める「正しい」言語使用法に従わねばならない。自分とコードを共有していない他者にコードを共有させようとする言語統制的な態度は、教育の暴力性を端的に示している。相手が宇佐美に従って同じコードを使用するようになれば、両者の差異は埋められ「他者（の他性）」は消失する——実際、宇佐美の指導を受けた者は文体のみならず、思考パターンや問題意識まで「宇佐美化」する（宇佐美・池田二〇一五、上原二〇一七）。しかしこのような統制が（是非はともかくとして）成立しうるのは、教育関係のように相手との立場が非対称的であり、相手がそれを受け入れた場合に限定される。

そもそも、宇佐美理論には言語学的にみて大きな欠陥がある。思想史を紐解いてみよう。フーコーが『言葉と物』で指摘したように、近代には事物と言語との対応関係に埋めがたい亀裂が生じた。ソシュールを引き合いに出すまでもなく、記号と意味内容の連関は恣意的なものであり、最終的に両者の結びつきを保証しうる本質のようなものは存在しない。したがってある文章の解釈を、その文章に内在的に導き出すことは出来ない。そのことには宇佐美も気づいているようだ。

> 文章自体には内容は無い。内容は解釈において生じるのである（宇佐美一九九四：二九）。

では改めて、解釈の真実性は何によって担保されうるのだろうか。ラッセル流の分析哲学ならば、記号論理学的な整合性となるだろう。しかし宇佐美は日常言語派の影響下にあるため（宇佐美一九六八：x）、その立場をとらない。あるいは、コメニウスやデカルト、ライプニッツら、言語の混乱を解消するため普遍言語を創出しようとした西欧近代の思想家たちは、その新たな言語を神や自然といった超越的な秩序によって基礎づけようとした（Knowlson 1975＝一九九三）。

しかし宇佐美は超越的根拠にも、依拠しない。彼が自らの正当性を示すために依拠するのは、世俗的な権威である。年長であること（宇佐美二〇一三：一二）、教育経験が長いこと（宇佐美一九九九：vi）、留学経験があること（宇佐美一九九九：一五五、二〇一一：三二）、学生時代に弁論部だったこと（宇佐美二〇一一：一八三）、かつて恩師に評価されたこと（宇佐美二〇一三：二六―二七）等々。そうして学生や院生を「サル」と呼び（宇佐美一九九九：四八、一七三）、他人の文章を「駄文」と切り捨て（宇佐美一九九四：二〇八）、自分に意見した年下の研究者を「度しがたいアホ」（宇佐美二〇一三：二六）とまで表現する。

それにしてもなぜ宇佐美は、ここまで強迫的に自らの優位性を示さなければならないのだろうか。それは、コード自体には根拠がないため、他者にコードを強制するためには、相手との非対称性が必要となるからである。教師は児童生徒・学生より優れており、自分は相手よりも秀でているという前提が、宇佐美理論を成立させている。宇佐美において他者は、必ず自らより劣った存在であり、将来は宇佐美のようになるべきものとしての価値しか認められていない。結局のところ宇佐美は他者を表象しないし、その必要性すら認めていない。

> 「文化化」（という妙な術語を昔の教育学者は使っていた）されていない学習者をサル扱いするのは、確かに儒教文化的である。これに反感を持つ人もいるだろう。しかし、とにかく、これは私の教育思想である（宇佐美一九九九：一七四）。

他者の不在は、宇佐美の「分析」方法にもみてとれる[2]。言語分析は、文章を細切れに分断するだけで「概括」や「要約」をしない（宇佐美一九九九：八三）。そのため文章全体の意は問われない。しかし私たちが通常行う理解は、それとは異なるのではないか。解釈学が示したように、あるテクストにおいて部分と全体との関係は相互依存的であり、この両者は相互に参照されることによって解釈を成立させる（解釈学的循環）。したがって全体から切り離された部分は、意味を宙づりにされてしまう。また私たちがテクスト読解で試みるのは、異質な他者との対話であり、それによる自己の変容だろう（地平の融合）。そもそもD．デイヴィドソンが「寛大の原理」として示したように、コードの異なる他者との対話に際しては、私たちは相手を自らの解釈体系に組み込むのではなく、出来る限り相手の文脈や意図に従って解釈するのではないか（Davidson 1984, p.117＝一九九一：二一〇—二一一）。

宇佐美の新刊の一つ（二〇一七）には、他者の不在がより直接的に示されている。『議論を逃げるな』という主題は、『教育哲学研究』に掲載された筆者の批判（下司二〇一四）に応えていないのだから看板に偽りありだが、それはさておくとしても、問題はその副題「教育とは日本語」に言語や人々の多様性を否認する姿勢が端的に示されている点である。アメリカで「教育とは英語」、中国で「教育とは中国語」という本が出版され、米語や北京語の教え込みこそが論理的思考であると主張される事態を想像してほしい。

宇佐美の著作が極端に息苦しいのは、他者不在のナルシスティックなモノローグに自己完結しているからである。また、宇佐美が幾多の論争に——当人の認識において——勝ち続けるのは、両者のコードが異なっているにもかかわらず、宇佐美が自らの正当性を主張して物別れに終わるからである。こうした態度は、一九七〇年代以降教育哲学会でもたびたび指摘されてきた哲学の独善性、近代的理性の限界を端的に示している（下司二〇一六：第二章）。

宇佐美のような文章指導法は、確かに小中学校や大学の初年次教育の一部などでは有効かもしれない。しかしコードの強制が成立するのは、相手との関係が非対称である場合に限定される。お互いが相互に独立した言語や文体を持ち、それらが生と分かちがたく結びついているとすれば、「教育」の名の下にその多様性を抑圧することには、反省があってしかるべきではないか。

いつか皆が一つの同じ言語で話し出し、コミュニケーションは透明に保たれる。解釈コードから逸脱する者はおらず、すべてが響き合う世界。しかしそのような想定は、バベルの塔崩壊以前の失われた楽園か、ＳＦ的なディストピアに他ならない。宇佐美が中心的に携わってきたのが、道徳教育と国語教育であることは象徴的である。それはいずれも、近代国家に国民を統合しようとする装置なのだから。

三　中田基昭、他者の了解――現象学の特権性

他者をいかに表象＝代理しうるか。宇佐美の視野には入っていなかったこの問題こそ、中田基昭の現象学的研究の課題になる。そして他者をいかに了解するかという問いは、自己の省察へと折り返される。とはいえ、現象学こそが本質を表象しうるというように、哲学の特権性はまだ失われてはいない。

（一）現象学の他者了解

東京大学教育学部／大学院教育学研究科でながらく教育方法学を担当していた中田基昭は、他者の経験をいかに表象＝代弁《レプリゼント》しうるかという課題に真摯に向き合う。中田によれば、従来の教育学は、その基礎におかれるべき他者の理解をめぐる問いを看過してきた。例えば心理学に依拠する一部の教育方法学は、「人間の経験領域」を「事物」と同じようにとらえようとする（中田 一九八四：一二）。こうした前提からは、研究対象もまた私と同じ人間であるという単純な事実が看過されてしまう。

他者の理解という問題は、中田が初期に関わった重症心身障害児研究では特に切実になる。中田によれば、「従来の重障児に関する研究」は「彼らの身体活動や知的活動を『客観的』な仕方で、観察し記述するような研究方法を採用し、また「重障児という研究者にとっては他者の体験をいかにして理解することができるのか、またその理解の仕方はいかなる妥当性を持っているのか、ということについての方法論的な熟慮なしに、重障児を理解してしまっている」（中田一九八四：二）。

それに対して中田が『重症心身障害児の教育方法』（一九八四）で重症児の経験構造を解明するために採る方法は、現象学である。現象学は、一般的な障害児教育学のようにカテゴリー分けやラベリングによって他者を物象化するのではなく、他者の経験そのものを表象しようとするからである。

> 我々自身の経験の根源的な発生過程の解明と経験構造の根源的な基礎づけとは、フッサール（Husserl, E.）により創設されハイデッガー（Heidegger, M.）、サルトル（Sartre, J. P.）、メルロ＝ポンティ（Merleau-Ponty, M.）により受け継がれていった現象学的哲学のなかで試みられてきた。（中略）それゆえ本書では、フッサール現象学に基づき重障児と研究者の経験構造を解明することにより、重障児の教育方法を研究することにする（中田一九八四：五）。

現象学は、普通学級の研究にも新たな光をもたらす。自然科学を模した客観的手法を採用する授業研究では、授業は、あたかも観察者（研究者）と独立して存在するかのように対象化されてしまう（中田一九九三：二四二）。その傾向は授業理論を打ち立てようとする場合いっそう顕著である（中田一九九三：二三五）。それに対して現象学は近代科学の依拠する主客二元論を批判し、子どもを自然科学的な意味での対象として操作主義的に扱うことを拒否する。この態度は、授業を効率化し技術化することの貧しさを明らかにし、教育学が陥りがちな方法至上主義への歯止めともなる（中田 一九九三：ⅱ）。

（二）他者了解としての自己了解

では、現象学的に教育場面や子どもを了解する者は、いかなる立場からそれをなし得るのか。『重症心身障害児の教育方法』で検討された全ての事例では、中田自身が実践者であり、その解釈者でもあった（中田 一九八四：八）。この場合、子どもという他者をいかに表象しうるのかという問題は残されたままではあるが、実践者と研究者が一致しているのだから、教育実践を表象＝代弁《レプリゼント》すること自体に大きな問題は生じない。だが中田によれば、「教育的働きかけをしている教師の経験構造それ自体が、教育方法研究において考慮される」ならば、「必ずしも研究者が教育実践者である必要はな」い（中田 一九八四：五六六）。そうして中田は、『授業の現象学』（中田 一九九三）をはじめとする多くの著作において、観察者として研究を行うことになる。この表象の妥当性は、後に検討したい。

　その前に注目すべきは、現象学の実践が一般的な意味での「教育方法学」からの乖離をもたらすことである。中田の著作を「教育方法学」として読もうとした読者は、その期待を裏切られるだろう。それらはひいき目にいっても、教育方法の前提としての存在論が語られているに過ぎず、むしろ対象／目的／方法を分断する視線自体を問い直すものである。

> 現象学的態度で研究することは、現象学からみた学問観や学問的方法を自分の研究領域で応用すること

でもなければ、（中略）一般的な学問論や方法論のレベルで現象学の方法論を受け入れることでもない。そうではなく、（中略）潜在的であり蔽い隠されていた出来事や事柄を、現象学の記述の仕方と解明の方法とに従って顕在化し、いわば自分の目の前で展開させる［entfalten］ことが、すなわち現象学の言葉で語り出すことが必要なのである（中田二〇〇三：一三八―一三九）。

現象学は、他の方法と代替可能な一つの方法として技術的に用いることは出来ない。現象学的な他者の了解は、自己のあり方とは無関係には成立せず、己自身を問い直す作業が求められるからである（中田一九八四：三八七）。中田によれば、「真の主観性の発見への道と、世界の発生過程の解明への道」は、二段階にわたる判断中止という方法によって手に入れられる（中田一九八四：五四）。しかし現象学的に他者を理解するには「全人格をかける」ことが求められるのだから（中田一九八四：五四）、これは相当に高度な要求である。

さらに、このように当人の実存を賭した了解は、当該の事象が一回性のものであるだけでなく、了解する者の自己を媒介としてなされるため、自然科学モデルのような客観性を期待することは困難となる。にもかかわらず、中田はそこに普遍性を見いだす。

深さの次元において重障児の具体的な個々の経験遂行を了解した結果得られるものは、確かに個別的なものであり、一回的なものである。しかし、重障児の具体的な経験遂行を了解するということ、しかも深さの次元において了解するという営みそれ自体は、一回的なものでは決してなく、ある普遍的な構造を持っている（中田一九八四：三八九）。

(三) 秘教性と特権性

だが現象学の実践は、教育事象の理解に新たな困難を持ち込むようにも思われる。それは現象学特有の難解さであり、その秘教性である。そもそも、現象学によって了解された経験に普遍的な構造が見いだせると、何を根拠に主張できるのか。現象学によって明らかになる「本質」の真実性は何が担保するのか。中田はそれを現象学の困難さ自体に求めているようである。

たしかに、現象学は、容易に理解できるようなものではない。しかし理解することが困難であればあるほど、現象学は、人間の生と世界をとらえる際、日常的には見逃されている観点を我々に与えてくれているのではないだろうか（中田一九九三：ii）。

ここでは哲学の特権性自体には疑いが抱かれていない。このような哲学の独善性を、ポストモダニズムは批判的に問い直してきた。例えばデリダは、形而上学の批判から出発したフッサールの現象学が、実際には形而上学的な前提を保持しており、独断的な思弁に陥る危険性があるという。

現象学的必然性、フッサールの分析の厳密さと緻密さ、そしてその分析が応じている要請、つまりわれわれがまず第一に聞き入れなければならない要請は、それにもかかわらず、ある種の形而上学的な前提を隠しているのではないか。それは独断論的あるいは思弁的な癒着をうちに秘めているのではないか（Derrida 2003, pp.2-3 ＝二〇〇五：九―一〇）。

現象学は、しばしば独我論であると批判される。中田も現象学における他者論、間主観性理論の不充分さを承知している。「自己移入による他者理解は、真の意味での他者理解ではなく、他者の立場に身をおいた自己理解であり、自分で自分自身をとらえる可能性の範囲を超えることができない」（中田 二〇〇三：一二三）。にもかからず中田は、自己移入による他者理解は自己の態度を変容させ、他者にも積極的な作用をもたらすという（中田 二〇〇三：一二三―一二四）。フッサール的な間主観性が実践者にブーバー的な対話関係を呼び起こすこと、現象学によって「我―それ」関係から「我―汝」関係への転換がもたらされることには若干の疑問なしとはしないが、ここでは深入りは避けよう[3]。

中田は事例研究において研究者が実践者と場を共有することが、当の実践活動に対し何らかの作用を及ぼすという（中田 二〇〇三：一三九）。だが、そのことが現象学のもたらす知の真実性を担保するわけではない。しばしば登場する「真の主観性」（中田 一九八四、五二―五四）といった用語が示すように、中田の研究では現象学の解明に、無前提に高い価値が与えられている。これを端的に示すのが、中田の編著書の主題／副題である。「子どもたちから豊かに学ぶ」（中田 一九九三副題）、「孤立した生から真の人間関係へ」（中田編 二〇〇三副題）、『現象学から探る豊かな授業』（中田編 二〇一〇）、「乳幼児の豊かな感受性をめぐって」（中田 二〇一三副題）等々。

現象学は、単なる方法ではなく、それを用いる観察者のありよう自体を問い直す。であるがゆえに、現象学的観取は、それを行う者の生と切り離しがたくなる。であればこそ、その秘教性と特権性は問い直されるべきであろう。ここでも、教育実践を表象《レプリゼント》＝代弁する教育哲学者とは何者かが問われているのである。

四　田中毎実、他者との相互形成——臨床的人間形成論の自省

宇佐美の特徴であった教育者－被教育者の非対称性を基盤とした教育の抑圧性と、中田において特権的であった他者の了解は、田中毎実の臨床的人間形成論においては、他者との相互形成によって乗り越えられているように思われる。だがこの転換は、問題の解決ではなく新たな苦難の誕生でもある。相互性のうちに自らの実践を省察せねばならない哲学者は、その表象の真実性をいかに担保しうるのか。

(一)専門家支配と教育学をともに超えて

田中毎実は、専門家の特権性を問題視する。専門家支配と物象化につながりかねないからである。すでに検討してきた宇佐美と中田は、自らこそが現実を正しく表象しうると考えていた。しかし理論家が「正しい」教育を表象可能であり、実践家がそれにしたがうべきであるという前提は、専門家支配に帰結する。愛媛大学教育学部時代に田中が関わった「愛媛心理療法研究会」のエピソードは、この危機意識を象徴する。ある時、田中らと「精神科医を中心とする専門家集団との間で深刻な軋轢」が生じたのだが、「少なくとも私［田中］には、『専門家たち』の議論は不寛容で排他的であるようにみえた」（田中 二〇〇三：二七九）。

「その判断は専門的にみて妥当でない」という立言は、「専門家である私に従え」という含意をただ機械的に繰り返すだけのものになりがちである（田中 二〇〇三：二七九）。

田中によれば、かつて理論の担い手は、輸入によって啓蒙を担う「インテリゲンツィア」だったが、七〇年代までに形成された高度大衆教育社会によって啓蒙は命脈を絶たれ、今や臨床心理学者や精神医学者、教育経営学者や社会学者、教育工学者や技術学者といったテクノクラートが、日常を物象化し技術的合理性によって操作するようになっている（田中二〇〇五：二―三）。田中は自らが関わる臨床教育、大学教育、遠隔教育の三領域のすべてに「テクノクラート支配、この支配と特殊な教育科学との癒合」と「専門家支配」を見いだす（田中二〇〇五：二）。

そして田中によれば教育学が専門家支配の道具となることも、故なきことではない。専門家支配は主客二元論と、対象との非対称関係を前提とするが、教育学はまさに、子ども―大人、未成熟―成熟の二分法に依拠してきたからである。

伝統的教育学にみられる教育関係の非対称的な一方通行性を、異世代間の相互形成に開く新たな理論構想は、「臨床的人間形成論」と呼ばれ、田中の師・森昭の「教育人間学から人間形成原論へ」という理論的展開を継承発展させたものとして位置づけられる。そして相互性を基盤とする新たな理論は、非対称関係を前提とする教育学の図式を組み替える。「人間形成論は、互いの存在への互いのレスポンスによって互いに成熟していく異世代間の相互性という新たな発想によって、在来の非対称的な教育関係論を乗り越えるのである」（田中二〇〇三：二七二）。

田中の臨床的人間形成論には、「臨床教育学」という先行者がある。田中によれば、「臨床的人間形成論は、臨床教育学を人間形成論化した所産であるとともに、人間形成論を臨床化した所産でもある」（田中二〇〇三：二七五）。田中によれば、森昭から臨床教育学を経て臨床的人間形成論へ至る理論の展開は、京都学派人間学を継承し、「人間の全体的自己理解志向と臨床性志向」とを同時に満たすものである（田中二〇一二：四六）。

(二) 他者との相互形成へ

田中は一九九五年より京都大学高等教育教授システム開発センター、二〇〇三年より高等教育研究開発推進センター（二〇〇六年よりセンター長）にて大学教育研究を牽引した。田中は八〇年代から森昭の人間形成論を引き継ぐ相互形成の理論を構想していたが（例えば田中 一九八九）、とはいえ「臨床的人間形成論」は、九〇年代以降の大学教育研究において輪郭を明確にしたとみるべきだろう。「新たな大学教育研究は、在来の大学教育研究を学理論的に転回させることによって、教育理論そのものの臨床的人間形成論への学理論的転回を可能にするのである」（田中 二〇〇二：二）。

日本では二〇〇〇年代以降、ファカルティ・ディベロップメント（Faculty Development、ＦＤ）が定着するようになった。その代表がＰＤＣＡサイクルの導入だが、しかしＰＤＣＡサイクルは相互性を封じ込め、学生を操作対象として物象化すると田中は批判する（田中 二〇一一：三七）。技術主義化・官僚化に帰結することが多いＦＤにあって、相互性をコンセプトとする田中の試みは異例といっていい。宇佐美のＦＤ批判と比較すれば、両者の差は歴然としている。

> 学生は未熟であり、私の授業理論はわからない。だから、私の授業を評価することは出来ない。（中略）このような学生に授業評価をさせ、「自分はこの授業について評価するほどのレベルの人間なのだ。」という幻想を持たせるのは、甘やかしであり、まことに有害である（宇佐美 一九九九：一七三）。

私たちの「ＦＤの」理念は「相互研修」だが、ここでの相互性・相互生成が企図するのは、技術的合理性・

官僚制の支配による人間存在の物象化への抵抗であり、専門家支配（と被支配者側の素人化・受動化）への抵抗である（田中 二〇一一：三八）。

専門家支配に対抗する鍵となる「相互性」はしかし、現代では部分的・瞬間的にしか顕現することはない（田中 二〇〇三：二八一）。この相互性を生み出す様態を象徴的に示すのが「半身」という語、つまり専門家としての役割を半ば降りて日常に片足を着いた状態でものごとに関わる様態である。「高度にシステム化された今日の組織では、相互性は常に『半身の関わり』という中途半端な形でしか生起することができない」（田中 二〇〇三：二八二）。相互性を前提とする臨床的人間形成論は、いわば社会状態と自然状態の間という、非常に脆く危うい基盤に立脚しているのである。

臨床的人間形成論の構築は、半身の構えが切り開く自他の相互認識・相互生成のプロセスに組み込まれている。この生成的循環的プロセスは、半身の構えという脆い基盤に依拠しており、それ自体がつねに切断し停止し凝固する危険につきまとわれている。それでも私たちはこの理論化のプロセスを愚直にたどるほかはない（田中 二〇一二：一九五）。

田中の臨床的人間形成論は、他者との対話と自らのあり方の省察を求める。「臨床的人間形成論は、視野をおとなや老人にまで広げることによって、理論構成に携わる人たち自身をも理論の対象に組み入れる。こうして自省性や反省性もまた理論的特徴となる」（田中 二〇〇三：ⅳ）。しかしこの地点において、宇佐美や中田には担保されていた研究者の特権は、明確に失われる。省察は他方では、研究者の超越的特権性を喪失させる。哲学者は神の視座から地上に墜ち、当事者の一人となる。

(三) 臨床化の隘路とアイロニー

そして「臨床」という観点の導入は、この困難に拍車をかける。周知のように、中村雄二郎『臨床の知とは何か』(一九九二)が火付け役となり、一九九〇年代後半の臨床心理学の流行も相まって、「臨床知」は二〇世紀末の人文社会科学を席巻した。臨床哲学、臨床教育学、臨床社会学等、二〇〇〇年頃までには臨床の名を冠する諸学問が勃興し、大学制度にも「臨床」の名を冠する学科・専攻名等も数多く産まれた(新堀二〇〇二)。田中の「臨床的人間形成論」、そしてその先駆とされる「臨床教育学」もその例である。

だが、教育学の「臨床化」構想は、教育学自体の地位低下に荷担してきたように筆者には思われる。以下では、田中毎実の論に即して、この問題をあきらかにしたい。

第一に、臨床教育学や臨床的人間形成論の人間学志向は、教育学から社会的構想力を奪ってしまったと考えられる。森田尚人は、教育哲学会が、ポストモダニズムのインパクトに対応するかたちで「教育」概念の再検討を中心的課題の一つとしてきたことに触れている。一九九〇年代には、抑圧的な側面が指摘される「教育」概念を、「人間形成」等の概念に置き換えていくことが教育哲学会での一つのトレンドとなった。森田によれば、その起源の一つが田中のフロム論(一九八〇)である。同論文では、教育が陶冶(人間形成)を包括するという従来の図式を転覆し、陶冶こそが教育を包含するものとされている。むろんこれは田中一人の責任というわけではなく、京都学派教育(人間)学に通底する特徴でもある。「だが、教育学を『自己陶冶』を中核にして再構成しようとする立場から、教育の社会的機能や公教育制度の諸問題を組み込んだ理論を構築していくことは難しい」（森田二〇〇九：一三四）。教育学の臨床化は、教育学の個人主義化でもあるのだ。

第二に、「臨床化」した教育学は、従来の教育学を無力なものとして描き出し、無用のラベリングを付与した上で、自己の優位性を示そうとするという問題がある。例えば以下の文章で田中は、教育学という語で学校教育学しか想定していないが、社会教育や生涯学習も含む教育学が、成人を視野に入れていないはずがない。

> 発達と教育を中心に据えてきた伝統的教育学の理論的視野は、否応なしに「子どものおとなへの発達」と「子どもの発達へのおとなの働きかけとしての教育」に制約される。臨床的人間形成論は、この視野制約をライフサイクルを通しての成熟と異世代間の相互形成へと開く（田中二〇〇三：iv）。

田中はまた、自らの理論展開の足場として、伝統的な教育学を臨床性を欠いた頽落体として描き出す。臨床教育学や臨床的人間形成論は、既存の教育学を無力なものとして描き出すことによって自己を規定するのである。

> 臨床教育学は、新しい分科ではなく、むしろ本来の臨床的性格を回復して甦る教育理論そのものである（田中二〇一二：二〇九）。

> 臨床教育学から臨床的人間形成論への理論展開は、教育理論が統合性と原理性を獲得し、具体的な現実性との出会いという形でその本来の学理論的特性（臨床性）を取り戻す自己回復の過程でもある（田中二〇〇三

：二七二）。

しかし、大人／子どもの二分法を再考し、教育学の「本来性」を復活させようとする試みは、本当に教育学を無力化し、その名を捨てて「臨床化」しなければ不可能だったのだろうか。

第三に、田中の「臨床的人間形成論」構想は、はからずも理論／実践図式を再演し、その一方に荷担してしまっているのではないか。「臨床の知」は、主体（観察するもの）と客体（観察されるもの）の不可分性に立脚する。「臨床知」派は、この問題を自然科学に代表される「近代知」への批判と表現した（中村 一九九二）。それは近代科学の素朴な反映説への批判でもあった。ところが、臨床的研究のなかには、それ以前の研究よりいっそうナイーブに、表象《リプリゼンテーション》＝代理を自らの役割と任じるものも少なくない。

古屋恵太（二〇一四）の指摘を筆者なりにパラフレーズしてのべれば、それには理由がある。「臨床の知」は当初、理論＝実践図式を問い直し、それを超えるものとして構想されていたにもかかわらず、「臨床化」した教育学は、結果的に旧来の理論／実践図式に取り込まれてしまったのである。というのも一九九〇年代後半から二〇〇〇年代の教員養成制度や大学組織の改革は、古くて役に立たない旧来の学問（理論）／直ちに「現場の役に立つ」新たな知（実践）という図式に立脚していたため、「臨床化」した教育学は、制度的に旧来の理論／実践の二分法の後者に位置づけられ、その役割をこなすことが可能だったからである。実際、田中も「臨床」と「実践」を等値している。「臨床性と実践性（ないし実践関連性）はほぼ同義である」（田中 二〇〇三：二七五）。

最後に、臨床教育学は、教育学を乗り越えようとしながらも、結局は教育学にあらたな一分科を加えるに過ぎないというアイロニーを検討したい。田中によれば、臨床教育学は一人の研究者によって担われるべき性質のものではない。それは複数の理論家と実践家との連携・統合そのものである。

臨床教育学は、実践に向けての諸分科の統合、理論と実践者集団との統合を同時にめざす（田中二〇〇三：二七三）。

ここで臨床教育学は、一つの分科でありながら、同時にそれ自体がメタ理論としての側面を有するという二重性を有している。しかしその二重性は、「半身の構え」による相互性が瞬間的にしか顕現しないのと同様、おそらくは永続的ではない。臨床教育学は大学制度のなかで、結局は旧来の理論―実践図式の一翼を担う一分科として「通常科学」化されてしまうだろうし、すでにそうなりつつあるかもしれない。そもそも、主客二元論を批判し近代科学が見逃してきたものに接近しようとする「臨床の知」は同時に、近代科学が前提としていた神の視座に自らが立つことの不可能性をも示している。しかし他の分科より優位にない一分科にはたして、分科間の統合が可能なのだろうか。筆者には、臨床教育学こそが公共性を開くという構想は、田中が別の文脈で用いた「負けるとわかった戦」（田中二〇〇九：三二）のように思われる。

五　結語に代えて――理論／実践図式を超えて

本章では、教育実践との関連における教育哲学の役割の変化を、モノローグからダイアローグへ／表象＝代理から省察への転換として描き出してきた。これは一方では、他者に対して教育哲学が開かれていく過程であるが、同時に理論の特権性が失われていく過程でもあった。宇佐美寛の言語分析は、他者を表象＝代理するとはいかなることかという問題への考察を欠いている。中田基昭の現象学的業績では他者の表象が可能になるとされるが、反面、自己の特権化に陥る危険も秘めている。それに対して田中毎実の臨床的人間形成論は他者との相互形成に開かれているが、そこでは研究者の特権性が失われ、教育哲学者は当事者の一人となり、教育実践そのものを神の視座から表象＝代理することはできない。

この転換を経た現代の教育哲学では理論（理念）／実践（現実）の二分法は揚棄され、すべてが言説的実践となる。教育哲学者は超越的な神の視座から教育実践を俯瞰することはできず、その当事者となり、その主務は、現実そのものである言説の反省となる。言語論的転回以後（あるいはポストモダン以後）の教育哲学の立場を最もよく示しているのは、西村拓生による次の表現だろう。

教育哲学の言語的実践は、もはや教育実践の外側に措定され、外からそれに「かかわる」のではなく、常に既に「教育現実」の構成に巻き込まれており、それと相即的である。また、そのとき教育哲学は、もはや「現実」や「実践」の外から「本質的・普遍的」な理念を与え、導くという特権的な立場には立ち得ず、その固有の存在意義は、ただ言語による現実構成に対する反省の徹底性にのみ認められている（西村 二〇〇九：三五八―三五九）4。

もちろん、このような理解は教育哲学会においてすら十分に浸透しているとはいいがたい。西村自身ものべているように、言語論的転回以後の教育哲学には「現実」を理解していない、というステロタイプな批判が繰り返されることも多い（西村二〇〇九：三五七―三五八）。そうした言説が今後の教育哲学のメインストリームになるとは考えにくいが、とはいえ類似の論点を検証しておくことも必要だろう。

例えば、多方面で活躍する若き教育哲学者苫野一徳には、理論家が「正しい」教育実践を表象し、実践家がそれにしたがうべきであるという本質主義的発想が典型的にみいだせる。

概念の〝本質〟が明らかになれば、それをめぐるさまざまな問題もまた力強く解き明かしていくことができる。（中略）「よい教育」の本質がわかれば、じゃあどうすればそんな教育を実践していけるかもまた、力強く考えていけるようになる（苫野二〇一七：一六八）。

しかし、哲人政治と全体主義は表裏一体である。哲学者が「本質」を特権的に独占可能であるという前提は、専門家支配を正当化するという点は心に留めておかねばならない。

本章ではまた、教育学の「臨床化」が旧来の理論／実践図式を再演していることを問題化した。その現代的ヴァリエーションとして、研究討議の司会者の一人であった田中智志の説を検討しておこう。田中は、研究討議の論点を整理して、三者三様であったはずの発表を、すべて「パトスの知」という一点に包含しようとする（田中・早川二〇一四）。この整理には当日も異論をのべておいたが、通例と異なり『教育哲学研究』議論のまとめが収録されていないので、改めて記しておきたい。田中の発想は「パトスの知」という超越点を設定し、そこへの近さによって事象を評価する。しかし理論／実践、科学知／臨床知、ロゴス／パトス、仮象／本質の対比が、二分法の前者（理論知や科学知）によってなされている以上、後者への憧憬は知の彼岸への、知自身による憧憬に過ぎない。「仮想化しきれない残余」（ジジェク）の希求は、決して到達しえない終局点を設定するようなものである。私たちの分析は、その前提自体にまで及ばねばならない。

「臨床哲学」を標榜する鷲田清一は、研究者と「現場」の関係は、前者が後者に関わるという二分的図式で説明できるほど簡単なものではないという。むしろ「現場」は、私たち自身のなかにあるのだ。

> 哲学や応用倫理学の人たちが「現場に行く」「現場にどうかかわるか」と言うのを聞くと、僕たちの現場は研究室や教室ではないのかと思います。（中略）
>
> 昔、臨床教育学会[5]の大会に招かれたとき、ある先生が「教育学者はもっと現場に行かないといけない」と言ったのに、違和を感じました。戦後、「ゆとり教育」や「個性」といった理念のもとにクラスの人数や単位数、カリキュラムなどが制度化されてきた。その理念をつくったのは、教育学者や行政の専門家です。（中略）教育学者が「現場にかかわる」のではなく、本気で学校を自分の研究の「現場とする」ならば、その現場がどういう関係として制度化されているのか、その制度はどんな理念に基づいているのか検証すべきです（鷲田　二〇〇八：三二頁）。

自己の外部にあると想定される実践の表象から、実践に含まれるものとしての自己の省察へ。特権性を喪失した現代の教育哲学は、神の視座ではなく一人称の視点からしか、教育実践を語ることはできない。ではその場合、どのような語りが可能なのか。この問いには、私たち一人一人が答えていかねばならない。

註

1　本論のもとになった内容は、教育哲学会第五六回大会課題研究「教育実践と教育哲学――これまでの教育哲学、これからの教育学（3）」（報告：奥野佐矢子・小野文生・下司晶、司会：田中智志・早川操　二〇一三年一〇月一三日、於神戸親和女子大学）において「モノローグからダイアローグへ／表象＝代理（リプリゼンテーション）から省察（リフレクション）へ――啓蒙のゆくえ」として報告された。その一部は「見失われた啓蒙のゆくえ――教育哲学と教育実践、その関係性の転換」と改題されて『教育哲学研究』第一〇九号に収録され（下司　二〇一四）、その後改稿を経て『教育思想のポストモダン』（下司　二〇一六）の第五章に「教育哲学と教育実践、その関係性の転換――見失われた啓蒙のゆくえ」として収録された。以上の諸原稿では（一）戦後教育学における理論―実践問題を考察した上で、（二）指定された三名の教育哲学者を検討し、（三）教育哲学を成立させる場の問題と、テクスト読解の意義を論じた。本論はその第二パート、すなわち教育哲学者三名の検討に新たな資料を加えて大幅にリライトしたものである。

2　他者の不在は、思想史の軽視にもあらわれる。宇佐美は、自らと異質な時代や思想に独自の価値を認めない。他者の不在はまた客体化の拒否としてもあらわれ、宇佐美は「分析哲学」に整理されることを拒む（宇佐美　二〇〇三：一六八―一七〇）。

3　中田は『現象学から授業の世界へ』（一九九七）の第I部で一五〇頁もの紙幅を割いてこの問題に取り組んでいる。

4　西村は皇紀夫の解釈学的臨床教育学の影響下にあることを認めており（西村　二〇一三：七）、すべてを言語的実践と見なす説は、臨床教育学と親近性がある。しかしここでは、西村がこの立場を臨床という語を用いずに表明していることに着目したい。

5　正しくは教育哲学会第四七回大会の研究討議「臨床的人間形成論の構築」（提案者：鷲田清一・田中毎実・鳥光美緒子、指定討論者：田中智志、司会：西平直・高橋勝。二〇〇四年一〇月一六日、於横浜国立大学）だと思われる。

参考文献

Bauman, Zygmunt 1987 *Legislators and Interpreters: on Modernity, Postmodernity and Intellectuals*, Cambridge, Polity Press. = 一九九五『立法者と解釈者――モダニティ・ポストモダニティ・知識人』向山恭一他訳　昭和堂

Davidson, Donald 1984 *Inquiries into Truth and Interpretation*, Oxford, Clarendon Press.= 一九九一『真理と解釈』野本和幸他訳、勁草書房

Derrida, Jacques 2003 *La voix et le phénomène : introduction au problème du signe dans la phénoménologie de Husserl*, Paris, Presses Universitaires de France, 3e édition. = 二〇〇五『声と現象』林好雄訳、 ちくま学芸文庫

Foucault, Michel 1966 *Les mots et les choses: une archéologie des sciences humaines*, Paris, Gallimard. = 一九七四『言葉と物――人文科学の考古学』渡辺一民・佐々木明訳、 新潮社

Knowlson, James 1975 *Universal Language Schemes in England and France 1600-1800*, University of Toronto Press. = 一九九三『英仏普遍言語計画――デカルト、ライプニッツにはじまる』浜口稔訳、 工作舎

Rorty, Richard (ed.) 1967 *The Linguistic Turn: Recent Essays in Philosophical Method*, University of Chicago Press.

Said, Edward W. 1994 *Representations of the Intellectual: the 1993 Reith lectures, London*, Vintage. = 一九九八『知識人とは何か』大橋洋一訳、平凡社ライブラリー

石黒ひで 一九九三「「言語論的転回」とは何か」新田義弘他編『岩波講座 現代思想 第四巻 言語論的転回』岩波書店、八七―一四一頁

上原秀一 二〇一七「〈道徳教育〉の研究問題の所在――見落とされている問題群」『宇都宮大学教育学部紀要』第六七号第一部、一―一六頁

宇佐美寛 一九六八『思考・記号・意味――教育研究における「思考」』誠信書房

宇佐美寛 一九七四『「道徳」授業批判』明治図書出版

宇佐美寛 一九七六[一九六〇]「意味論における「意味環境」の論理――「教育における意味論」研究１」宇佐美寛『ブロンスン・オルコットの教育思想』風間書房、二五五―二九一頁

宇佐美寛 一九九四『国語科授業における言葉と思考――「言語技術教育」の哲学』明治図書出版

宇佐美寛 一九九九『大学の授業』東信堂

宇佐美寛 二〇〇三『「実践・運動・研究」を検証する 宇佐美寛・問題意識集９』明治図書出版

宇佐美寛 二〇〇五『教育のための記号論的発想 宇佐美寛・問題意識集15』明治図書出版

宇佐美寛 二〇一一『教育哲学』東信堂

宇佐美寛 二〇一三『教育哲学問題集――教育問題の事例分析』東信堂

宇佐美寛 二〇一七『議論を逃げるな――教育とは日本語』さくら社

宇佐美寛・池田久美子 二〇一五『対話の害』さくら社

岡本裕一朗　二〇一六『いま世界の哲学者が考えていること』ダイヤモンド社
北詰裕子　二〇〇九「『教育哲学研究』における言語論の展開」『教育哲学研究』一〇〇号記念特別号、二〇五―二二〇頁
下司晶　二〇一四「見失われた啓蒙のゆくえ――教育哲学と教育実践、その関係性の転換」『教育哲学研究』第一〇九号、四二―四八
下司晶　二〇一六『教育思想のポストモダン――戦後教育学を超えて』勁草書房
香西秀信　一九九一「純粋宇佐美批判」『教育科学　国語教育』第四四四号、八二―八四頁　宇佐美　一九九四『国語科授業における言葉と思考』五〇―五三頁に再掲
佐藤学　二〇〇三『教師たちの挑戦――授業を創る学びが変わる』小学館
新堀通也　二〇〇二「臨床教育学の概念の成立――わが国における展開と系譜」新堀通也編『臨床教育学の体系と展開』多賀出版、三―一二頁
竹内洋　二〇一一『革新幻想の戦後史』中央公論新社
田中智志・早川操　二〇一四「教育実践と教育哲学――これまでの教育哲学、これからの教育学」『教育哲学研究』第一〇九号、四九―五四頁
田中毎実　一九八九「ライフサイクルと人間形成――序論　人間の生涯と形成」『愛媛大学教育学部紀要　第1部　教育科学』第35号、一―四四頁
田中毎実　一九八〇「エーリッヒ・フロム「自己実現」論の成立と構成」『教育哲学研究』第四二号、一―一九頁
田中毎実　二〇〇二「大学教育の実践的研究を介して臨床的人間形成論へ」『京都大学高等教育研究』第八号、一―一八頁
田中毎実　二〇〇三『臨床的人間形成論へ――ライフサイクルと相互形成』勁草書房
田中毎実　二〇〇五「絶句と発語の間――臨床的人間形成論の生成をめぐって」『教育哲学研究』第九一号、一―一六頁
田中毎実　二〇〇九「教育哲学の教育現実構成力について」『教育哲学研究』第九九号、二八―三三頁
田中毎実　二〇一一『大学教育の臨床的研究――臨床的人間形成論 第1部』東信堂
田中毎実　二〇一二『臨床的人間形成論の構築――臨床的人間形成論 第2部』東信堂
苫野一徳　二〇一七『はじめての哲学的思考』ちくまプリマー新書
中田基昭　一九八四『重症心身障害児の教育方法――現象学に基づく経験構造の解明』東京大学出版会
中田基昭　一九九三『授業の現象学――子どもたちから豊かに学ぶ』東京大学出版会

中田基昭　一九九七『現象学から授業の世界へ――対話における教師と子どもの生の解明』東京大学出版会
中田基昭　二〇〇三「教育実践を記述するということ」中田基昭編『重障児の現象学』川島書店、一一三―一四六頁
中田基昭　二〇一三『子どもから学ぶ教育学――乳幼児の豊かな感受性をめぐって』東京大学出版会
中田基昭編　二〇〇三『重障児の現象学――孤立した生から真の人間関係へ』W．ドレーアー／B．フォルネフェルト共著、川島書店
中田基昭編　二〇一〇『現象学から探る豊かな授業』多賀出版
中村雄二郎　一九九二『臨床の知とは何か』岩波新書
西村拓生　二〇〇九「何が「論じられなかった」のか――教育哲学会の思想史のための一つの予備的スケッチ」『教育哲学研究』一〇〇号記念特別号、三四四―三六〇頁
新田義弘・丸山圭三郎・子安宣邦・三島憲一・丸山高司・佐々木力・村田純一・野家啓一編　一九九三『岩波講座　現代思想第四巻　言語論的転回』岩波書店
野平慎二　二〇〇九「抗争から反省的実践へ」『教育哲学研究』一〇〇号記念特別号、七一―八七頁
古屋恵太　二〇〇七「プラグマティズム、教員養成、そして近代教育思想批判」『教育哲学研究』第九六号、一七一―一七七頁
古屋恵太　二〇一四「教育哲学者は自らの研究の「役立ち」をどのように考えてきたのか」林泰成・山名淳・下司晶・古屋恵太編『教員養成を哲学する――教育哲学に何ができるか』東信堂、二一〇―二二四頁
向山洋一　一九九〇「なぜ法則化運動は炸裂したか」『教育学研究』第五七巻一号、二五―二七頁
森田尚人　二〇〇九「戦後日本における教育思想研究の一軌跡――『教育哲学研究』の五〇年」『教育哲学研究』一〇〇号記念特別号、一二一―一四〇頁
鷲田清一　二〇〇八「哲学の現場は言説が立ち上がる場所」『論座』第一六〇号、二八―三三頁

第９章　教育における技術への問いとパトスへの問い
――もろい部分にたつ教育哲学へ

小野　文生

一　はじめに

（一）　教育と技術

教育の実践にとってどうしても必要なものは何だろうか。こう問いかけたとき、すぐに脳裡に浮かぶのは技術という概念である。たしかに、教育方法や教育技術の開発・習得が教師には要求されるし、伝統芸能の稽古や職業訓練の場面でも技術・技能が問題とされることを思えば、教育は技術と強く結びついた実践だということは容易に理解できる。前者の場合、技術は教育方法学や授業研究、また学校・学級の経営学や教育組織論の問題として具体化されるだろうし、後者の場合であれば、「わざ」の習得やその教授に関する稽古論やコーチ学、修練論・修養論、職業訓練、あるいはある種の実践知の認知科学・行動科学へと具体化されるだろう。これを身体にはたらく技術にまで広げるなら、養生法、呼吸法、睡眠法、礼儀作法やマナーなども関係してくるし、自己統治のテクノロジーという視点であれば政治や倫理もかかわってくる。さらに、ことを子育ての知恵といった視点にまで広げるなら、子育てをめぐって伝統文化のなかで培われた儀礼や儀式、行事、制度などを含め、広い意味での教育文化としての技術というものも考慮されるべきだろう。「大人になる」「一人前になる」「親になる」といわれる場合、個人の資質能力としての「子どもを教え育てる技術」の習得だけでなく、子育てをめぐる儀礼や儀式に参加し、あるいは成人として異世代に対してどのようにふるまうべきかという作法やハビトゥスが組み込まれた社会的慣習を身につけることも、大人の側には期待されていた。教育の技術は、言語的コミュニケーションや身体技法・ふるまいにかかわる日常実践の知の総体として、そのような文化や制度、儀礼や慣習のなかにいわば分散されて組み込まれてもいた。このような観点から、教育環境のデザインや活用といったことまで技術の及ぶ範囲を広げるならば、学校や遊び場、博物館や文化施設、学寮、場合によってはコミュニティや都市づくりにも、教育と技術の連関を見出すことができるかもしれない。

また、教育思想史に目を転じてみても、教育と技術の密接なかかわりはほとんど自明であるように思われる。ペスタロッチの直観教授に基づくメトーデの構想やモンテッソーリ・メソッド、ヘルバルト主義の五段階教授法など方法の精神に強く規定された教育実践は、それ自体、教育の技術の構想でもあったし、ルソーのいわゆる「消極教育」が、教育を徹底して「自然」化するための——その意味で技術的装いをできるだけ消した——技術構想であったことを想起してもいいだろう。近代日本においても、人間の社会や歴史、制度や文化財といった「形象」を生み出す形成力に技術が媒介することを論じた城戸幡太郎の技術論や彼の関与した教育科学研究会の運動、戸坂潤、三枝博音、岡邦雄、相川春喜、永田広志ら唯物論研究会のメンバーと武谷三男らが「労働手段説」と「意識適用説」をめぐってたたかわせた「技術論争」、あるいは向山洋一の教育技術法則化運動など、教育を技術という概念を通じて再構成する試みの事例には事欠かない[1]。

そもそも、教育学概念として知られるドイツ語のビルドゥング Bildung——「教養」「人間形成」「陶冶」等と訳されてきた——は、パイデイア（παιδεία）や耕作（cultura）と結びつきながらも、神による被造物の創造という聖書の世界観にしたがって神の姿（imago Dei/Bild Gottes）の imago/Bild の表現として形成された概念であり、「造る・制作する（bilden）」という技術的要素を含んでいた。創造神の御業はすなわち制作そのものであり、神の似姿の追求は、造られたものとしての被造物性だけでなく、延いてはその創造＝制作の御業をもいわば模倣することにつながる。

その一方、聖書文化とならんでヨーロッパの文化的基層となった古代ギリシャ以来の思想のなかには、たとえばアリストテレスが『ニコマコス倫理学』などで述べたような、ピュシス（φύσις）としての自然にはそれ自体のうちに内在的な始動因としての運動原理があるという観念が根本的に存在していた。ヨーロッパ中世のキリスト教神学においては、位階的な「存在の連鎖」のうちで、こうした内在的な始動因が神のイデアの分有という論理へ読みかえられ、個々の被造物の個体としての独自性（＝このもの性 haecceitas）をめぐって盛んに議論されてゆくことになる。

こうした思想的背景のもとで、（人間的自然を含めた）自然的対象にはたらきかけて加工するという外因的な制作モデル（人為としての技術）と、自然の自発的な生命力に着目し、自然そのものが自己自身を形成していく内因的な制作モデル（自然の内なる生命）という二つの原理——その典型はいわゆる「旧教育」と「新教育」の世界観に象徴されている——が、近代教育学の理論と実践を構成してきた。近代教育学は、この「自然の内なる生命」と「人為としての技術」とを適切に接合するという（創造主である神を除いてある意味では不可能な）試みに心血を注いできた。こうして〈自然と技術の宥和〉は、いわば「失われた楽園」として、そして未来において実現されるべきユートピアとして、近代教育学を強く方向づけてきたのである[2]。

（二）技術的合理性への批判的視座

ここに見出されるような、子どもに何らかの意図的はたらきかけを為すことで成長・発達を促すといった古典的な教育イメージにおいて、その「はたらきかけ」としての目的合理的な技術を教育実践の本質的要素に数えるような理解は、けっして特別なものではない。

しかしながら、教育の実践にとって必要なものは技術のみだろうか。そして、教育の原理は結局のところ技術の知に還元できるのだろうか。教育の実践をその奥底で動かしている動因は、もっと別のところにあるのではないだろうか。

近代の自然科学的・機械論的世界観が浸透するなかで技術的合理性が世界の構成原理となり、また生命科学や遺伝子をめぐる新しい技術の進展は、人間や動物の生命や植物・農産物のありよう、生態系に劇的な変化をもたらすなど、科学技術やテクノロジーは人間生活にとってきわめて大きな役割を果たすようになっている。出産、子育て、看護、介護、埋葬にいたるまで、現代生活はさまざまな技術や道具なしでは成り立たず、技術の介在した人工環境はもはや自然環境の一部と化している。その一方で、そうした科学技術やテクノロジーを根底で支える技術的合理性の負の側面——たとえば環境汚染や公害、生命操作、全体主義、資本主義、テクノクラシー、ビューロクラシーといった政治・経済・行政の領域や生活世界においてもたらされる人間疎外や物象化——も指摘されて久しく、それをいかに克服するかが課題とされている。このような現在にあって、教育と技術の連関に対する問いを提起することは、文明史的な広い展望のもとで人間と技術のかかわりを再考し、そのことを通じて教育のありようを根源的に省察しながら新たに構想するという難しい、しかし大切な課題に向き合うことを意味する[3]。

さらに教育学の現状に目を転じてみれば、しばしば指摘されるように、教育の現場や教育システムそのもの、教育や人間形成の理論と実践が機能主義的原理によって覆われつつある（田中 二〇〇二、松浦 二〇一三）。その帰結として、有用性、単純性、一義性、エビデンス・ベースド、わかりやすさ、即効性といった機能主義的諸概念により教育的日常と学問的日常が意味づけなおされ、無時間的、脱文脈的、操作的、リニアモデルの、無人称的な技術知が浸透しつつある。こうした文脈のもとでは、技術的合理性に支えられた技術知に還元されない教育の要素をどこにどのように見出すかという問いは、差し迫った意義をもつことになる。むろん、機能主義や無人称的な技術知にもそれなりの「持ち味」や「意義」はある。しかし、たとえば「学校は人間を製造する工場である」とあからさまに主張されたときに、少なからぬひとが直感的に抱くであろう微かな違和感、あるいは強烈な拒否感の「出所」はいったいどこにあるのか（その一方で「ひとづくり」や「グローバル人材」ということばに対する感性はすでに鈍麻しつつあるようだ）。結局教育は生ぬるいヒューマニズムに過ぎない、などとうそぶいて済ませるわけにもいかない。教育や人間形成の事象は機能主義や技術知に還元しえない〈何か〉を含んでおり、そうした機能主義的な一元化に対しては少なくとも留保を突きつける必要があるのではないか。むしろ教育学は、技術知には還元しえないような時間的、文脈依存的、偶有的、錯綜モデルの、人称的な知を創造する学問的課題をもつのではないか。

（三）　パトスの知による教育の再定義へ

本章の課題は、教育と技術の関係について教育哲学的に考察することで、教育が技術と深いかかわりをもちながらもけっして技術知に還元し得るものではないこと、そしてまた、教育というできごとには技術知を溢れ出てしまうものがあることを示すことである。もう少し詳しく述べるなら、教育において技術知を溢れ出てしまうもの――それをわれわれはパトスの知と呼ぼう――があるのはなぜなのか、その意味で、教育をパトスの知において意味づけなおす必要があるのはなぜなのかを論じると同時に、これらパトスの知と技術知との関係がどのようなものでありうるかを展望し、教育の実践を「技術―パトス―教育」の問題圏のなかで意味づけなおすことを試みたい。それは、延いては教育、技術、パトスというそれぞれの概念を拡張することにつながるだろう。またそれは、教育と技術の一方ならぬ関係性を描き出すことにもなるだろう。そして何より、パトスの知を考察対象に含めることで、教育と技術のあいだをつなぐ狭くて強固にもつれた通路――〈自然と技術の宥和〉というユートピアに方向づけられた教育の目的合理的な技術化という通路――から教育を解き放つことにもなるだろう[4]。

この課題に取り組むにあたり、本章ではまず、教育と技術の関係について考察するうえで出発点となる議論を展開した蜂屋慶をとりあげ、そこから得られる示唆の数々を明らかにし、この主題を論じるための基本的な視座と論点を確認する。つづいて、現在の教育哲学領域で傑出した理論的達成を示しえた矢野智司、今井康雄、田中毎実の理論を、「技術―パトス―教育」の問題圏から照射しつつ省察を試み、その理論的特徴や可能性を際立たせてみたい[5]。というのも、彼らの理論は、独自の研究関心や異なるアプローチにもかかわらず、いずれも何らかの意味で教育と技術の問題に強い関心を払っており、しかもその理論的可能性の中心にあって、教育と技術の関係に対する（単に否定的ではないような）批判的な視座を明確にもちえているからである。わけても田中の理論は、パトスという契機を介在させることで教育と技術の関係性についての新たな視座を得ようという明確な方向性をもっている点において、パトスの知から教育を再定義しようというわれわれの試みにとってとりわけ重要な意味をもつ。それゆえ、ここでは他の二人の理論よりもいくぶん丁寧に、その理論の襞に分け入りたい。そうした考察を経て、教育と技術の連関への可能なアプローチの方向性を示唆し、パトスの知の視点から教育哲学の可能性を展望してみたい。

二　教育における技術の世界と超越の世界――蜂屋慶の試みから

（一）「教育と超越」が提起したこと

教育に技術が必要であることは当然であるにせよ、他方で、教育が技術知に還元されてしまうものであるならば、そしてそのことに何も疑問をもたないならば、残るのは「どのように（how to）」という方法論だけであり、ある意味では教育をめぐる問いはほとんど消え失せてしまう。その場合、技術的効果のみが教育の良し悪しや成功失敗の基準と化すことになるが、なぜそれを「効果」と呼びうるのか、その基準を設定するメタレベルの基準について議論することが不可能になってしまう。「なぜなのか（why）」を問う次元は消え、教育の目的や価値、方向づけへの問いの次元が抜け落ちてしまうのである。またそれ以上に、教育をそのような既存の規範・文化・制度への同調とそれに際した単なる技術的応用――広義の社会化の過程――とみなすならば、〈教育的意図をもった教育主体が技術的に学習主体にかかわり成長発達をもたらす〉という図式には収まらない、教育というできごとの複雑で、ときに驚きに満ちた多様な側面――たとえば大人の常識などものともせず、ときに既存のルールを侵犯しつつ新たなルールや新たな経験を創発していく子どもたちの遊び、予想された制度設計やカリキュラムの教育目標、教育者の意図などをはるかに凌駕する創造的な学習や人間生成の現象など――を説明することができなくなる。したがって、教育において技術への問いを深めれば深めるほど、技術に還元できないものへの教育独自の問いが立ち上がってくるはずであり、また、立ち上がらざるをえない。

こうした事情をうまく説明してくれているのが、蜂屋慶の「教育と超越」（蜂屋 一九八五）である。蜂屋の論考は短いながらも、教育が「技術の世界」と「超越の世界」の二重性にあることを端的かつ論理的に示しており、教育と技術という主題を考察するうえで、いまもなお出発点として参照されるべき秀逸な論考である。以下、その要点をたどってみよう。

日々のなかで大人たちが教育に携わるとき、その実践のうちに教育のとらえ方が含まれている。さまざまな教育の荒廃が叫ばれているが、蜂屋によれば、その真の原因は「人間が超越の世界をもつことを忘れて、〝技術の世界にのみ住むもの〟として、子どもを教育している」（蜂屋 一九八五：一一）という歪んだとらえ方にあるという。

ここで蜂屋がオルテガに依りつつ技術という概念によって想定しているのは、自然技術（衣食住などにかかわって自然環境にはたらきかけてつくられる道具や機械など）、社会技術（組織、制度、法律、きまりなど）、観念技術（こころという内部環境にはたらきかけてつくられる思想、信仰、信条、道徳など）、身体的技能（身体にはたらきかける技能）、記号を用いる技能（記号という環境にはたらきかけて技術を表現し、技術の所産を貯蔵する技能）のすべてを含む、広い意味での技術である。

蜂屋によれば、人間は「よく生きるという希いを実現」させるために「技術の世界」をうみだしてきた。教育の目的の第一は「子どもに既存の技術を教え学びとらせること」であるが、それだけでは技術をほんとうに身につけたことにはならない。教育の第二の目的として、「〝よりよく〟生きるために必要なもの」としての創造性・協力性・学習性を身につけさせることが重要になってくる。

ところで、技術の世界が環境へのはたらきかけであるとしたら、人間は環境をもつ存在である。そして「環境をもつことは、同時に、環境の向こう側をもつことである」。その「環境の向こう側」が、すなわち「超越の世界」である。この超越の世界は、技術の世界の向こう側にあって、「その全体を包む」ものである。すなわち、「人間が技術的存在であることにおいて超越の世界をもつ」のである。蜂屋によれば、この超越の世界に子どもを触れさせることが、教育の第三の目的となる。

技術の世界が相対の世界であるのに対して、超越の世界は絶対の世界、現在のいまの一瞬一瞬が直下に永遠に接し、個がそのままで絶対的価値をもつ世界である。〔中略〕超越の世界に包まれ支えられて技術の世界がある。〔中略〕技術の世界と超越の世界は、絶対的に切れている。二つの世界を繋ぐものはない。しかし、技術の世界があるということは、超越の世界があるということである。技術の世界なくして超越の世界はなく、超越の世界なくして技術の世界はない。互いに、他の世界の成立の根拠になっている。二つの世界は、絶対的に切れていながら、相よって人間の世界を形づくっている。しかも、技術の世界を、超越の世界が包み、支えている（蜂屋一九八五：二一一―二一四）。

こうした言葉遣いや論理のなかに、蜂屋の師である木村素衛や、その師である西田幾多郎の思想の直接のこだまを読み取ることは容易なことである。しかし、いまは京都学派教育学の内在的検討は措いて、教育の営みを技術によって規定したうえで、それに還元しえない別の原理（超越の世界）を立て、その別の原理によって教育を再度方向づけてゆく論理のみを確認し、先を急ぐ。

蜂屋は、産業革命以降、科学・技術の進歩は、超越の世界の忘却と技術の世界の突出をもたらしたと見立てる。そこから、二つの「近代教育の盲点」を指摘する。第一の盲点は、子どもを技術の世界にのみ生きる人間と理解することで、子どもを相対的存在としてとらえ、利用されるべき素材や物質のように扱い、その結果、教育をたんなる一種の形成作用としてのみ理解してしまっている点。第二の盲点は、科学・技術と同様に、教育を原因‐結果の論理のみによってとらえてしまい、そのことで子どもを生命のない物質のように冷たくとらえてしまっている点。これら近代教育の盲点の克服は、しかし、どこに探られるのか。

蜂屋によれば、原因‐結果の論理のあいだに、じつは「無数の条件（縁）」を入れて教育をとらえることが大切なのだという。「どうしてこの子の親なのか」「どうしてこの子の教師なのか」、「どうしてこの親の子なのか」「どうしてこの教師の生徒なのか」といった問いが教育には無数に湧きあがるが、科学・技術の世界の原因‐結果の論理によってはこれらの問いに答えることはできない。なぜか「縁あって」その子の親や教師になり、あるいはその親の子やその教師の生徒になっているのであり、この見きわめ不可能な縁の事実を正面から引き受けることで教育は成り立っているのだ、と蜂屋は述べる。

ここから、いかにして子どもを超越の世界に触れさせるのかという教育方法への問いが立てられ、「回心」「象徴」「集団」「自己表現」「遊び」「自然」がその契機として説明される。「回心」が絶対的超越の世界への接触であるのに比して、「象徴」以下は相対的超越の世界への接触であるといわれる。なかでも「遊び」には、超越の世界への接触をもたらすうえでひときわ大切な意義が与えられている。というのも、「遊びは、絶対的超越の世界の地上における〝雛形〟」（蜂屋 一九八五：三六）だからである。遊びの世界は、遊ぶこと以外に目的はない。外在的な「何か」のためではなく、目的がそれ自身のうちにある。つまり、「よく生きる」ことを求める技術の世界を包む、「そのままでよし」とする世界である。この遊びを通して遊びの世界に没頭することで超越の世界に触れ、そのことを通して子どもは「よく生きる力」を回復するのだと蜂屋は述べる。

（二）　技術を超えるものへ開かれる問い

以上のような蜂屋の主張には論じるべき多くの主題が含まれているが、ここではわれわれの関心に沿ってポイントを再構成し、さらに解釈を加えながら論点を発展させてみよう。

①教育と技術の関係を考えてみた場合、多様にカテゴリー化される技術がある。自然技術、社会技術、身体的技能、記号を用いる技能など、教育というできごとのいたるところに、技術的なものによる媒介が関与していることがわかる。したがって、たとえ技術的な要素を批判する場合であっても、教育と技術が互いに領域を異にするものと素朴にとらえ、一方の技術を単に断罪するだけであるならば、そしていわば技術フリーな教育をどこかに夢想するだけなら、教育をひどく見誤ることになる。

②他方で、教育と技術がほとんど不可分な結びつきを有しているにせよ、教育をすべて技術に還元できると考えることはやはりできない。教育を意味あるものにするためには技術と異なる別の原理、超越の世界が不可欠である。超越の世界が教育を支えているということを忘れてしまうと、これもまた教育をひどく見誤ることにつながる。

③「よりよく生きる希い」が技術の世界を生み出してきたが、それだけでは「よく生きること」が十全なものにならず、「そのままでよし」という遊び／超越の世界への接触が必要である。見方を変えれば、「よりよく生きること」の根底には現在の生の否定（＝そのままではいけない）が含まれており、しかしそれはじつは、「そのままでよし」という現在の生の絶対的肯定によって支えられる必要があるということになる。こうした矛盾した論理構造は教育一般の基底に横たわっているが、さしあたり蜂屋の場合の思想的背景としては、否定即肯定の弁証法的運動を語った西田幾多郎や田邊元の哲学から引き継がれた精神的遺産をここに読み取ることも可能である。

④「よく生きること」を政治的生の課題と規定したアリストテレスの視座に接続するなら、政治と教育という主

題の根源的省察に関与する。あるいは「そのままでよし」という遊びの目的内在性の導入は、目的外在的な労働の論理（有用性）へ接続されてきた教育を批判的に見る視座につながる。

⑤技術の世界と超越の世界は相互に絶対的に切れていると同時に、しかも技術の世界を超越の世界が包み、支えていること。そこから、切断されていながら同時に包み込むというトポロジカルな関係がいったいどのような性質を教育にもたらしているかを考えるという課題が浮上する。

⑥科学的・技術的な原因‐結果の論理とは異なる「縁」という観点から教育をとらえなおすことができること。

このアイデアからは、さらにいくつかの示唆が導かれることになる。

（i）教育をすべてリニアな科学的因果論で秩序づけてしまうことへの批判。たとえば、「これをやれば確実に○○できるようになる」、「だから○○を段階的に学習させよう」といったように、要素に分解し、論理と時系列をリニアに秩序立てて因果関係を示し、発達や成長のプロセスを技術的にコントロールするような教育モデルが台無しにしてしまうものがあることや、その教育モデルではうまくいかないこと、そもそも答えることのできない問題が教育には含まれているという示唆。

（ii）「なぜか縁あって」という論理は、ごまかしではないかと反発するひとがいるかもしれない。しかしその一方でこの論理は、「なぜこの親なのか」や「なぜこの子なのか」といった教育における究極的な「なぜ」の問いに対処し、対峙するための「構え」を教育のなかで用意する。科学・技術的な原因―結果の論理のあいだに、ひときわ仏教的な概念であるこの「縁」という要素を挟み込むというアイデアは、いわば科学の論理を脱臼させ、そこに宗教の論理を交叉させる試みである。教育学はひたすら科学化の一途をたどってきているが、しかし「教育はそもそも宗教や聖性・超越性の次元を抜いて可能なのか」という問いが投げかけられることになる。

（ⅲ）ここから、無数の可能世界があるにもかかわらず、ほかならぬこの現実世界が成立していることを絶対的に肯定する態度、あるいは少なくとも受容する態度に向かう。ことは、偶然と必然の意味づけの問題へと移ってゆかざるをえない。九鬼周造の『偶然性の論理』の問題圏、実存主義思想、運命を肯定するニーチェの運命愛（amor fati）、あるいは誰もが現状において救われるという本覚思想的な教育の要素などを考察する課題が浮かぶ。それは「教育は救いである必要があるか」、あるいは「教育は救いであることができるのか」という問いに向き合う課題へと引き継がれる。

（ⅳ）教育の極限にいきついてしまうために、教育の限界を問われざるをえないこと。たとえば、教育はしばしば「うまくいかない」。さらに敷衍すれば、誕生、成長、出会い、病、苦しみ、老い、死、生のままならなさなど、自力ではどうしようもないできごと、ときに受苦的経験や不条理に満ちた「パトス」にかかわる問題は、技術の世界では答えきれない。あるいは技術の世界が用意する答えでは満足できない。不思議に支えられる根源的な営みとして教育を受け取りなおすための道筋が、ここで要請されていることになる。

三　生命論的転回を遂げる生成の教育人間学（矢野智司）――教育哲学の理論的達成Ⅰ

（一）　技術知を超える生成・贈与・生命性

技術の世界とそれに還元されない世界（超越）とによって教育を描き、技術に還元されない世界の雛形をとりわけ遊びの世界に見出すといった方向性において、蜂屋の思想の系譜にもっとも連なると思われるのが、矢野智司である。

矢野はデューイの経験論をG．ベイトソンのダブル・バインド理論に基づくコミュニケーション理論へと接続し、回心、覚醒、ユーモア、遊び、メタファーなど生の非連続な現象を説明しうる意味生成の教育人間学を構想することから出発した。また、作田啓一の「溶解体験」の概念の導入は矢野の生成論に重要な転換をもたらした。矢野の関心は、生命の過剰さがどのように生成し、生命の力がどのように表現され、しかし教育という名のもとでいかに別物に変えられてしまうのかという問いにある。ニーチェ、ベルクソン、バタイユといった哲学者のほか、ウィナーのサイバネティクス理論やプリゴジンの散逸構造理論などに刺激を受けた、オートポイエーシス理論や生命をめぐる生成の科学とも親和性がある。

矢野の理論的特徴は、教育事象をほとんど網羅するかのような主題の多様さにもかかわらず、導き出される論理の驚くべき明晰さと原理性にある。理念型（ヴェーバー）さながらに、この原理性は次のような両極性のうちに表現される。既存の文化伝達や価値規範への適応学習――社会化――へと教育の営みを還元してしまうような教育の理解を、有用性の原理に基づく「発達」と規定し、それに回収されないような、死・供犠・蕩尽・歓待・エロティシズム・純粋贈与といった既存の秩序や意味体系を溢れ出る生の過剰さへ開かれる「生成」を対置すること。この対置は、経験と体験の区別、知と非－知（バタイユ）の区別、そして交換と（純粋）贈与の区別としてさまざまに変奏される。

一見したところ、共同体の外部から到来する他者に「最初の教師」の原像と教育の起源を見る矢野の理論は、「教える－学ぶ」のできごとの垂直的な超越性へ開かれてもいる。そしてたしかに矢野自身も、発達の論理を水平の次元、生成の論理を垂直の次元において説明している（矢野 二〇一四：五二）。しかし、矢野が摂取したベイトソンのコミュニケーション理論や柄谷行人の『探究』がそうであったように、この超越性は水平軸に（も）つながっている。矢野が教育の起源のモデルの一つとみなすソクラテスの対話実践は、位相としては宗教体験と同じであっても、神や超越者がかかわっているわけではない（矢野 二〇〇八：四八）。矢野は、死、異界、供犠、聖なるもの、永遠の今といった宗教的概念を論じながらも、「蒙昧な神秘主義やファナティックな信仰に取り込まれること」（矢野 二〇〇八：一五〇）を周到に回避し、ある種の垂直的な超越性に対してはフィルターをかける。このフィルターを可能にする理論的装置が、生成／発達、贈与／交換といった両極性の原理であろう[6]。

たしかに、生成と発達、贈与と交換などつねに両極的な原理を立てることを特徴とする矢野の理論は、他方で根本的に、生以外のものや生を超えた価値に生を従属させることを拒否するニーチェ＝バタイユ的な生／生命の生成論という性格を有している。「教育空間の世俗化の徹底と科学主義・技術主義に基づく子ども理解が〔中略〕子どもという生《ライフ》（生活・人生・生命）の捉え方を著しく衰弱させてきている」（矢野 二〇一四：一二以下）と批判し、「生命論的転回」を試みる。とはいえ、その「生命論的転回」の主張によって生命システムを一元論的・内在論的に捉える理論構造をとりながらも、それがじつは内部に矛盾をはらんだ動態的な機制をもつことを示し、あくまで両極性の原理にとどまろうとする。教育というできごとをすべて有用性へと回収してしまう「発達の論理」を批判しようとするとき、いきおい生命の〈自然〉を神秘化し、返す刀で技術知の全面否定へ向かってしまうという素朴な反応がしばしば起こってしまう。そのような事態に陥らないためには、この両極性を維持する必要がある。矢野の理論が――生の哲学に倣って――「生の人間学」と言われてはならない理由はここにある。

この両極性から導かれる生成システムの論理は、概念や学問のシステムに対しても機能する。「人間から教育を問い、逆に教育から人間を問う」、「教育にとって遊びとは何かを問い、逆に遊びにとって教育とは何かを問う」、「人間にとって動物とは何かを問い、逆に動物にとって人間とは何かを問う」、「意味生成の教育学から教育学の意味生成論への反転を通した循環」というように、矢野の問いは「AにとってBは何かを問い、BにとってAは何かを問う」や「AのB学からBのA学への反転」といった反転的循環をしかけとしてもつ。この論理の反転に際してシステムAやシステムBの境界線が侵犯され、動揺し、崩壊し、再秩序化される。あるいはシステムAとシステムBの関係性（エコシステム）そのものが変容する。いわば各システムの象徴的な「死と再生」のなかから新たなシステムが生成してくる現象を描き出すこと、これが矢野の構想となる。

（二）生成へ媒介する〔技術―身体―道具〕連関

こうした矢野の生成論的な教育人間学が技術という主題に触れあう接点はいくつもあるが、もっとも原理的な次元でいえば、教育を技術知に還元する「発達の原理」を「生成の原理」によって批判するという論理構成のうちに、教育と技術の連関に対する矢野の見解を見出すことができる。

教育学のこのような生成変容への関わりは、教育学が主として学校教育における有用な技術知として意味をもつことを全面的に否定することではない。しかし、技術知の背後にあって技術化することのできない、あるいは技術化することによっては損なわれてしまう生成変容の出来事に関わることで、技術知としての教育学は、自己の境界線を引き固有の領域として自律することの不可能性に曝されることはまちがいない。このような学としての不安定さは、生成変容という異質な出来事を排除することのできない教育の本来的な性格からもたらされるのであって、教育学の学としての不備に由来するものではない。そのような境界設定の不可能性と可能性の間の不安定な運動の場にたえず立ち続けることこそ、本書〔＝『贈与と交換の教育学』〕

が目指す「限界への教育学」の課題である（矢野二〇〇八：五）。

ここで発達の原理として批判されている技術知は、有用性とも言い換えられ、それに対して生成の原理である生命性が対置される。そうである以上、その生命性は有用な技術知に還元できない。その意味で、生命性は技術知から切断されていなければならない。しかし、その一方で、その生命性はまったく技術的なものと無縁かと問えば、矢野の場合はけっしてそうとは言い切れない。むしろ、生命の生成的なできごとや根源的な生命に触れる聖なる次元のできごとを可能にするようなある種の技術的な契機、つまり生命の生成にはたらく技術への問いがそこには含まれているのである。その議論がとりわけ意識的に展開されているのが、「メディアが開く子どもの生命世界」という副題をもつ『幼児理解の現象学』であろう。矢野はそこで、生命性に触れることを可能にする技術的な契機を「メディア」すなわち［技術－身体－道具］連関として描き出す（矢野二〇一四）。

「有用な身体」、「道具的身体」、「社会的身体」、「意味を生みだす身体」がいずれは労働・生産の有用性の世界へ回収されてしまうのに対して、「聖なる身体」、「体験し生成する身体」、「無限に学習する身体」、「無限に限界を超える過剰な聖なる力が渦巻く身体」は、そうした有用性を否定し、有用な技術知の世界から溢れ出る。まさしく身体をメディアにして発達と生成の二つのできごとが生じているのである。このようなメディア機能は身体だけにとどまらず、動物絵本、物語、ボール、鉄棒、遊び、集団、動物、芸術作品にも見出される（先に触れた蜂屋が「教育方法への問い」と呼んでいたのはこれである）。技術は、一方では有用性の世界へ教育というできごとを回収していくものでありながら、そうした有用性を否定し、超えてゆくことも可能なメディアの一契機として教育のうちに組み込まれる。こうして教育と技術の連関は、いったんは切断されながら、その切断をとおして教育や技術の捉え方が別様のものへ刷新されることで、ふたたび教育と技術の新たな連関が高次元において実現されるのである。

矢野の「生命論的転回」は、技術知に還元することのできない教育の次元（生命性）を描き出すと同時に、その生命性における技術的媒介への視点を示す試みである。こうした矢野の試みのうちに、われわれが先に述べた「教育と技術のあいだをつなぐ狭くて強固にもつれた通路――〈自然と技術の宥和〉というユートピアに方向づけられた教育の目的合理的な技術化という通路」から脱するための、もっとも見通しの良い「扉」を見出すことができる。

さらに付け加えるなら、先の引用で矢野が述べるように、教育学は「教育の本来的な性格からもたらされる」「学としての不安定さ」があるという指摘も見逃してはならない。これは本章の最後で述べられる、パトスの知に基づいた「もろい部分にたつ教育哲学」というわれわれの構想にとってひときわ重要な意味をもつだろう。

四　転位するメディアの教育学（今井康雄）――教育哲学の理論的達成Ⅱ

(一) 直接性批判とメディアの不透明性

今井康雄の教育学研究は、『ヴァルター・ベンヤミンの教育思想』から、『メディアの教育学』を経て、近年の『美・メディア・教育』に至るまで一貫して、教育を構成する経験を媒介的できごととして解釈することによって教育をメディア概念から再定義する試みと理解できる。今井は、たとえば蜂屋のように「超越の世界」や宗教への思索へはけっして踏み込まず、あるいは矢野のように生命知の超越性の次元や生成や贈与といった対抗原理を立てるといった論理構成も取らない。その意味で、一見するとパトスの知という問題関心は今井のなかにはないように見える。しかしながら、技術という視点から今井の理論を見直してみると、そのメディアの教育学の構想は、パトスの知へ直接に向かうのではないが、しかしある意味での技術批判を迂回して、陰画のようにパトスの知に接近していることがわかる。

今井のメディアの教育学構想の核にある批判は、非媒介性すなわち直接性へとむけられている。たとえば、今井が「新教育の地平」と名づけた教育学の問題機制は、子どもの内側に自己活動を〈事実〉として規定し、その外化の過程を目的合理的な科学によって説明することを通して〈事実〉としての教育の領域を確定し、そのことを通じて子どもに目的合理的なはたらきかけをすることが可能になる、といった循環構造をもっている。この循環構造に子どもを組み込むことで子どもを主体化していくことが教育の実践課題となるわけだが、今井によれば、こうした主体の自由を確保しようとする教育の「よき意図」が、フーコー的な従属化としての主体化を科学的な知の備給を通じて推し進めてしまうという悪循環を、より加速させるという。その悪循環を回避するためには、個人や世界が生み出されていく「社会的な表象と経験の過程に着目し、その過程を意味生成的なものに変換していくこと」（今井一九九八：二五四）が大切なのである。

こうした〈新教育の地平〉への批判は、別の著作では、子どもや生徒の身体や内面へ直接に教育者の意図を行使しようとする「直接的接触」幻想というべき欲望が近代教育を支配してきたことへの批判へと変奏される。

> 教育する側の意図によって選択され構成されるメディアのなかで、教育する側の意図と教育される側の自由が言わば「すれちがう」――その過程として「教育」は現れることになろう。〔中略〕教育に要請され、また総体としての教育が現実に遂行していることは、お互いが適切に「すれちがう」ためのメディアをいか

に構成するかについての配慮なのである（今井二〇〇四：三八）。

この「適切にすれちがうため」という表現は今井の思想を端的に示したものであり、その著作を通じていくたびも登場する。美的経験論であれ、映画教育論であれ、日本の戦後教育論であれ、ベンヤミンやデューイやアドルノであれ、論じられる素材の如何にかかわらず、今井の批判的まなざしは、教育や経験のロジックを直接性へと回収し、教育の過程やそこにはたらくコミュニケーションを透明なものへ還元していく力学に対して向けられている。それに対して、今井は「メディアの不透明性」にこそ肯定すべき教育的な意味を見出す。

> 教育する側の意図（ハーバーマス的に言えば「妥当性要求」）が屈折させられたり裏切られたりすることは、教育にとって必ずしも致命的な事態ではない。〔中略〕肝要なのはそうした屈折や裏切りが適切にコントロールされているということなのである。しかもこのコントロールを担っていたのは、教育する側の意図ではなく〔中略〕、絵本や美的な作品というメディアなのであった。したがってこれらのメディアは、教育的意図の自由にならない不透明な何ものかとして現れる。〔中略〕逆説的ながら、メディアが不透明であることが、むしろ教育を支えているように思われるのである（今井二〇〇四：二八四―二八五）。

目的合理的なコントロールをかいくぐって自由の余地をいかに確保するかという問いのなかで、この「屈折や裏切り」を含んだ「メディアの不透明性」のアイデアは、「転位の回路」（今井二〇〇四：二七六）とも言い換えられる。

こうした主張の技術論的な含意は明らかであろう。教育において目的合理的なコントロールを支えているのは技術的心性である。したがって、今井の理論は必然的に技術への問いを含んだものになる。とはいえ、教育と技術を単に異なる領域として区別し、一方による他方への侵犯を外在的に批判するだけなら、そのとき教育の本源的なメディア性（不透明性）が視野から抜け落ちることになる。母の愛であれ子どもの自己活動であれ、自発的で自由な〈自然〉の要素を技術的なものに対抗させても、即事性や真正性を問う科学の目的合理性と結託し、容易に技術的心性へと回収されてしまうことは、あの〈新教育の地平〉が示していた。つまり、目的合理的な技術から教育をさしあたり区別しうるような参照点は、直接的で透明な何らかの〈自然〉にではなく、そうした目的合理性を空転させたり挫いたりするような、コミュニケーションや経験の不透明さに求められるべきなのである。

(二) 適切にすれちがうために

むろん、ここで『すれちがい』を意味あらしめるように適切にコントロールするとはどういう事態なのか」（今井二〇〇四：二八四、傍点原文）がさらに問われなければならない。今井自身はその答えとして、さしあたり「メディアのネットワークによって作られる中間的な公共領域」に一つの可能性を見出しているが、「まだ直接には多くを語ることができない」とも述べている。

だが、このとき気をつけねばならないことは、「適切にすれちがう」ためにはどのようにすればいいのかという問いが重要であるとしても、それを直接的に問うとき、またもや技術的心性を呼び寄せかねないということである。「すれちがい」という間接性の導入によって次数を一つ上げたとしても、直接的コントロールへの志向が残っている限り、ふたたび道具的・技術的介入が入り込み、目的合理的な技術的心性の回帰を許してしまう。今井が周到にも「いかに適切にコントロールするか」という問いを迂回し、「『すれちがい』を意味あらしめるように適切にコントロールするとはどういう事態なのか」と媒介的な問いを立てていたことの含意は、こうした点にある。

ここでわれわれにとって興味深いのは、次の二つの点である。一つは、後述する田中毎実のそれとはかなり異質な通路を通ってではあるが、今井もまたパトスの知へと接近していることである。たとえば、A．ライヒヴァインやF．コパイらの映画教育を事例に、「知性の背後で築かれていく知覚の習慣」への省察が「世界の新たな相貌を発見し、ひいては世界を見る自己自身を変容させる可能性に開かれる」ことのうちに、ナチスのプロパガンダ的現実に対する教育的抵抗の可能性が見出される（今井二〇一五：三四九）。映画というメディアが開く不透明さが感覚・感性レベルで啓蒙的な理性や知性を裏切り、新しい意味生成へ開かれる契機が見出されるわけである。ここには、観客の能動的で集中的な注意が同時にまた気散じ（ベンヤミン）や受動的な注意へ通じてもいるという両義性への着目があり、批判的契機としての感性・感覚の受容性・受動性（＝パトス的要素）への着目がある。

もう一つわれわれにとって興味深く思われるのは、今井がある種の「弱さ」に希望を見出そうとしている点である。国家やマスメディアが提供する疑似的な公共圏に対抗するようなオールタナティヴな公共圏は、弱い自我をもつ弱いネットワークから生まれるだろうと今井は見通している（今井二〇〇四：二一六以下）。技術的合理性が「強さ」を追求するのとは違って、パトスの知は「弱さ」や「もろさ」の固有な意味を尊重し、それ自身の論理に組み込んでいるが、こうした視点から見れば、今井のメディアの教育学構想には、それと明言されないままのパトスの知への接近、あるいは少なくとも問題意識の共有があると理解できるのである。

五　相互生成へ開かれる臨床的人間形成論（田中毎実）——教育哲学の理論的達成Ⅲ

田中毎実は、E．エリクソンから異世代間の世代継承性とライフサイクル論を、E．フロムからテクノクラシーや技術に対する批判的視座と「生命への愛（biophilia）」（Fromm 1968＝一九七〇：九）を、そして師である森昭からは京都学派の精神的遺産、とりわけ人間学としての体系性と「いま・ここ」へ向けてリアクトする臨床性の両極論理を受け継いだ。そしてこれら全員から、困難な教育と人間形成の基底を支える希望の思想を受け取った。田中の理論は、これらの思想家・理論家との絶え間ない対話、あるいは途絶した対話の継続と、自己自身のおかれた状況に応答するなかから生み出された、それ自体とてもパトス的な所産である。

田中によれば、現在の教育が置かれている状況とは、官僚制化、技術的合理性の支配と思考の放棄、テクノクラートの自己増殖とヘゲモニーの掌握、批判的理論の無力の跋扈である。田中は、こうした技術的合理性の支配と、パトスすなわち「自己状況にリアクトする根源的な受苦的情熱的存在様態」を貶められている事態をとらえ返し、このようなパトスを介して世代継承的公共性と「いま・ここ」の具体的日常性への、そしてトータルな人間学と臨床性への両面的な〈突破〉を生きる相互生成的な臨床的人間形成論を構想する（田中二〇一一、田中二〇一二a）。

(一)師の死、人称性、物語とパトス的契機

田中の理論が、師・森昭の死と向き合うところから開始され、その死に臨み続けるなかで紡ぎだされてきたことは象徴的かつ示唆的である。人間学への突破と臨床性への突破という両方面への往還的な突破の試みは、（師／死という二重の意味で）〈彼方〉へ触れる経験をひとつの重要な契機としている。田中は、森の死後に刊行された『森昭著

作集』の月報に「森先生のこと」という一節を寄せている。

> 森先生のことを、先生のもとで学生であり助手であった自分自身と切り離して考えることはひどくむつかしい。先生についての記憶は、たとえば、演習のときに訳語を決定されようとするときの張りつめた瞬間、授業の中途で突然におとずれる充実した空白の数瞬、そのとき教室をみたす思考の臨界的な緊張と期待、あるいは助手室でコーヒーをはさんで弾んでいた会話の一齣々々、これら無数の触角的《ママ》イメージという形で、ぼくのなかに沈みこんでいる。これらのイメージの一切は、それを言葉で伝えようとしても、つねに、そこからするりとぬけ落ちる何か大きなものをかかえている。そして、このすりおちていくものこそが、ぼく自身のものであるようにも思われるのである。〔中略〕できることといえば、せいぜい、記憶の感性的な諸断片を手探りで取り集め、この手触りの確かさにそのつど何とか客観的な形を与えようと努めることでしかないだろう（田中 一九七八）。

自身のうちに「沈み込んでいるもの」、伝えようとしても「するりと抜け落ちる何か大きなもの」として述べられる師のイメージが、「不可能なもの」（ラカン）かどうかはさておき、ここには師から贈与されたもののはかりがたさ、師とのあいだで生じたはずの相互生成というできごとのはかりがたさが、ある。この圧倒的な師による贈与は、学問制度という枠のなかで生じたことではあるが、それを超えた「出来事」である以上、「首尾一貫した物語として完結しない」（矢野 二〇〇八：一九）。この贈与は弟子の田中に恒常的な不可能感を喚起し続ける一方、だからこそ、それらに「客観的な形」を与えようという努力をも喚起する。

遠い勤務地で学生たちと接触していて、フト気づいてみると、自分自身が学生であったころの講座のあたかで生き生きとした日々を思い返していることがよくある。先生は、自分自身を縮小再生産するという形では弟子を作ろうとはされなかった。このような先生の態度から、ぼくたちは、距離をとったやさしさといったものを感じ続けていたのだと思う。おそらく、こういう形で、ぼくたちは、最深部で許容されつつ、各人にとって代替不能の固有な問題に専念するように勇気づけられていたのだろう。いうまでもなく、このあたたかな日々こそが教師である僕たちの教育活動を、ぼくたち自身の内部から規制する生動的な規範である（田中一九七八）。

ここで語られている「勇気づけ」の契機について田中はのちに、木村素衛のそれを「外在的支援」、森のそれを「内在的支援」と規定し、自身の臨床的人間形成論のそれを「相互生成」という相において区別することになる（田中二〇一二b、三七、二〇九）。それでも、木村は教育学の講座を引き継ぐにあたって師・西田幾多郎に勇気づけられ、木村自身もまた弟子だけでなく、講演や著作をとおして多くの教師たちを勇気づけたのであり、この勇気づけの連鎖が、森を通じて田中へおよんでいる。そして田中もまた、森から受けた勇気づけを、日常の教育実践を通してのみならず、臨床的人間形成論の構想を通じて理論的に受け渡そうとしている。

この先生の「やさしさ」は、第六巻で編者が述べておられる先生の「はにかみ」に通じているのかもしれない。「はにかみ」は、より深い意思の疎通を求めながら、通常の人間関係のなかでそれを自制せざるをえない心のあり方の表出であったのかもしれない。とすれば、あの先生の距離をとった「やさしさ」は、他者のうちにある疎通しえないものへのいたわりであったのではなかろうか（田中 一九七八）。

この「やさしさ」や「はにかみ」は、「より深い意思の疎通を求め」る求心化の力と、「他者のうちにある疎通しえないもの」に対して「距離をと」るために「自制せざるをえない心のあり方」の遠隔化の力との、「反対の一致coincidentia oppositorum」を思わせる奇跡的な共存から生まれる。それは、たんなる師のひととなりではなく、森の哲学と実践そのものの形容であり、田中自身が重視する理論内部の消去しえない緊張や動態――たとえば後述する「内属性と超越性の自己分裂」や「半身の構え」――に通じている。「否定性と生涯かけてつきあっていくほかない」という森の理論と生の理解は、田中の理論と生の理解にも反映されている。

森は、存在や生成が弁証法的な構造をなしているなどとは考えない。したがって、「矛盾の止揚」なども、たやすくは信じない。森の立論からすれば、わたしたちは否定性をつごうよく止揚することなどありえず、ただ否定性と生涯をかけてつきあっていくほかない。おそらくは、そのように考えられているからこそ、「生命鼓橋」は、私たちの命の尽きるまで「作り渡される」のである（田中 二〇一二b：六五）。

社会思想史研究者の徳永恂は、病床の森を最後に見舞ったとき、森が「デューイの成長論には超越的な目的がない」と批判したことを回想し、遺著『人間形成原論』は未完に終わったが、「生成はその彼方に目的をもつのではなく、そのプロセスそのものが目的なのだ」というデューイ的考えがこの著作そのものに当てはまるのではないか、と書いた（徳永 一九七八）。この徳永のことばを、森が未完の遺著の途切れた末尾においてメモのように残した「彼方に想いを馳せるもの」や「所与のなかに彼方を探るもの」という表現とあわせて考えるなら、こういえるかもしれない。プロセスそのものを目的とすることは、そのプロセスの彼方を峻拒するはずだが、しかしそのことはかえってプロセスを超えた彼方への志向との緊張のなかではじめて十全たる意味をもちうるのであり、森の試みはその動態を描くことであった、と。そしてまた、田中の試みはまさに森の構想を師の死を媒介として引き継ぎ、人間学への突破と臨床性への突破を敢行すべく、止揚なき弁証法をその理論の原理としているのだ、と。

死は、固有性の究極的次元を開く。死者に向き合い、その死と出会い続ける営みは、代替不可能なかけがえのない誰かとの固有の関係性を生きることを意味する。その一人称＝二人称の関係において発生するパトス的な真理は、どこまでも固有なものであるが、そのもっとも強い固有性のゆえにこそ、なぜか不思議なことに三人称の真理にも開かれうる。それは、人称性をともなった真理への共同の参与、人称性をともなった真理の受け渡しの経験であり、そのできごとを歴史的時間と筋立てと登場人物と固有の状況とによって物語的にまとめ上げていくような経験である。その限りでそれは、固有性の次元に基づきながらも同時にある種の普遍性へと開かれるような経験、（いささか粗雑な区分をあえてするなら）「科学」ではなくむしろ「物語の経験」に属するのである。

こうした観点であらためて振り返れば、たとえばあの矢野の著作は、その叙述の一つひとつが贈与と交換、生成と発達の豊饒な「物語」であり、たとえ理論的であるときでさえ、それ自体がひとつのアレゴリーとして、多層的な世界を拓くテクストとして、われわれ読者に提示されていたことが想起される。むろん、さしあたり学術的著作であることが意図されているのだから、それは単なる物語に比すれば見事なまでに理論的である。しかし、裏を返せば、矢野の作品は単なる理論と呼ぶことが似つかわしくないほど、あまりに物語的なのである。同様に、田中の理論もまた、原理的であることの極北において、教育というできごとにまつわる理論と実践を根底において支え、生成駆動させるための物語の数々を提供してくれているように思われる。

（二）　逆説的希望と生命への愛

田中の思想の核には、「逆説的希望」への飽くなきコミットメントがある（田中 一九七九、田中 二〇一一、田中 二〇一二a）。それはあたかも、ときとして悲観せざるをえない現実を前にして自分自身を鼓舞する呪文もしくは祈りのことばのように聴こえる。この逆説的希望の概念はさしあたりフロムの著書『破壊』のなかに出てくるが、さらに希望について広く議論を展開した著作に『希望の革命（The Revolution of Hope）』がある。そして、この著作は「人間化されたテクノロジーへ向けて（Toward a Humanized Technology）」との副題をもつ。つまりここでフロムが語っている希望は、技術／テクノロジーの「人間化」へと方向づけられているのであり、田中の問題意識のなかにもやはり技術／テクノロジーへの批判がある。そしてその「批判」の根底には、たとえ明確な表現をとっていない場合でも、やはり「生命への愛」への訴えが潜んでいる。それは森が後の世代に遺した「生命鼓橋」概念を引き受けるにあたって、いのちをいつくしむというパトス論の主題において捉え返される。

森は、未完の遺著となった『人間形成原論』の「序」の冒頭を、執筆準備をすすめていたある日に出会った「著名な実存哲学者」の一節を引用することから始めている（森 一九九八：一）。

「人間は完成されえないものである。人間は、そもそも存在せんがためには、時のなかでたえず新たになる運命へと自分を変えざるをえないからである」。

以前であれば格別の印象を与えなかったはずだろう。だが、病魔に侵された森自身の「個人的な運命」と「本書を準備するなかでしだいに私の脳裡に姿をとってきた人間観と教育観」とが相俟って、この一節から森はひときわ強い印象を受けたと述べる（森 一九九八：三）。人間がたえず存在と生成にひらかれ変化していく未完の存在であり、それでいてつねに新たなる運命のもとで自分を保ち続ける存在であること、また他方で、当人の望みが実現する前に時として死によってその存在が否定されざるをえないこと。おそらく間近に迫った死を予感しながら、森は、ひとつの終わり（死）によって途絶されてしまう生の不可避の「運命」をいかに愛することができるかという問いに向き合っていた。その問いを、終わり（死）がもたらす「未完成」を「終わり（完成）でないもの」としてポジティヴな意味へ反転させ、やがてこの遺著の末尾において「生命鼓橋」論のうちに結晶化させるだろう。この遺著の口述筆記を担当した田中は、森の死後、森の「生命鼓橋」論構想を自覚的に引き継ぐことになる。

この遺著の最後は「彼方に想いを馳せるもの」「偶然の働き」「所与の中に彼方を探るもの」という項目で途絶しているが、この箇所の記述には彼方（超越性）や偶然性とならんで希望の概念への無言の示唆が見て取れる。ところで、田中が依拠するフロムの『希望の革命』が、ユダヤ教のタルムード（『ピルケー・アボット』）の有名な一節――「この仕事を完成することはわれわれの責務ではない。しかしそれを避ける権利はわれわれにはない」――の引用で閉じられていることはきわめて示唆的ではないだろうか（Fromm 1968 = 一九七〇：二三二）。というのも、この引用は田中を媒介にして、上述の森の遺著の冒頭の引用とまさしく響き合っているからである。

「未完成」であらざるをえないこと、しかしまた避けることのできない「運命」であること。森の抱いた「希望」は、「未完成」であらざるをえない人間の「運命」を愛することへの信であったように思われる。それは、「毎日救世主を期待しながら、定められた時に救世主が現われなくても落胆しないという逆説的な希望」（Fromm 1973 = 二〇〇一：

七一〇）として規定されたユダヤ的信仰が、「たとえ一生のうちに何も生まれなかったとしても、絶望的にならず「まさに生まれようとするものの誕生を助けよう」とする「生命への愛」と掛け合わされて生み出された、フロムの信でもあっただろう（Fromm 1968＝一九七〇：二七以下）。そして、このふたりの「希望」を田中は引き取って、「永遠の今」（西田幾多郎）に触れる「異世代間の相互生成」理論へとつないだのではないだろうか7。

（三）動く陣地を生み出す比喩・シンボル・アレゴリーと文体

ところで、官僚制や技術的合理性を批判する田中の試みにとって大切な鍵となるのは何かと考えるとき、人称的でパトス的な真理や臨床性、止揚なき弁証法とならんで挙げられるべきは、その思想の生命となる比喩や文体をいかに生み出すか、という問いである。ポイエシス＝プラクシスの表現である木村素衛の「一打の鑿」――美的制作の技術とかかわる――にしてもそうだが、あの極度に硬質で体系的な森昭の思想のなかから「生命鼓橋」――橋を架ける技術を連想させる――という美しくやわらかな比喩が生まれたことは、その象徴的できごとではないだろうか。田中にとってのそれは――身体技術と結びついた――「半身の構え（の連携）」（田中二〇一二b：一九九、二三八など）という比喩である。

田中の臨床的人間形成論の核となる「半身の構え」は、近代／前近代、研究者／教員、理論家／実践家、専門家／素人、大人／子ども、あるいは異世代間、異業種間など、人間形成のあらゆる場面で生じる〈境界性〉に立ち会う概念である。「半身の構え（による連携）」の別様の言い換えを、ここでいくつかの引用を引きながら確認しておこう。

教育改善を可能にする主体的根拠は、内属性と超越性との自己分裂にある。この分裂によってこそ、実践と自省の同時進行が可能だからである（田中二〇一一：三八）。

私たちがめざしたのは、制度化と生成とのいずれかを択一的に取ることではなく、両者のバランスを求めることである。〔中略〕つまるところ、それは、非対称性を守りながら克服するという矛盾した営為である（田中二〇一一：二二六）。

逆説的希望とは、限界に達して反転して立ち直る――すなわち悲観論を組み込んだ――楽観論である（田中二〇一一：五一）。

半身であることの意味自体は、「状況や文脈に応じて『攻撃と防御の両面に開かれた緊張』から『逃げ腰の中途半端さ』に至るまでの振幅を含んでいる」（田中二〇一二b：一八六）とされ、この振幅が動的な文体を要請する。田中の文体は、漢語による術語の連続によって無駄をそぎ落とした圧縮性と、皮膚的で潤いある情感的表現との同居を特徴とする。それは、技術的合理性に浸りきった人びとへことばを届かせる苦闘のなかで、先方の土俵のことばを用いながらも、他方でそれを突き崩す別様の世界をそのなかにふわりともたらすために生み出された思索の産物であって、どうでもいいものではけっしてない。

おもえば、「こえて運ぶ」「転用」「移しかえ」（meta pherein）を原義とする比喩にせよ、「違ったもので語る」（allegoria）を原義とするアレゴリーにせよ、「割符」（symbolon）や「分けもつこと」（sym-ballein）を原義とするシンボルにせよ、〈一〉なるものへの志向をもちつつも、その〈一〉へと還元しえない非同一的な何かへの示唆を含む。これらはすべて、引き裂かれ完結しえない〈際〉のただなかに立つできごとを表現しているのである。

教育や人間形成についての学問に携わるうえで比喩やシンボル、アレゴリーに着目することは、教育的日常を構成する言説のしくみを前景化し、その言説を流通させている力学を自覚化するためのきわめて実践的な戦略とかかわっている。しかし同時にそれはまた、別様のもの、多義的なもの、多層的なもの、あいまいなもの、冗長なもの、無意味に見えるもの、無力なもの、偶然的なもの、アナログなもの、アナクロニックなものを正当な知の要素として承認し、その知によって教育的日常や理論を組み替えていくための戦略でもある。これらの知の要素は、ありていにいってしまえば〈彼方〉であり、技術的合理性に基づく知を溢れ出てしまう無限性、超越性、あるいは外部性である。このような〈彼方〉への示唆を含む知に、人間の生はどのように臨みうるのか。田中の場合であれば、自身の身体や状況に即してリアクトしていくこと、たとえば「絶句」といったパトス的反応を通して訪れる切断的契機、〈彼方〉が〈いま・ここ〉に着地する瞬間が、そうであろう。

この〈際〉に臨むという固有の課題を、教育哲学もまた有している。そのとき、比喩やシンボルやアレゴリーをめぐる深い思索は、田中の「半身の構え（の連携）」がそうであるように、技術的合理性や機能主義に対する批判のための動く陣地となりうるのではないだろうか[8]。

六　「技術－パトス－教育」の問題圏――パティ・マトスの経験へ

ここまでの議論を、要点を絞ってふりかえっておこう。教育は技術知に還元することはできず、それを超越する世界に触れ、あるいは支えられている。そのことを原理的に、そして教育の物語として示し続ける必要がある。とはいえ、たとえ技術知批判として超越の原理を持ち出そうとも、教育というできごとに対し目的合理的で直接的な関与を求める心性や機制があるかぎり、ふたたびテクノロジー／テクノクラシーによる支配に落ち込んでゆく。必要なのは、不透明性に満ちたメディアの特性に対する理解であり、教育と技術がどのように媒介されているかということに関する考察である。そのための糸口の一つは、「弱さ」や「もろさ」を肯定的に意味づけるような、そしてノイズやすれちがいや失敗を自己システムに含みこんだ、パトスの知によって教育と人間形成を再定義していくことである[9]。

　矢野、今井、田中らの試みは共通して、教育と人間形成というできごとに含まれ、そのできごとを成り立たせる不可欠な要素でありながら、それを技術知や技術的合理性のみによって語ろうとするとき理論と実践からなぜか抜け落ちてしまう〈何か〉の在り処を、その「なぜか」とともに語り示そうとしている。そのような語り示しをとおして教育や人間形成というできごとそのものの生きた意味世界を刷新し続けるという試みは、教育哲学という学問が本義とすべき、すぐれた理論的実践のひとつであるだろう。

　このような語り示しの実践は、経験されたことを十全に再現・再生産しうると考えるような素朴な態度とは無縁であるし、また、これからありうるかもしれないことを一元的かつリニアに予測するといった技術的合理的ないし機能主義的な実践でもない。こうした類の進歩主義思想やユートピア思想は、未来を計算し、その計算によって定められた目標へ向かって一心不乱に邁進しようとするがゆえに、目標へといたる過程において遭遇するあらゆる障害に対して敵意を剥き出しにする。それはたやすく、システムへの同調を至高のものとするテクノクラシーやビューロクラシーを呼び込み、進歩や正義の名のもとに恣意的な暴力を正当化し、あるいは全体主義へと向かう。したがって、そのような陥穽を避けるために必要なのは、合理的システムに対するある種の攪乱であり、ユートピアという理念の根源――「非場所」たる原義――への立ち戻りである。この語り示しの実践は、目的合理的な技術や機能主義的な原理によって再構成される世界に「軋み」をもたらし、われわれの生きている意味世界の多層性や複雑性を賦活し続ける実践なのである。

この世界に「軋み」をもたらす契機の一つを、われわれは受苦的なものの経験、パトスの知、そしてパティ・マトス（受苦を通して学ぶ）の経験として理解しておきたい。経験（experience, Erfahrung）は、その語の成り立ちがそもそもそうであるように、「通過すること」、「通過するなかで痛みを被ること」、すなわち「危機」や「試練」を意味している。そのかぎりで経験は、本来の意味においてパトスそのものであると同時に、やってみなくてはわからないもの、験すほかないものである。したがって経験は、科学や技術的合理性がもたらす「先取りされた確実性」とは異なるできごと、実践にともなう受苦的なできごとである。科学や技術的合理性に基づく知は、知の主体を外に置いたまま経験を先取りし、それを計算可能なもの、操作可能なものに変えてゆこうとする。それに対して経験は、それが何かを被り、何かに巻き込まれるという受動的でパトス的なできごとであるかぎり、先取りや計算や客観化には収まらない過剰さや偶有性や冗長性を抱えもつ。つまり、「受苦を通して学ぶ」（パティ・マトス）ほかないような次元が教育や人間形成には存在しているのである。こうした要素は科学や技術的合理性の尺度からすれば弱くてもろいとされるのかもしれないが、この「弱さ」や「もろさ」は経験というもののパトス的本性に由来するものであって、それ自体きわめて重要な意義をもっている[10]。

経験のこうした特質に誠実であればこそ、教育哲学という学問もまた、未来予測的なもの、確実な知、体系性、即効性をもたらすことが「できない」学問なのかもしれない。しかし、たとえそうだとしても、この「できない」という不可能性は、G．アガンベンの顰に倣って論理的反転をほどこすなら、未来予測的なもの、確実な知、体系性、即効性をもたらさ「ないことができる」という「非の可能性」でもある（Agamben 2005）。つまり教育哲学が、一方で諸学の基礎学としての、あるいは知の確実な根拠づけを一手に引き受ける学問としての期待を担いながら、他方でその期待に十全には答えられないことがあるとしても、その不充分さや不確かさは、矢野が指摘していた通り、人間の生成・変容というできごとのリアリティに対する忠実さに由来するものであり、また、今井や田中が示したようにメディア的な根拠、パトス的な根拠をもっているのであって、そのかぎりで、もっとも確かな学問的基盤でもありうるのである。

七　まとめにかえて――もろい部分にたつために

最後に、われわれが矢野の生成論的な贈与と交換の教育人間学、今井のメディアの教育学構想、そして田中の臨床的人間形成論と共有可能な問いを述べるとするなら、それは、「仕組まれたもののなかから、仕組まれたものでない偶然が思いがけなく立ち現れる」という生のシステム化と脱システム化の二重性を、思考や学問が生み出すシステム化と脱システム化の二重性の問題としてどのように語るか、という問いである。そうしたシステム化と脱システム化の解消しえない二重性のただなかに立ち続けるために、「もろい部分にたて」という脱原理的原理を提起した哲学者・鶴見俊輔の「方法としてのアナキズム」を最後に参照しておきたい。というのもそれは、技術的合理性やテクノクラシー、ビューロクラシーといった「技術への問い」に向き合う際の一つの展望を示してくれているからである。

鶴見の定義によれば、アナキズムは「権力による強制なしに人間がたがいに助けあって生きてゆくことを理想とする思想」であるが、それは、情念としてはテロリズムへとたやすく反転しうる。このような反転をどう考えるかが鶴見にとっての課題となるわけだが、彼はそこでアナキズムの理論について考えるうえで必要な視点を五つにまとめている。以下に、その要約を示してみよう（鶴見一九九一b：二三以下）。

①アナキズムの理念による革命は歴史上成功例がないという事実を認めることが、アナキズムの理論の一部とならねばならない。

②権力とは区別された自主管理の形がさがしもとめられねばならないとしても、同時にアナキズムの理想をふみにじるまいという思想をつよくになう新しい官僚が生まれることが必要である。

③決定論を留保するという態度と、進歩という考えをうたがうことが必要である。

④小さい状況（地域、友人関係、個人の私生活、個人内部の特定の時）に集中すればアナキズムの理想は実現しやすい。この種の退行がアナキズムに弾力性を与えることもあるが、逃避に終わることもある。しかし、大きな状況についてだけ考えてゆくと、けっきょくはアナキズムとしての活力をなくす。

⑤アナキズムを、主として表層より下にあるものとしてとらえること。氷山のようにいくらか水面上にあきらかな部分があるとしても、そのあきらかな部分だけに固執して行動するときには、この思想は負けることを運命づけられている。しずんでいる部分を活用して、自在な行動をつくりだすようでありたい。

ここに詳細な註解を加える紙幅はもはや残されていないが、一点だけ、「成功例がないという事実」を自己の「一部」にするという鶴見の「方法」について言及しておこう。この「方法としてのアナキズム」は、たとえば次のような表現に典型を見出す。

> 制度がかわってこそ完全な教育ができるという期待は、制度をかえることに成功したあとでその制度をむしばむ。そればかりか、制度をかえる運動そのものをも改革運動の最中からむしばむ力となる（鶴見二〇一〇：一四）。

ここに、技術的合理性の発露に対する静かな、しかしもっとも鋭敏な警戒を見て取ることができる。よりよく生きること、よりよい教育をという心性が、制度改革を要請する。しかしこの要請が、あるもの（この場合はある制度）を元凶とみなし、別のあるものを理想化する態度に基づくとき、その元凶なり理想なりへの固着化（アルケー化）が生じる。この固着化された理想へ一直線に向かうとき、そこに技術的合理性が備給されるわけだが、実現化へ向かうプロセスを最大限効率化するために、また実現の暁にはそれを維持するために、あいだに介在するさまざまなノイズを敵視し、排除しようとする。ここには、正しさや理想のより純粋な追求が、よりひどいもの、最悪なものを結果的に導いてしまいかねないという反転（啓蒙の弁証法）に対する恐れや自己自身がまちがう可能性への自己省察が欠けている。また、「〇〇さえかえれば」というような固着化（アルケー化）は、問題状況を過度に単純化した誤った理解につながり、あるいはそもそも思考や組織やシステム自体の自由闊達さを奪い、「活力」を失わせる。

こうした固着化（アルケー化）を何とか避けようというのが「方法としてのアナキズム」（アルケー化を脱臼させる方法）

と言われるものである。それは鶴見が、「正しいことの上に正しいことをつみあげる」のではなく、「自覚された自分の弱み（ヴァルネラビリティー）」や「自分のうけた傷、自分のおかしたまちがい」に根ざすという仕方で教育を再定義する場合にも通じる（鶴見二〇一〇）。これは、完全さから出発するのではなく、不完全さを含みこんで少しずつ改善していくプラグマティズムに通じるが、失敗や弱さを排除の対象とせず、むしろそういう「もろい部分」を（動的な）基盤とする態度につながっている。しかもここで大切なのは、この「弱さ」や「もろさ」を「強さ」に反転させようという欲望や意図を挫く契機をそれ自身に含ませておくという視点である。

われわれはここに、パトスの知に基づくことの可能性を見ているわけだが、鶴見のおもしろいところは、パトスの知はこうした傷やまちがいだけでなく、笑いにも通じていると考えているふしがあるところである。鶴見が規則や倫理への向き合い方を中学生と話し合った際、自分の失敗を笑いのネタにする漫才を例に、これは「自己を含む集合」からものごとを考えていく態度であり、この漫才の体験が自分の著作の出発点だと述べている（鶴見&中学生たち二〇〇二：八四以下）。自分を笑いの対象に含める遊戯の精神に満ちた知性と、これを呼ぶこともできるかもしれない。ここで、田中が大学授業の研究の際に、「授業が嫌だ」とか「どうしてこんなに下手なんだ」という自分自身の「ひりひりするような感覚」や「絶句」を臨床性の基盤にしていたことを想起することもできよう（田中二〇一一：五二）。それは、「拙い」自分の授業を公開の場に差し出し、自分を笑いの対象に含める苦しくも遊戯の精神に満ちたパトスの知の実践なのである。

「もろい部分にたつ」ということ、それは、強さの追求がもたらすアイロニカルな帰結への透徹した視線とともに、弱さやもろさのカテゴリーに含まれる理念や思想を賦活させる試み、少なくともこの弱さやもろさのカテゴリーの中立化や中性化に抵抗する試みを含んでいるように思われる。

付記

本章は、小野（二〇一四）に大幅に加筆・修正をほどこし、新たに「技術への問いとパトスへの問い」という主題のもとで書きあらためたものである。

註

1　もちろん、これらのほかに、現代の社会生活や職業生活のなかで必要とされる技術や技能を学校教育のなかで学ぶ技術科という科目や技術教育一般、あるいは職業教育もまた、教育と技術の関係を見るうえでは重要な対象である。日本のものだけを取りあげてみても、すでに挙げた城戸幡太郎の技術論や「技術論争」のほか、三木清、戸坂潤、三枝博音らの技術哲学、あるいは『技術と教育』『技術教育研究』を通じた技術教育研究会の活動など、各種領域にわたって検討すべき課題は多い。

2　その一つのありうる「解決策」が、生命そのもののうちにある種の技術的介在を見出すという立場であろう。われわれはその典型的な事例を西田幾多郎の『論理と生命』における「歴史的身体」、そして木村素衛の「表現的生命」論の「技術的身体」のうちに見出すことができる（西田 一九四八、木村 一九四〇）。他方、一見すると生命のうちに技術的媒介を見出す立場のように見えるのが、技術に関するある種の自然主義的立場である。その立場は、近代以降、機械論的世界観の成立とともに、科学的法則から自然を説明し尽くすことができるという自然科学の立場と、政治、経済、宗教、文化などの領域を貫いて人間社会・制度を計画的に操作しようとするテクノロジー／テクノクラシーとが融合することで成立するアイデアであり、ここに子どもの教育を科学とテクノロジーによって基礎づける科学的教育学が構想されることになる。これはたしかに一つの「解決策」ではあるが、結局は生命的原理を科学的機械論的構制に還元することで、技術そのものの否定的な側面を批判する準拠枠を失ってしまうという欠点もある。

3　技術に関する哲学的検討は、別の機会に譲りたい。

4　ここで、後述するように蜂屋慶が技術の世界を超越の世界に対置したことに倣って、われわれも技術知に対して超越知としてもよかったし、あるいは矢野智司に倣って技術知に対する生命性と名づけてもよかったかもしれない。しかし、さしあたりそれを留保したのは、パトスの知は超越知や生命性ときわめて深く関連をもちながらも、必ずしも超越の世界や生命性だけに属するものではないからである。つまり、パトスの知は技術知との「界面」に生じるものである。界面においては、接しているという意味で連続しており、同時に他方で、区別されているという意味で切断であり非連続であるという両義的な現象が生じる。パトスの知は、技術知に対抗的に存在するという意味で対抗原理として「切断」され「非連続」であると同時に、技術知に接し、向き合い、応答し、新たな意味を生成するものであるという意味で「連続」している。パトスの知は、この両義的な現象に与えられた概念である。このような両義性を視野の収めることで、蜂屋が「区別されつつ包まれている」と表現した事態、矢野が発達と生成、交換と贈与という原理の区別によって表現しようとした両原理が連関する事態を、より丁寧に考察の対象とする道が開かれるのではないかと考えている。

5　教育と技術という主題を教育哲学の主題として論じる場合、「わざ」としての技術という視点を導入しなければならないだろう。その場合、田中、矢野、今井に加えて、もう一人の傑出した教育哲学者、『世阿弥の稽古哲学』(二〇〇九)や『無心のダイナミズム』(二〇一四)の著者である西平直を挙げなければならないが、その考察は本論考の課題をはるかに超えてしまう。生田久美子の「わざ」理論(生田 二〇〇七)の検討と含め、別の機会に譲るほかない。

6　もう一つ、矢野の教育の原風景が多くの場合子どもの遊びのうちに見出されていることがいくらか関係しているのかもしれない。生成の論理は、エロティシズムや暴力などどうなるかわからない無秩序へ向かう要素をもっており、それゆえ、従来の人間概念やそれに基づく教育人間学の概念を破壊することにつながりうるため、「限界への教育学」へ向かわざるをえない(矢野 二〇〇八)。他方で、矢野の場合、たとえば老いの問題はユーモア論(矢野 一九九六)として考察されるが——それはむろん生成的コミュニケーション論から老いを論じるという斬新なアイデアのゆえだが——認知症や介護の問題、病やエロスなどから老いに迫っていくわけではない。それは子どもの遊びと老いを貫く生成の論理を説明するための必然的帰結であり、その意味では、老いと死の受容の問題や児童虐待、ホスピタリズムといった問題をライフサイクルの人間形成論として論じようとする田中毎実とは好対照をなしている。

7　こうした問題は、第二節(二)の⑥(ⅲ)で言及したニーチェの「運命愛」の問題圏へとわれわれを誘う。運命愛という思想にここで言及するのには、理由がある。森の遺著を貫く思想的論調のゆえばかりではなく、西田幾多郎、田邊元、三木清を承けて木村素衛、森昭へと続く京都学派教育学に関する田中自身の規定、そして、その規定を部分的に引き継ぐ西村拓生によって整理された構図を検討するうえで、きわめて大切な主題ともなるからである。それは、田中／西村が教育学の「本覚思想的生命論」と呼ぶものの評価とかかわっている。西村は、西田・木村・蜂屋慶・矢野智司につながる思想的系譜が、技術に媒介されることによって価値志向性を「包越」する超越性・生命性(＝本覚思想的生命論)を教育の基底に据えているのに対し、田辺・森昭・田中毎実につながる思想的系譜を、「永遠の今」に触れる臨床性を世代継承的公共性という政治的・実践的企図へ展開するものと規定する（西村 二〇一七）。これらの評価の妥当性は、別途、丁寧に検討されねばならない。

8 ド・マンが述べたように、比喩はあいまいさを喚起するために長らく虐げられてきた（de Man 1996）。ある種の学問が、厳密さと科学性とを盾に、その「余地」や「あいまいさ」を統御しようとし、あるいは排撃する。教育学はどうか、と反省的に問わねばなるまい。

9 「教育学のパトス論的転回」という試みの詳細は、小野（二〇一九予定a）および岡部・小野編（二〇一九予定）の各論考を参照のこと。

10 パテイ・マトスの経験を教育思想史的に主題化した論考として、小野（二〇一八）および小野（二〇一九予定b）を参照のこと。

参考文献

Agamben, Giorgio 2005 *La potenza del pensiero: Saggi e conferenze*, Vicenza: Neri Pozza（＝二〇〇九『思考の潜勢力――論文と講演』高桑和巳訳、月曜社）。

Fromm, Erich 1968 *The Revolution of Hope: Toward a Humanized Technology*, New York: Harper & Row（＝一九七〇『希望の革命（改訂版）』作田啓一・佐野哲郎訳　紀伊国屋書店）。

Fromm, Erich 1973 *The Anatomy of Human Destructiveness*, New York: Holt, Reinhart & Winston（＝二〇〇一〔復刻版〕『破壊――人間性の解剖』作田啓一・佐野哲郎訳　紀伊国屋書店）

蜂屋慶　一九八五「教育と超越」蜂屋慶編『教育と超越』玉川大学出版部

生田久美子　二〇〇七『「わざ」から知る』東京大学出版会

今井康雄　一九九八『ヴァルター・ベンヤミンの教育思想――メディアのなかの教育』世織書房

今井康雄　二〇〇四『メディアの教育学――「教育」の再定義のために』東京大学出版会

今井康雄　二〇一五『メディア・美・教育――現代ドイツ教育思想史の試み』東京大学出版会

木村素衛　一九四〇『形成的自覚』弘文堂書房

De Man, Paul 1996 *Aesthetic Ideology*, Minneapolis: University of Minnesota Press（＝二〇〇五『美学イデオロギー』上野成利訳、平凡社）

松浦良充　二〇一三「脱・機能主義の大学像を求めて」教育思想史学会編『近代教育フォーラム』22号、一五一―一六七頁
森昭　一九九八『教育学名著選集④　人間形成論原論』黎明書房
西田幾多郎　一九四八『西田幾多郎全集』第八巻　岩波書店
西平直　二〇〇九『世阿弥の稽古哲学』岩波書店
西平直　二〇一四『無心のダイナミズム――「しなやかさ」の系譜』岩波書店
西平直　二〇一五『誕生のインファンティア――生まれてきた不思議・死んでゆく不思議・生まれてこなかった不思議』みすず書房
西村拓生　二〇一七「信仰を「教育に開く」ためには？――田辺元の西田幾多郎批判から考える」教育思想史学会編『近代教育フォーラム』第26号、九二―九九頁
岡部美香・小野文生編　二〇一九予定『教育学のパトス論的転回』東京大学出版会
小野文生　二〇一四「もろい部分にたつ教育哲学――パトスの知からシステム化／脱システム化の二重運動を考える」教育哲学会編『教育哲学研究第109号、三四―四一頁
小野文生　二〇一八「パテイ・マトスという経験の思想の可能性――〈いま〉に向き合い、時間を変えるために」教育思想史学会編『近代教育フォーラム』第27号、七四―八五頁
小野文生　二〇一九予定ａ「教育学のパトス論的転回のために」岡部美香・小野文生編『教育学のパトス論的転回』東京大学出版会
小野文生　二〇一九予定ｂ「〈経験とパトスのむすぼれ〉の追想――アーレントとアガンベンの思索から」岡部美香・小野文生編『教育学のパトス論的転回』東京大学出版会
田中智志　二〇〇二『他者の喪失から感受へ――近代の教育装置を超えて』勁草書房
田中毎実　一九七七「「自発性」と「生産性」――フロムの「自己実現」論について」『大阪大学人間科学部紀要』第3号、一〇七―一三三頁
田中毎実　一九七八「森先生のこと」『森昭著作集第五巻：月報4』黎明書房、七―八頁
田中毎実　二〇〇三『臨床的人間形成論へ――ライフサイクルと相互形成』勁草書房
田中毎実　二〇一一『大学教育の臨床的研究――臨床的人間形成論第1部』東信堂
田中毎実　二〇一二ａ『臨床的人間形成論の構築――臨床的人間形成論第2部』東信堂

田中毎実　二〇一二b「人間学と臨床性――教育人間学から臨床的人間形成論へ」田中毎美編『教育人間学――臨床と超越』東京大学出版会、一―二四頁
徳永恂　一九七八「森先生のこと――自己形成による他者形成について」『森昭著作集第三巻：月報6』黎明書房
鶴見俊輔　一九九一a『鶴見俊輔集8――私の地平線の上に』筑摩書房
鶴見俊輔　一九九一b『鶴見俊輔集9――方法としてのアナキズム』筑摩書房
鶴見俊輔　二〇一〇『教育再定義への試み』岩波書店
鶴見俊輔と中学生たち　二〇〇二『きまりって何？――みんなで考えよう2』晶文社
矢野智司　一九九六『ソクラテスのダブル・バインド――意味生成の教育人間学』世織書房
矢野智司　二〇〇二『動物絵本をめぐる冒険――動物―人間学のレッスン』勁草書房
矢野智司　二〇〇八『贈与と交換の教育学――漱石、賢治と純粋贈与のレッスン』東京大学出版会
矢野智司　二〇一四『幼児理解の現象学――メディアが開く子どもの生命世界』萌文書林

あとがき

「はじめに」で述べられているように、本書は二〇一一年から三年間にわたっておこなわれた教育哲学会の大会シンポジウムをもとに編まれた。教育哲学会がこれまで歩んできた道程を振り返りながら、混迷を深める今日の教育状況を見据えて、これからの教育と教育学のあり方を考えるということが、共通テーマだった。稲富栄次郎を中心にして教育哲学会が創設されたのは一九五七年、東西冷戦が激しさを増すなかで、教育学の世界でも学問論争が政治的対立の様相を帯びざるを得ないような、きびしい時代状況のなかでの船出だった。それから六〇年余の時間が経過して、われわれをとりまく政治と経済の風景は一変し、教育問題もつねに声高に語られ続けてきたものの、その内実は大きく変った。わずか三〇年あまり前に、国民の九割近くが「中流意識」をもっていたことなど、もはや実感をもって回想（想像）することさえ難しい。

本書が教育哲学というジャンルに属する著作であることは言うまでもないが、読者として想定（希望）されているのは、むしろさまざまな個別専門領域の教育研究者である。教育哲学というサブディシプリンは戦前には存在しなかったが、このことは、この領域が教育学に対してもつ特異なスタンスを説明する。たとえば、教育史はながらく教育学の一分野と考えられてきたが、同時に、歴史学の一対象領域として、教育にかかわる歴史の研究という側面ももっている。だが、教育学それ自体は、もともと（少なくとも制度的には）哲学科の一分科として出発したのであり、戦前の教育学のイメージは今日の教育哲学と呼ばれるものとほぼ重なっていた。教育研究が多様化し、その対象範囲が拡散していく現状を前にして、教育哲学を守備範囲とする者は、何らかのかたちで教育学という学問について、その存立基盤にまで立ち入って議論し、発信しなければならない、と考えた理由はそこにある。

本書をきっかけに個別の研究領域を越えた論議が生まれ、教育学の活性化がもたらされることを願っている。学校をめぐるセンセーショナルな報道に接するたびに、急速に変貌する国家・社会のありようと、長い歴史を経てきた教育制度との間のギャップを思い知らされるが、同時に、社会変化にともなう形態変化はあるものの、教育という行為それ自体は、どこにでも見出されるきわめて日常的な営みのひとつであることは変わらない。教育という事象を取り扱うさまざまなサブディシプリンが、ともに議論できる言論空間を維持・発展させることは、こうした教育という多層的な現実に対する認識をより確かなものにするのに役立つだろう。そのとき、参加者の一人ひとりが自らの学問的基盤を自覚的に問い直す作業もまた求められているのではないか、と考えるのである。

最後のシンポジウムが終わってから出版までに、ちょうど五年が経過した。編者の事情によるもので、執筆者の方々にはたいへんなご迷惑をおかけすることになった。本書の刊行にあたって、東信堂社長の下田勝司さんには多忙の日々をぬって格別のご配慮をいただいた。編集の合間に交わした数々の議論は、六〇年安保闘争の最年少世代としての共有体験にまで遡るものが多かった。下田社長ご夫妻に心からの謝意を表したい。

森田尚人

二〇一八年一〇月

わ

つ

て

と

な

に

ね

は

せ

そ

た

ち

し

す

き

事項索引

れ

ろ

わ

人名索引

主要業績：『災害と厄災の記憶を伝える――教育学は何ができるか』（共編著、勁草書房、2017年）、『都市とアーキテクチャの教育思想』（勁草書房、2015年）、『「もじゃぺー」に〈しつけ〉を学ぶ』（東京学芸大学出版会、2012年）

小玉重夫（こだま しげお）（第7章）
1960年生まれ
学歴：東京大学大学院教育学研究科博士課程修了、博士（教育学）（東京大学）
現職：慶應義塾大学教職課程センター助教授、お茶の水女子大学大学院人間文化創成科学研究科教授などを経て、現在 東京大学大学院教育学研究科教授
研究テーマ：教育哲学、教育の公共性、シティズンシップ教育
主要業績：『教育改革と公共性――ボウルズ＝ギンタスからハンナ・アレントへ』（東京大学出版会、1999年）、『シティズンシップの教育思想』（白澤社、2003年）、『難民と市民の間で――ハンナ・アレント『人間の条件』を読み直す』（現代書館、2013年）、『学力幻想』（筑摩書房、2013年）、『教育政治学を拓く――18歳選挙権の時代を見すえて』（勁草書房、2016年）

下司　晶（げし あきら）（第8章）
1971年生まれ
学歴：中央大学大学院文学研究科教育学専攻博士後期課程単位取得退学、博士（教育学）
現職：日本大学文理学部教授
専攻：教育哲学・教育思想史
最近の研究テーマ：フロイトと精神分析の思想史、近代論・ポストモダン論
主要業績：『教育思想のポストモダン――戦後教育学を超えて』（勁草書房、2016年）、『〈精神分析的子ども〉の誕生――フロイト主義と教育言説』（東京大学出版会、2006年）、『「甘え」と「自律」の教育学――ケア・道徳・関係性』（編著、世織書房、2015年）、『教員養成を哲学する――教育哲学に何ができるか』（共編著、東信堂、2014年）ほか

小野文生（おの ふみお）（第9章）
1974年生まれ
学歴：京都大学大学院人間・環境学研究科博士後期課程学修認定退学
現職：日本学術振興会特別研究員（PD）、京都大学大学院助教などを経て、現在、同志社大学グローバル地域文化学部准教授
専攻：教育哲学・思想史
最近の研究テーマ：ホモ・パティエンス（受苦する人間）の人間学、ドイツ哲学、ユダヤ思想
主要業績：*Martin Buber. His Intellectual and Scholarly Legacy*（共著、Brill Academic Publishers, 2018年）、*Bildung in fremden Sprachen? Pädagogische Perspektiven auf globalisierte Mehrsprachigkeit*（共著、transkript Verlag, 2018年）、『臨床教育学』（共著、協同出版、2017年）ほか

執筆者紹介（掲載順）

今井康雄（いまい やすお）（第３章）
1955 年生まれ
学歴：広島大学大学院教育学研究科単位取得退学、博士（教育学）
現職：日本女子大学教授、東京大学名誉教授
専攻：教育哲学・教育思想史
主要業績：『メディア・美・教育――現代ドイツ教育思想史の試み』（東京大学出版会、2015 年）、『メディアの教育学――「教育」の再定義のために』（東京大学出版会、2004 年）、『〈翻訳〉のさなかにある社会正義』（共編著、東京大学出版会、2018 年）

矢野智司（やの さとじ）（第４章）
1954 年生まれ
学歴：京都大学教育学研究科博士課程中退、博士（教育学）
現職：京都大学大学院教育学研究科教授
専攻：教育人間学・臨床教育学
研究テーマ：生成と発達の教育学
主要業績：『贈与と交換の教育学――漱石、賢治と純粋贈与のレッスン』（東京大学出版会、2008 年）、『幼児理解の現象学――メディアが開く子どもの生命世界』（萌文書林、2014 年）、『日本教育学の系譜――吉田熊次・篠原助市・長田新・森昭』（共著、勁草書房、2014 年）

松下良平（まつした りょうへい）（第５章）
1959 年生まれ
学歴：京都大学大学院教育学研究科博士後期課程学修認定退学、博士（教育学）
現職：武庫川女子大学文学部教授
専攻：教育哲学・教育思想
最近の研究テーマ：道徳教育論、学習論
主要業績：『道徳の伝達－モダンとポストモダンを超えて』（日本図書センター、2004 年）、『道徳教育はホントに道徳的か？――「生きづらさ」の背景を探る』（日本図書センター、2011 年）、「学習思想史の中のアクティブラーニング――能動と受動のもつれを解きほぐす」『近代教育フォーラム』第 25 号、2016 年

山名　淳（やまな じゅん）（第６章）
1963 年生まれ
学歴：広島大学大学院教育学研究科博士課程単位取得退学、博士（教育学）
現職：東京大学大学院教育学研究科教授
専攻：教育哲学・思想史
最近の研究テーマ：メモリー・ペダゴジー、カタストロフィーと教育、教育アーキテクチャ論

編著者紹介

森田尚人（もりた ひさと）（第１章）

1944 年生まれ

学歴：東京大学大学院教育学研究科博士課程単位取得退学、修士（教育学）

現職：元中央大学教授

専攻：教育思想史

主要業績：『教育と政治：戦後教育を読みなおす』（森田伸子、今井康雄と共編、勁草書房、2003 年）、『教育思想史で読む現代教育』（森田伸子と共編、勁草書房、2013 年）、『日本教育学の系譜』（小笠原道雄らと共著、勁草書房、2014 年）

松浦良充（まつうら よしみつ）（第２章）

1958 年生まれ

学歴：国際基督教大学大学院教育学研究科博士後期課程博士学位候補資格取得、在学要件満了後退学

現職：慶應義塾大学文学部教授

専攻：比較大学史・大学論、高等教育思想史

主要業績：『現代教育の争点・論点』（編著、一藝社、2015 年）、『対話の向こうの大学像』（シリーズ大学・第７巻）（共著、岩波書店、2014 年）、『教育思想史で読む現代教育』（共著、勁草書房、2013 年）ほか

いま、教育と教育学を問い直す——教育哲学は何を究明し、何を展望するか

2019 年 2 月 10 日　初 版　第 1 刷発行

〔検印省略〕

定価はカバーに表示してあります。

編著者Ⓒ森田尚人 松浦良充／発行者 下田 勝司

印刷・製本／中央精版印刷

東京都文京区向丘 1-20-6　郵便振替 00110-6-37828

〒 113-0023　TEL (03) 3818-5521　FAX (03) 3818-5514

発行所 株式会社 東信堂

Published by TOSHINDO PUBLISHING CO., LTD.

1-20-6, Mukougaoka, Bunkyo-ku, Tokyo, 113-0023, Japan

E-mail : tk203444@fsinet.or.jp　http://www.toshindo-pub.com

ISBN978-4-7989-1529-6　C3037